페렐란드라

우주 **3부작** 제2권

페렐란드라

C. S. 루이스 지음

공경희 옮김

홍
성
사

차
례

들어가기 전에

이 소설은 자체로 완결된 이야기다. 그러나 랜섬 박사의 화성(화성인들은 '말라칸드라'로 부른다) 모험 이야기인 《침묵의 행성 밖에서》의 속편으로 봐도 좋다. 등장인물들은 작가가 창조했으며 실제 인물과는 아무 연관이 없다.

C. S. Lewis.

이 책에 나오는 **태양계 언어***

말라칸드라Malacandra 화성. 접두사 말라크Malac와 '행성'을 뜻하는 명사 한
　드라handra로 이루어진 복합명사.

말렐딜Maleldil the Young 말라칸드라의 전승에 따르면 세상을 창조하고 통
　치하는 신. 위대한 존재인 '옛적부터 계신 이The Old One'와 함께 산다.

멜딜로른Meldilorn 오야르사가 사는 섬.

소른sorn; pl. 세로니seroni, 소른즈sorns 키 4~5미터, 가는 체구에 7개
　의 손가락이 있다. 높은 지역의 동굴에 살지만 기린을 닮은 가축을 키우기
　위해 한드라미트로 내려오곤 한다. 말라칸드라에서 학자 혹은 사상가로서
　과학과 추상적인 학문을 연구한다. 기술 수준이 높으며 기계를 고안한다.

수르니부르surnibur 소른의 언어

아르볼Arbol 태양.

아르볼 흐루Arbol hru 태양의 피(금).

엘딜eldil; pl. 엘딜라eldila 영spirit, 천사.

오야르사Oyarsa; pl. 오예르수Oyéresu 말라칸드라, 페렐란드라를 통치하
　는 보이지 않는 존재. 상위 천사. 지구를 통치하는 오야르사는 나쁜 자(Bent
　One).

툴칸드라Thulcandra 지구. '침묵'을 뜻하는 접두사 툴크Thulc와 '행성'을 뜻
　하는 명사 한드라handra로 이루어진 복합명사로 '침묵의 행성'을 의미.

페렐란드라Perelandra 금성. 접두사 페렐Perel과 '행성'을 뜻하는 명사 한드
    라handra로 이루어진 복합명사.
피플트리그pfifltrigg; pl. 피플트리기pfifltriggi 머리는 타피르 같고 몸
    은 개구리 같은 동물. 움직임이 곤충처럼 빠르다. 말라칸드라의 건축가요 기
    술자. 소른들의 기획에 따라 집을 세우거나 도구를 만든다.
흐나우hnau 이성적 피조물. 화성의 흐로스, 소른, 피플트리그에 해당하고 지구
    의 인간에 해당한다.
흐루hru 피.
흘랍hlab 언어.

---

*옛 솔라어Old Sola: 태양계Field of Arbol에 거주하던 이성적인 생물들의 공통 언어. '흐레사-흘랍' 또는
    '흘랍-에리볼-에프-코르디'라고도 한다.

1

워체스터 역에서 나와 5킬로미터쯤 떨어진 랜섬의 집으로 가는 중이었다. 내가 찾아가는 사람이 어떤 사람인지 플랫폼에 있던 사람들은 짐작도 못할 거라는 생각이 들었다. 앞에 펼쳐진 들판(마을이 기차역 뒤편 북쪽으로 뻗어 있다)은 평범해 보였다. 음울한 오후 5시. 여느 가을날 오후에 볼 수 있는 하늘이었다. 몇 채 안 되는 집들과 울긋불긋한 나무들도 평범하기 짝이 없었다. 이 조용한 풍경 속을 잠깐 지나쳐 내가 만나 악수할 사람이, 런던에서 거의 5천만 킬로미터나 떨어진 세계에서 먹고 마시며 산 사람이란 것을 누가 상상이나 할 수 있을까? 그는 고작 초록색 점으로 보이는 지구를 그곳에서 보았고, 지구에 생물이 살기도 전에 이미 존재했던 생명체와 얼굴을 맞대고 대화했다.

랜섬은 화성에서 화성인 외에 다른 것들도 만났다. 엘딜이라는 생명체들이었는데 그중에서도 화성의 지배자인 엘딜 또는 그들이 '말라칸드라의 오야르사'라고 부르는 존재를 만난 것이다. 엘딜은 행성에 사는 여느 생명체와는 아주 다르다. 그들의 신체 구조는(그렇게 부를 수 있다면) 인간이나 화성인과 다르다. 그들은 먹지도, 번식하지도, 숨을 쉬지도, 자연적인 죽음을 겪지도 않는다. 동물로 인식되기보다는 생각하는 광물에 더 가까웠다. 그러나 그들은 행성에 등장하고 때로 우리가 보기에 행성에 사는 것 같기도 하다. 하지만 엘딜이 정확히 어느 공간에 있느냐는 대답하기가 매우 어렵다. 그들 자신은 공간(혹은 '깊은 천상')이야말로 진짜 사는 곳이라고 생각한다. 또 행성들은 폐쇄된 세계가 아니며, 그들이 '아르볼 필드'라고 부르는 태양계에서 움직이는 점들에 불과하다고 생각한다.

이제 나는 "가능하면 목요일 내려오시오. 일 때문"이라는 전보를 받고 랜섬을 만나러 가는 길이었다. 그가 말한 '일'이 어떤 종류인지 모르기에, 랜섬의 집에서 하룻밤 지내는 것도 대단히 즐거울 거라고 나 자신을 계속 세뇌했다. 앞으로 벌어질 일을 기대하며 즐거워야 하는데 기분은 그렇지 못했다. 마음을 괴롭히는 것은 바로 엘딜들이었다. 랜섬이 화성에 다녀왔다는 사실은 이제 그러려니 하겠지만⋯⋯ 엘딜과 만나고, 생명이 실질적으로 끝나지 않는 듯한 존재와 대화했다는 것은⋯⋯. 화성 여행만으로도 예삿일이 아닌데 말이다. 다른 세계에 다녀온 사람은 뭔가 변하기 마련이다. 그 차이를 말로 표현할 수는 없다. 친구로 둔다면 고통스러워질지도 모른다. 오랜 관계는 회복하기가 쉽지 않으니까. 하지만 랜섬이 돌아온 후 엘딜들이 그를 내

버려두지 않는 것 같다는 확신이 점점 커지는 것이 내게는 더 고역이다. 그가 대화 중 언뜻 비쳤다가 어색하게 사과하며 취소하는 사소한 이야기나 버릇, 우연히 던지는 말을 보면 항상 곁에 이상한 존재가 있음이 분명했다. 그 전원주택에는 '방문객들'이 있었다.

워체스터 공원을 관통하는, 양옆에 생울타리도 없는 한적한 길을 걸으면서, 점점 커지는 불안감을 분석해서 잠재워 보려 했다. 결국 내가 두려워하는 것은 무엇인가? 질문을 떠올리자마자 후회가 밀려왔다. 머릿속으로 '두려움'이란 단어를 떠올렸다는 것을 깨닫자 충격에 휩싸였다. 그냥 못마땅하거나 당혹스러운 척, 심지어 따분한 체하려 했다. 하지만 '두려움'이란 단순한 단어가 진실을 폭로한 셈이었다. 이제 내 감정은 더도 덜도 아닌, 다름 아닌 두려움이라는 것을 깨달았다. 또 내가 두 가지를 겁낸다는 사실도 알았다. 조만간 엘딜을 만날지도 모른다는 것과 내가 '끌려들어' 갈지도 모른다는 것이다. 그저 생각인 줄 알았는데 공산당이나 교회에 발을 들여 놓았음을 깨닫는 순간, '끌려들어 왔다'는 두려움이 확 솟구친다. 그 두려움, 문이 쾅 닫히고 안에 갇히는 기분이 어떤지 모르는 사람은 없을 것이다. 그것은 너무도 분명한 불운이었다.

랜섬은 자신의 의지와는 다르게, 우연히 화성에(또는 말라칸드라에) 끌려갔고, 나 또한 우연히 그의 일에 연관되었다. 하지만 '행성간 정책'이라고 설명할 수밖에 없는 일에 우리는 점점 빠져들고 있었다. 엘딜과 직접 접촉하기 싫은 내 강한 바람을 독자들에게 이해시킬 수 있을지 자신이 없다. 그것은 대단히 강하고 지적인 외계 생물을 피하

고 싶은 조심스런 갈망과는 또 다른 무엇이었다. 내가 전해 들은 이
야기는 인간이 마음속에서 따로 분류해 두는 두 가지를 하나로 연결
시켰고, 나는 충격을 받았다. 우리는 비인간의 지성에 대해 '과학
적', '초자연적' 영역으로 생각하는 경향이 있다. 한편으로 우리는
웰스(SF 고전 《우주 전쟁》을 쓴 영국 작가. 외계의 존재에 적대적이다—옮긴이) 식
으로 화성인(그런데 진짜 말라칸드리아인들과는 아주 다른)이나 달나라 사람
을 생각한다. 다른 한편 천사, 유령, 요정 등의 가능성에 대해서는 너
그럽다. 하지만 어떤 생물이 어느 영역에 '실제'로 있는지 판단해야
될 순간이 오면 구분이 모호해지기 시작한다. 그러니 엘딜 같은 생물
의 경우 그 구분이 완전히 사라져 버린다. 그들은 동물이 아니다. 그
점으로 보면 초자연적 집단으로 분류해야 했다. 하지만 존재를 (원칙
적으로는) 과학적으로 증명할 수 있는 물질적인 수단이 있었다. 그런
면에서는 첫 번째 집단에 속했다. 사실 자연과 초자연의 경계가 무너
지자 큰 위안이 되는 깨달음이 왔다. 이 우주를 둘로 갈라 한 맥락으
로 생각하지 못하게 만든 참을 수 없는 이상스런 짐을 던 것이다. 그
걸 몰랐다면, 우리는 거짓 안정감 속에서 이 위안을 위해 어떤 대가
를 치러야 했을까. 또 혼란스러운 생각은 어떤 다른 문제로 받아들였
을까.

　'길고 적적한 길이구만. 짐이 없어서 그나마 다행이군.' 나는 속으
로 중얼거렸다. 그때 문득 밤을 보낼 소지품이 든 배낭을 메고 있지
않다는 걸 알았다. 입에서 욕이 흘러나왔다. 기차에 배낭을 두고 내
린 게 틀림없었다. 당장 역으로 돌아가서 '배낭에 대해 조치'를 해야

겠다는 충동을 느꼈다고 하면 믿을 수 있겠는지? 물론 역으로 달려가는 것이나 랜섬의 집에 가서 전화를 거는 것이나 별반 차이가 없었다. 기차는 배낭을 싣고 이미 저만치 달려갔을 테니.

지금이야 나도 여러분처럼 정황을 분명하게 파악한다. 하지만 당시에는 왔던 길을 되짚어 가는 것이 당연한 처사인 듯하여 걸음을 옮기다가 퍼뜩 이성이랄까 의식이 들어서 가던 길을 계속 갔다. 내 몸이 어찌나 역으로 돌아가기를 원하는지 더욱 분명하게 깨달았다. 계속 가려 하자 역풍을 맞으며 걷는 것처럼 힘이 들었지만, 사실 바람은 불지 않았다. 잔가지조차 흔들리지 않았고 옅은 안개가 끼어 있었다.

길을 가는 내내 엘딜 생각이 머릿속을 꽉 채웠다. 결국 랜섬이 그들에 대해 아는 건 정말이지 뭘까? 그의 설명대로라면 그가 만난 것들은 일반적으로 지구를 방문하지 않거나 혹은 랜섬이 화성에서 돌아온 후로 지구를 찾아오기 시작했다. 랜섬은 우리에게는 나름의 엘딜들, 즉 지구의 엘딜들이 있지만 종류가 다르며 대개는 인간에게 적대적이라고 했다. 사실 그래서 우리 지구가 다른 행성들과의 소통이 막힌 거라고. 그는 우리가 포위당한 상황이며 사실상 적에게 점령된 땅에 사는 거라고 묘사했다. 이 적들은 우리와 '깊은 천상'(혹은 '우주')의 엘딜들 양쪽 모두와 전쟁 중이라고 했다. 미세한 크기의 박테리아처럼 이 해충 떼는 보이지 않게 우리의 삶 전체에 파고들며 그들의 존재는 역사의 치명적인 왜곡을 설명해 주고 교훈을 준다는 것이다. 이 말이 사실이라면 우리는 그들보다 착한 엘딜들이 마침내 (달

궤도면에 있다는) 경계를 허물고 우리를 찾아오기 시작했다는 사실을 환영해야 한다. 랜섬의 설명이 옳다면 말이다.

비열한 생각이 문득 떠올랐다. 랜섬은 잘 속는 사람이 아닐까? 외계에서 뭔가가 우리 행성을 침범하려 한다면 이 랜섬의 이야기보다 더 그럴 듯하게 칠 수 있는 연막은 무엇일까? 지구에 이 사악한 엘딜들이 존재한다는 아주 작은 증거라도 있던가? 내 친구가 트로이 목마 같은 구실을 해서 침입 가능성이 있는 자들이 지구에 안착한다면? 배낭을 두고 온 것을 알았을 때처럼 더는 가지 말자는 충동이 순간 되살아났다. '돌아가, 돌아가라구. 아프다고, 다른 때 가겠다든가 무슨 핑계든 전보를 쳐' 라는 충동이 일었다. 감정의 강도에 놀란 나는 바보같이 굴지 말라고 스스로 타이르면서 가만히 서 있었다. 마침내 걸음을 옮기자 혹시 신경쇠약의 시작일까 궁금해졌다. 이런 생각이 떠오르자마자 랜섬을 찾아가지 않으려는 새로운 핑계로 변했다. 나는 그가 전보에서 언급한 알 수 없는 '일' 에 적당한 인물이 아니었다. 평범한 주말 하루를 집을 벗어나 보내는 일조차 어울리지 않는 위인이었다. 기억을 잃거나 히스테리를 부리기 전에 당장 몸을 돌려 안전하게 집에 간 후 의사의 손에 나를 맡기는 게 분별력 있는 조치였다. 광증이 일어나는 게 분명했다.

황야의 끄트머리에 다다른 나는 작은 언덕을 내려갔다. 왼쪽으로는 작은 관목 숲이, 오른쪽으로는 인적이 없는 공장 건물들이 있었다. 언덕 밑을 보니 저녁 안개가 자욱했다. '이런 증세의 초기를 신경쇠약이라고 한다' 는 생각이 들었다. 아주 평범한 사물이 믿기지 않을 정도로 불길해 보인다면 정신병 아닌가? ……사실 인적 끊긴 공장이 그렇게 보였다. 거대하고 둥근 모양의 시멘트 덩어리와 이상한 벽돌들이 귀신 모양을 하고 나를 노려보았다. 그 앞에 있는 메마른 풀밭에는 경철도가 가로놓여 있고 잿빛 웅덩이도 몇 군데 있었다. 랜섬이 다른 세계에서 봤던 존재들이 연상되었다. 다만 그곳에서 보자면 그들은 사람들이었다. 그가 '소른'이라고 부르는 키 큰 꼬챙이처럼 생긴 거인들. 랜섬이 그들을 좋은 사람들로 여긴다는 게 더 문제였다. 사실 지구의 우리보다 훨씬 착하다고 했다. 랜섬은 그들과 결속되어 있었다! 그가 잘 속는 인간이라는 것을 내가 알 도리가 있을까? 그보다 나쁜 부류일지도 몰라……. 또다시 나는 우뚝 멈춰 섰다.

랜섬을 모르는 독자라면 이런 생각이 얼마나 비이성적인지 납득하기 힘들 것이다. 그 순간에도 내 머릿속의 이성은 우주 전체가 미쳐 돌아가고 적대적이라 해도 랜섬만은 제정신이고 건전하고 정직하다는 것을 잘 알고 있었다. 결국 머릿속의 이성이 등을 떠밀었지만, 말로 옮기지 못할 만큼 꺼림칙하고 힘들었다. 그럼에도 계속 나아간 것은, 한 걸음 걸을 때마다 친구에게 더 가까이 다가간다는 것을 (내 깊은 곳에서) 알기 때문이었다. 하지만 적에게 다가가는 기분을 숨길 수는 없었다. 배신자, 마법사, '그자들'과 결속된 사람……. 나는 바보처럼 눈을 뜨고 함정을 향해 걸어가고 있었다. 내 마음이 말했다. '의사들은 처음에는 신경쇠약이라면서 요양원으로 보낼 거야. 나중에 정신 병원에 집어넣겠지.'

이제 안개에 휩싸인, 죽은 듯한 공장 앞을 지나고 있다. 몹시 추웠다. 그때 처음으로 완벽한 공포가 엄습했고, 나는 비명을 지르지 않으려고 입술을 확 깨물어야 했다. 알고 보니 길을 달려가는 고양이 한 마리였지만, 나는 완전히 의기소침해졌다. 내 안에서 고문하던 인물이 말했다. '곧 있으면 진짜 비명을 지를 걸. 고함을 지르며 이리저리 뛰어다니겠지. 멈추지 못할 거야.'

길가에 자그마한 빈집이 있었다. 죽은 생선 눈깔처럼 창문 하나만 드러나 있고 나머지 창들은 널빤지로 가려져 있었다. 보통 때 같으면 '귀신 나오는 집'에 대해 나도 여러분처럼 담담했을 것이다. 그 이상도 이하도 아니다. 하지만 이 순간에는 귀신 생각밖에 나지 않았다. '귀신 나오는'이란 말 그대로였다. '귀신 나오는'……, '귀신 들린'……, 귀신이라는 말이 주는 그 느낌! 이 말을 들어 본 적이 없는 아이라 해도 날이 저물 때 '귀신 들린 집'이라는 말을 듣는다면 몸을 떨지 않을까?

마침내 작은 교회가 있는 십자로에 다다랐다. 거기서 자작나무들이 서 있는 왼쪽으로 돌아야 했다. 지금쯤은 랜섬네 불빛이 보여야 했다. 혹시 소등 시간이 지났나? 손목시계가 멈춰서서 시간을 알 수 없었다. 완전히 어두웠지만 안개와 나무 때문일 수도 있었다. 내가 겁낸 것은 어둠이 아니었다는 점을 이해해 주길. 우리는 친근한 사물이 표정을 지을 때가 있다는 것을 잘 안다. 내가 싫은 것은 이 길의 표정이었다. 내 마음이 말했다. '진짜 미쳐 가는 사람은 자기가 미친다고 생각하지 않는다지만 그건 사실이 아냐.' 진짜 광증이 여기서부터 시작됐다면? 물론 그렇다면 시커먼 적개심을 보이는 저 늘어진 가지들은 환영일 터였다. 하지만 여전히 기분이 나아지지 않았다. 유령이 보이는데 환영이라고 생각한다 해서 공포감이 지워지지는 않으니까. 오히려 광증 자체에 대한 두려움만 더할 뿐이다. 또 세상이 미쳤다고 낙인찍은 이들만이 실은 세상의 실체를 아는 사람이라는 오싹한 추측이 더해진다.

이때 바로 내가 그랬다. 차가운 어둠 속을 비틀비틀 나아가는 동시에 광기 속으로 들어가고 있다는 확신이 들었다. 하지만 시시각각 '온전함'에 대한 견해가 변했다. 살아가야 할 우주의 이상하고 악한 면을 배제하고 희망찬 생각을 품는, 마음 편하게 눈감아 버리는 관습을 넘어서는 것이었을까? 랜섬과 사귄 몇 달간 내가 알게 된 것들은 이미 '온전한 정신'이 받아들일 수 있는 정도를 넘어섰다. 하지만 그것들을 비현실적이라고 밀쳐 내기에는 너무 깊이 들어왔다. 그의 해석이나 믿음에는 의심이 갔다. 하지만 그가 화성에서 만난 것들—피플트리기, 흐로사, 소른들—이 존재한다는 것은 의심하지 않았다. 행성에 엘딜들이 있다는 점도 의심하지 않았다. 엘딜들이 '말렐딜'이라고 부르는, 지구의 어떤 독재자도 누리지 못할 완전한 복종을 받는 듯한 신비한 존재가 있다는 것까지도 의심하지 않았다.

틀림없이 저건 랜섬의 집이었다. 완전히 캄캄했다. 마음속에 유치한 불만이 솟구쳤다. 그는 왜 나를 맞으러 대문에 나오지 않는 걸까? 그보다 더 유치한 생각이 뒤따랐다. 아마 정원에 숨어 나를 기다리고 있을 거야. 뒤에서 와락 덮치거나. 아니면 등을 돌리고 서 있는 사람이 랜섬인 줄 알고 말을 걸었는데 고개를 돌린 것이 사람의 얼굴이 아니라면…….

나도 당연히 이야기에서 이 대목을 늘이고 싶은 마음은 없다. 돌아보니 당시의 마음 상태가 창피하다. 이후 벌어질 일을 제대로 이해하는 데 상황 설명이 필요 없었다면 이 대목은 그냥 넘어갔을 것이다. 그뿐만 아니라 이 대목이 있어야 다른 일들을 납득할 수 있다. 아무튼 현관까지 어떻게 도착했는지 상세히 설명할 수 없다. 기분 나쁜 당혹스러움이 엄습했다. 발을 디딜 때마다 보이지 않는 저항감이 벽처럼 튀어나왔지만 가까스로 대문을 지나 좁은 오솔길을 올라가서 현관문을 노크하고, 문고리를 두드리면서 들어가게 해달라고 소리쳤다. 거기 내 목숨이 달리기라도 한 듯이.

대답이 없었다. 내가 내는 소리가 메아리로 울릴 뿐 아무 소리도 나지 않았다. 문고리에서 허연 게 퍼덕거렸다. 분명히 쪽지라는 생각이 들었다. 쪽지를 읽으려고 성냥을 그으면서 내가 손을 부들부들 떤다는 것을 알았다. 성냥불이 꺼지자 얼마나 깊은 어둠이 내렸는지 인식이 되었다. 몇 번의 시도 끝에 쪽지를 읽었다. '미안하오. 케임브리지에 꼭 가볼 일이 생겼소. 밤 기차나 타고 올 거요. 부엌에 먹을 게 있고 평소 묵는 방에 잠자리가 준비되어 있소. 별다른 이유 없으면 같이 식사하려고 날 기다릴 것 없소—E. R.' 순간 돌아가고 싶은 충동이 격렬하게 날 휘감았다. 안 그래도 몇 번이나 그런 충동을 느낀 참이었다. 이제 되돌아갈 기회가 열려 더욱 부추기고 있었다. 지금이 기회였다. 내가 집에 들어가서 몇 시간 동안 혼자 앉아 있으리라 기대했다면 천만의 말씀! 하지만 순간 돌아가는 길이 머릿속에 그려지기 시작하자, 나는 머뭇거렸다. 이 집을 뒤에 두고(집이 따라올 것 같은 괴상망측한 기분이 느껴졌다) 다시 자작나무 길을 되짚어 갈 생각을 하니 썩 내키지 않았다. 그때 더 나은 생각이, 아니, 그렇게 믿고 싶은 생각이 떠올랐다. 정신을 차리고 랜섬을 실망시키기 말자는 생각이. 적어도 정말로 문이 잠기지 않았는지 확인해 볼 수는 있지 않을까. 과연 그랬다. 정말로 문은 열려 있었다. 다음 순간 어떻게 그랬는지 몰라도 나는 집 안에 있었고 문이 쾅 닫혔다.

안은 무척 어둡고 따뜻했다. 더듬더듬 몇 걸음 나아가다 나는 뭔가에 정강이를 심하게 부딪쳐 넘어졌다. 다리를 문지르면서 잠시 가만히 앉아 있었다. 그 집의 입구 겸 거실의 구조를 잘 안다고 생각했지만 무엇에 부딪쳤는지 상상할 수가 없었다. 곧 주머니를 뒤져서 성냥을 꺼내 불을 켜보려 했지만 성냥 머리가 휙 날아갔다. 얼른 발로 밟고 카펫에 뭉개졌는지 쿵쿵거려 보았다. 순간 실내에서 이상한 냄새가 난다는 걸 알아차렸다. 도대체 정체를 알 수 없는 냄새였다. 보통 집에서 나는 냄새와 달리 화학물질처럼 강렬했지만 그렇다고 화학물질도 아니었다. 성냥 한 개를 더 그었다. 불이 붙기 무섭게 꺼졌다. 랜섬의 전원주택보다 잘 지은 집들도 현관문으로 외풍이 들어오지 않는 집이 없었으니까 성냥불이 꺼지는 것은 당연했다. 불을 병풍처럼 가린 내 손바닥밖에는 아무것도 보이지 않았다. 문간을 벗어나야 했다. 나는 느릿느릿 일어나서 더듬더듬 앞으로 나아갔다. 곧 장애물에 부닥쳤다. 매끈하고 아주 찬 것이 내 무릎보다 약간 높이 솟아 있었다. 손으로 만져 본 나는 그것이 냄새의 원인임을 알았다. 나는 물체를 따라서 왼쪽으로 가다가 마침내 그 끄트머리에 이르렀다. 표면이 몇 군데 드러난 것 같은데 모양이 그려지지 않았다. 상판이 없으니 탁자는 아니었다. 낮은 담 끄트머리를 손으로 쓰다듬었다. 엄지는 바깥쪽에, 나머지 손가락은 막힌 공간 안에 놓였다. 나무였다면 커다란 포장용 나무 상자로 짐작했을 것이다. 하지만 나무가 아니었다. 뭔가 축축하다는 생각이 들었지만 곧 냉기를 습기로 착각했음이 드러났다. 물체의 끝에 다다른 나는 세 번째 성냥을 그었다.

희고 얼음처럼 반투명한 게 보였다. 아주 커다랗고 길었다. 상자…… 한 면이 트인 상자 같았고, 당장 파악되지 않는 불안한 모양새였다. 사람이 들어갈 만큼 컸다. 그때 나는 한 걸음 물러나서, 더 찬찬히 보려고 성냥불을 높이 들다가 뒤에 있는 뭔가에 걸려 넘어졌다. 어둠 속에서 널브러진 곳은 카펫이 아닌 찬 물체 위였다. 물체에서 이상한 냄새가 났다. 도대체 이런 끔찍한 게 몇 개나 있는 걸까?

방을 잘 뒤져 초를 찾아보려고 다시 일어날 준비를 하는 순간, 누군가 랜섬의 이름을 부르는 소리가 났다. 그와 동시에 내가 볼까 봐 오랫동안 두려워하던 것을 보고야 말았다. 제대로는 아니지만 거의 보았다. 랜섬의 이름이 불리는 소리도 들었다. 이름을 말하는 목소리였다고 하기는 어렵다. 그것은 음성과는 놀랍도록 달랐다. 흠잡을 데 없이 명료했다. 심지어 아름답기까지 했다. 이렇게 말하면 이해가 될지 모르겠지만 그것은 무생물이 내는 소리였다. 우리는 동물의(인간이라는 동물도 포함해서) 소리와 다른 소음의 차이를 명확하게 느낀다. 정의 내리긴 어려워도 난 그렇게 본다. 모든 목소리는 피, 허파, 온기, 촉촉한 입속이 느껴지기 마련이다. 하지만 그 소리는 그렇지 않았다. 발성된다기보다 마치 악기로 연주되는 소리처럼 두 마디 이름이 들렸다. 그렇다고 기계음도 아니었다. 우리는 기계음과 자연 물체의 소리를 구분한다. 이 소리는 바위나 수정이나 빛이 저절로 내는 소리 같았다. 또 바위를 타다가 손이 미끄러지는 찰나처럼 가슴부터 사타구니로 전율감이 흘렀다.

내가 들은 소리가 바로 그랬다. 내가 본 것은 아주 희미한 빛으로 된 막대기거나 기둥이었다. 바닥이나 천장에 빛으로 원을 그린 것 같지는 않지만 사실 자신하지 못하겠다. 확실히 그것은 주변을 밝게 비추는 힘은 없었다. 지금까지 그것은 별다른 구석은 없다. 하지만 이해하기 힘든 두 가지 특징을 지녔다. 하나는 색깔. 나는 그것을 봤을 때 틀림없이 색깔이 있는지 없는지 봤을 것이다. 그런데 아무리 해도 무슨 색이었는지 기억을 떠올릴 수가 없다. 파란색, 금색, 보라색, 빨간색 빛을 떠올려 봤지만 맞아떨어지는 게 없다. 시각적인 경험을 했는데 어떻게 그 순간에도 이후에도 기억 못 할 수 있는지 설명할 엄두가 나지 않는다. 또 다른 특징은 각도였다. 그것은 바닥과 직각을 이루지 않았다. 하지만 이 말을 하고 보니, 이런 표현은 나중에 생각해 낸 것이라고 하지 않을 수 없다. 어떤 순간에는 빛 기둥이 수직이라고 느꼈지만 바닥은 수평이 아니었다. 방 전체는 배라도 탄 듯 기울어진 것 같았다. 어떻게 이런 인상을 받았는지 몰라도, 그 물체는 지구 바깥을 토대로 할 때 수평을 이루고, 방향성도 있는 것 같았다.

그것은 지상의 수평 상태를 무시하고 외계의 시스템을 강요하는 것처럼 보였다.

내가 엘딜을 보고 있다는 건 의심의 여지가 없었다. 화성의 지배자인 말라칸드라의 오야르사를 보고 있다는 것도 확실했다. 이제는 비참한 공포 상태에 휩싸이지 않았다. 그러나 오감이 어쩐지 아주 불쾌했다. 분명히 유기체가 아니라는 사실이 몹시 마음에 걸렸다. 이 빛의 원통 같은 것에 어찌어찌해서 지성이 자리 잡고 있다니 영 불편했다.* 이것은 우리가 분류한 범주에 들어맞지 않았다. 우리가 생물체나 무생물체를 대하던 반응은 여기서는 모두 부적절했다.

한편 집에 들어가기 전에 느꼈던, 이 생명체들이 친구인가 적인가, 랜섬이 선구자인가 바보인가 하는 의문은 일순간 사라졌다. 이제 나는 다른 종류의 두려움을 느꼈다. 생명체가 '선량하다'는 확신은 들었지만, '선량함'이 마음에 들어야 하는데 과연 그럴지는 알 수 없었다. 이것은 끔찍한 경험이다. 사악한 것을 두려워한다면 좋은 것이

---

* 나는 당연히 당시에 생각하고 느낀 것을 견지해 나간다. 이것만이 일차적인 증거이기 때문이다. 하지만 엘딜들이 사람의 감각 기관에 나타나는 형태에 대해서는 더 추측해 볼 여지가 있다. 지금까지 이 문제를 진지하게 고려한 흔적은 17세기 초반에 찾을 수 있다. 앞으로 조사의 시발점으로 나트빌시우스(《천상과 대기의 존재들De Aethereo at aerio Corpore》, Basel. 1627, 2권 12면)가 쓴 한 대목을 추천한다. "우리의 감각 기관이 인지한 단색의 불꽃은 소위 천사나 악마의 몸체가 아니라, 하늘의 불꽃이라는 개념을 넘어서는, 형태에 따라 존재하는 몸체이거나 몸체의 표면인 듯하다." '하늘의 불꽃'은 '다차원적 공간'을 뜻하는 것 같다. 물론 나트빌시우스는 다차원적 기하학에 대해 몰랐고 수학이 이론적인 토대에서 도달했다면 그는 경험적으로 도달한 것이었다.

나타나서 구원해 주리라는 희망이 있는 셈이다. 하지만 선량한 것과 투쟁하면서 그것이 무시무시하다는 것을 알게 된다면? 음식이 먹지 못할 것으로 밝혀진다면, 집이 살지 못할 곳으로 드러난다면, 나를 편안하게 해주는 사람이 알고 보니 불편하게 만드는 사람이라면 어떨까? 순간적으로 나는 그런 상황에 빠졌다. 마침내 여기 세상 너머의 세계가 있었다. 늘 내가 사랑하고 갈망했던 세상이 뚫고 나와 내 감각에 나타났다. 그런데 그게 마음에 들지 않았다, 저리 가버리길 바랐다. 최대한 거리를 두고 싶었다. 그 세계와 나 사이에 심연이든 커튼이나 담요든 장벽이든 있기를 바랐다. 하지만 나는 그 심연으로 떨어지지 않았다. 정말 이상하게도 그 무기력감이 나를 구제하고 지탱해 주었다. 이제 나는 확실히 '빨려들어' 간 것이다. 발버둥은 끝났다. 다음 결정권은 내가 쥐고 있지 않았다.

그때 다른 세상에서 소리가 나는가 싶더니 문이 열리고 깔판에 발을 문지르는 소리가 났다. 열린 문틈으로 보이는 어둠 속에서 실루엣이 나타났다. 랜섬이라는 생각이 들었다. 다시 빛줄기에서 목소리가 아닌 어떤 말이 들렸다. 랜섬은 움직이지 않고 가만히 서서 대답했다. 양쪽의 말은 들어 본 적이 없는 기묘한 다음절어多音節語였다. 내 안에서 일깨워진 감정에 대해 둘러대지도 못하는 사이, 인간의 언어가 아닌 소리가 내 친구에게 말하고 내 친구가 인간의 언어가 아닌 소리로 대답하는 것을 들었다. 사실 그것은 변명의 여지가 없는 소리들이었다. 하지만 그런 시점에서 그런 소리가 있겠느냐고 한다면, 역사나 자신의 마음을 제대로 읽어 본 적이 없는 사람이라고 하겠다. 그 소리들은 분노와 공포와 질투를 일으켰다. 내 마음에서 이런 소리가 터져 나왔다. '망할 놈의 마법사, 그 사람을 내버려 두고 나를 상대해 보라고.'

　그러나 실제로 내가 내뱉은 말은 이랬다.

　"아, 랜섬. 이렇게 오셔서 다행입니다."

2

문이 (이 밤에만 두 번째로) 쾅 닫히더니, 잠시 더듬대던 랜섬이 초를 찾아 불을 댕겼다. 얼른 주위를 돌아보니 거기엔 우리 둘밖에 없었다. 방에서 가장 눈에 띄는 것은 커다란 흰 물체였다. 이번에는 형태가 제대로 보였다. 관 모양의 큰 상자가 열려 있었다. 통 옆의 바닥에 뚜껑이 있었다. 아까 그것에 발이 걸렸던 것이 분명했다. 통과 뚜껑 모두 얼음 같은 흰 물질이었지만, 더 뿌옇고 광택이 덜했다.

"어이쿠, 만나서 반갑네."

랜섬이 다가서며 말했다. 그는 악수를 하면서 말을 이었다.

"역으로 마중 나가려 했는데, 모든 것을 워낙 서둘러 처리해야 해서 마지막 순간에 꼭 케임브리지에 올라가야 했다네. 자네 혼자 오게 할 의도는 없었는데 말이지."

내가 좀 멍청하게 빤히 쳐다본다는 것을 눈치 챘는지 랜섬이 덧붙였다.

"내 말은…… 괜찮겠지, 그렇지 않나? 무사히 공세를 막아 냈지?"

"공세라니요? ……무슨 말인지 모르겠습니다."

"자네가 집에 들어올 때 난관에 부딪칠 거라 예상했네만."

"아, 그거요! 제가 초조한 나머지 그렇게 느낀 건 아니구요? 실제로 오는 길에 뭐가 있었다는 거예요?"

"그렇네. 그들은 자네가 여기 오는 것을 못마땅해 했지. 무슨 일이 벌어질 거라고 걱정했지만 미처 손쓸 짬이 없었다네. 자네가 어떻게든 통과할 거라고 확신했고."

"하지만 '그들'이라면 다른 것들…… 우리 엘딜들 말인가요?"

"물론이네. 그들이 앞으로 일어날 일을 눈치 챘거든……."

내가 랜섬의 말을 막았다.

"박사님, 솔직히 말하면 날이 갈수록 점점 모든 게 염려스럽습니다. 여기 오는 길에 머릿속에 떠오른 것도……."

"아네, 자네가 허용한다면 그들은 자네 머릿속에 온갖 것들을 집어넣을 걸세. 최선의 방책은 의식하지 않고 쭉 나아가는 거라네. 그들에게 대꾸하려 하지 말게. 자네를 끝없는 언쟁으로 끌어들이려 할 테니까."

"하지만 잠깐만요. 이건 애들 연극이 아니잖습니까. '어둠의 신', 타락한 '텔루스의 오야르사'가 정말 존재한다고 믿으십니까? 양쪽 다 있는지, 어느 쪽이 우리 쪽인지 확실히 아십니까?"

랜섬은 갑자기 점잖으면서도 묘하게 무서운 시선을 내게 던졌다.

"진정으로 의심하는 건가?"

그가 물었다.

"아닙니다."

나는 잠자코 있다가 대답했다. 창피했다.

랜섬이 말했다. 목소리가 밝아졌다.

"그렇다면 됐네. 이제 요기나 하자구. 식사하면서 설명해 주겠네."

"저 관은 뭐에 쓸 겁니까?"

부엌으로 들어가면서 내가 물었다.

"내가 타고 여행할 걸세."

내가 소리쳤다.

"랜섬! 그가…… 그것이…… 엘딜 말입니다……. 박사님을 말라칸드라에 다시 데려가는 거 아닙니까?"

"아니! 아, 루이스. 자네는 모르는군. 나를 말라칸드라에 다시 데려간다고? 그래 준다면야 얼마나 좋을까! 그 골짜기를 내려다보고, 숲 속에 흐르는 푸르디 푸른 물줄기를 볼 수만 있다면…… 뭐든 내주겠소. 혹은 봉우리에 올라서서, 소른 하나가 산비탈을 미끄러져 내려가는 광경을 볼 수 있다면! 저녁에 목성이 떠올라 눈이 부셔 도저히 쳐다볼 수도 없는 시간에 그곳에 있을 수만 있다면……. 지구에서 보는 금성만큼이나 밝은 별들이 은하수처럼 떠오른 그 시간에! 그 냄새! 그곳이 내 마음에서 떠나지 않는다네. 말라칸드라가 떠올라 내 눈으로 볼 수 있는 밤에는 더욱 마음이 힘들지. 하지만 진짜 가슴이 아리는 것은 그때가 아니라네. 무더운 여름날 눈이 시리도록 푸른 하늘을 올려다보면서 거기, 수백만 킬로미터 깊이 들어간 그곳…… 절대 못 돌아간다는 것을 아는 곳이 있다고 생각할 때라네. 바로 이 순간 멜딜로른 위에 꽃이 자라고, 내 친구들은 분주하게 일을 보겠지……. 그들은 내가 돌아가면 환영해 줄 텐데. 아닐세. 그런 행운은 없네. 이제 내가 보내질 곳은 말라칸드라가 아니네. 페렐란드라는 곳이지."

"금성 아닌가요?"

"맞네."

"그런데 '보내진다'고 하시는군요."

"그렇네. 기억할지 모르겠네만, 내가 말라칸드라를 떠나 오기 전 오야르사는 내가 거기 가는 건 태양계의 생명체에게 새 시대가 시작되는 거라고 암시했네. 우리 세계의 고립, 즉 포위 공격이 마무리된다는 뜻이라고 하더군."

"네. 기억합니다."

"음, 뭔가가 진짜 진행 중인 듯하네. 우선 자네가 '양쪽'이라고 부르는 것들만 해도 여기 지구에서, 인간사에서 훨씬 명확하고 정리되어 보이기 시작했네. 그들의 진짜 색깔 같은 것으로 보이는 거지."

"그건 압니다."

"또 하나는 이것이네. 어둠의 지배자인 우리 세계의 나쁜 오야르사가 페렐란드라를 공격하려고 궁리 중이지."

"그러면 그가 태양계에서 활개 치는 건가요? 그가 거기 갈 수 있습니까?"

"바로 그게 핵심이네. 그것의 존재, 혹은 우리가 뭐라 불러야 할지 모르지만, 그 자체로는 거기 갈 수 없지. 알다시피 그는 인류가 지구에 존재하기 수 세기 전 이곳으로 쫓겨났네. 그가 감히 달의 궤도 바깥에 나타난다면 힘 있는 세력들에게 다시 쫓겨나겠지. 그것은 다른 종류의 전쟁이 될 테지. 벼룩이 모스크바의 방위防衛에 힘을 못 쓰듯, 자네나 내가 그 일에 관여할 수 없네. 못 그러지. 그는 틀림없이 다른 방식으로 페렐란드라를 공격할 걸세."

"그러면 박사님이 개입하는 대목은 어디입니까?"

"글쎄…… 나는 거기서 지시를 받는 것뿐이지."

"혹시 오야르사에게 지시를 받는다는 뜻입니까?"

"아닐세. 지시는 훨씬 높은 데서 내려온다네. 알겠지만 결국은 그들 모두가 지시를 내리는 게지."

"그러면 박사님은 거기 들어가서 어떤 일을 해야 하나요?"

"그건 아직 못 들었네."

"박사님은 오야르사의 측근 중 일부에 불과합니까?"

"아, 아니네. 오야르사는 거기 있지 않을 거야. 그는 나를 금성으로 이동시킬 걸세. 나를 거기로 옮겨 주겠지. 그후로는 내가 아는 한 난 혼자일 걸세."

"하지만 보세요, 랜섬…… 제 말은……."

내 목소리가 잦아들었다.

그는 흥분을 가라앉히는 특유의 미소를 지으며 말했다.

"다 아네! 말도 안 되는 일이라고 생각할 테지. 엘윈 랜섬 박사가 혈혈단신으로 권세자들, 악한 통치자들과 싸우겠다고 나서니 말일세. 과대망상증에 걸렸는지 의심스러울지도 모르지."

"꼭 그런 뜻은 아니었습니다."

내가 말했다.

"그래? 하지만 그런 말이었다는 생각이 드는걸. 어쨌든 이 일을 떠맡은 후 줄곧 그런 기분을 느끼네. 하지만 다시 생각해 보면 우리가 매일 해야 되는 일이 더 이상하지 않나? 성경에서 통치자들, 권세자들, 높은 곳에 있는 사악한 존재들과 싸운다는 표현을 쓸 때는(그런데 이 대목에서 우리의 번역은 오해의 소지가 크다) 보통 사람들이 그 싸움을 감당해야 된다는 뜻이라네."

"아, 그렇지요. 하지만 그건 좀 다릅니다. 성경에서는 윤리적인 갈등을 뜻하니까요."

내가 대꾸했다.

랜섬은 머리를 젖히면서 웃었다.

"아! 루이스, 루이스. 자네는 독특해. 참 남다른 데가 있어!"

"좋을 대로 생각하십시오, 랜섬. 차이가 있습니다."

"그렇네. 차이가 있지. 하지만 누군가 어느 쪽과든 싸워야 된다는 생각을 과대망상으로 보는 것은 다르지. 내가 이 일을 어떻게 보는지 말해 주지. 여기 지구에서 전쟁을 할 때 여러 단계가 있다는 것을 깨닫지 못했나? 한 단계가 지속되는 동안 사람들은 그 상황이 영원할 거라고 믿는 습관에 젖어 든다네. 하지만 사실 상황은 끊임없이 변하고 있지. 올해의 재산이나 위험한 처지가 작년과 똑같지 않지. 보통 사람이라면 심리적 형태, 혹은 유혹 같은 윤리적 형태 말고는 어떤 형태의 '어둠의 엘딜'도 만날 필요가 없다는 게 자네의 생각이지. 허나 그건 단순히 생각일 뿐이네. 우주 전쟁의 어떤 단계에는 맞을지도 몰라. 대규모 포위 단계, 우리 행성이 침묵의 행성이라는 뜻의 '툴칸드라'란 이름일 때는 적합한 생각이야. 하지만 그 단계가 지나고 있다면 어떨까? 다음 단계에서 누군가 그들을 만나야 한다면…… 아주 다른 형태로 말일세."

"알겠습니다."

"내가 특별한 사람이어서 페렐란드라에 가도록 선택되었다고는 상상하지 말게. 어떤 사람이 어떤 일에 왜 선택되는지는 아무도 모르는 법이니까. 안다 해도 나중에야 알게 되지. 또 밝혀진다 해도 허영이 끼어들 여지가 없기 때문이라네. 확실한 것은 인간들이 특별한 자질이라고 여기는 게 원인은 아니라는 것이지. 차라리 내가 그곳에 보내지는 것은, 나를 납치해 말라칸드라에 데려간 두 악한이 저지른 의도하지 않은 일 때문일 걸세. 인간에게 그 언어를 배울 기회를 준 게 그 이유일 걸세."

"어떤 언어를 말하는 겁니까?"

"당연히 흐레사-흘랍이지. 내가 말라칸드라에서 배운 언어 말일세."

"하지만 금성에서도 같은 언어로 말할 거라고 짐작하시지는 않겠지요?"

"내가 그 이야기를 하지 않았던가?"

랜섬이 몸을 숙이며 물었다. 이제 우리는 식탁에 앉아 찬 고기에 맥주와 차를 곁들여 식사를 마친 참이었다. 박사가 말을 이었다.

"말을 안 했다니 놀랍구만. 두세 달 전에 알아냈거든. 과학적으로 보면 이 일을 통틀어 가장 흥미로운 게 이 언어일세. 흐레사-흘랍이 화성의 특수 언어라는 생각은 착각이었네. 사실 그것은 '옛 솔라어' 라 부를 만한 '흘랍-에리볼-에프-코르디' 지."

"도대체 무슨 말입니까?"

"원래는 태양계에 거주하던 이성적인 생물들의 공통 언어가 있었다는 뜻이지. 그러니까 엘딜이 '낮은 세상들'이라고 부르는 곳에 살던 이들은 한 가지 언어를 썼네. 물론 엘딜은 대부분 살아 본 적도 없고 앞으로도 그럴 거야. 적어도 우리가 '거주한다'고 할 때의 의미로는 말일세. 원래의 언어는 우리 툴칸드라에서 소멸되었고 그러면서 비극이 일어난 게지. 이제 세상에 알려진 인간의 언어 중 거기서 유래된 언어는 없네."

"그러면 화성의 다른 두 언어는 어떻습니까?"

"그 두 언어에 대해서는 나도 잘 모르네. 순전히 언어학적인 배경에서 증명할 수 있다는 점만 알고 그렇게 믿지. 그 두 언어는 흐레사-흘랍과는 비교가 안 되게 역사가 짧다네. 소른의 언어인 수르니부르가 특히 그렇지. 말라칸드라의 기준으로 볼 때 수르니부르는 상당히 현대에 발전된 언어일 수 있지. 지구가 캄브리아기에 있을 때보다 더 전에 탄생했을 것 같네만."

"그러면 금성에서 흐레사-흘랍이나 '옛 솔라어' 가 사용될 거라고 보십니까?"

"그렇네. 나는 그 언어를 알고 거기 도착할 걸세. 그러면 어려움이 제법 줄겠지. 언어학자의 입장에서는 상당히 실망스러운 일이지만 말일세."

"그런데 어떤 일을 하게 될지, 어떤 상황에 처할지 전혀 모르십니까?"

"내가 어떤 일을 하게 될지는 전혀 모르네. 너무 많이 알아도 안 되는 일이 있지. 준비를 하면 오히려 역효과가 나는 일들이 있듯이 말일세. 그곳 상황도 잘 모르네. 날씨가 더울 거야. 알몸으로 가야 될 걸세. 우리 천문학자들은 페렐란드라의 표면에 대해 아는 바가 없네. 대기 바깥층이 너무 두껍지. 이 행성이 자전하는지, 얼마나 빠르게 자전하는지가 중요한 문제라네. 그 점에 대한 의견은 두 파로 나뉘지. 스키아파렐리(Giovanni Schiaparelli, 1835~1910, 금성이 태양 주위를 공전하는 동안 224.7일 만에 한 번 자전한다고 주장—옮긴이)라는 사람은 페렐란드라가 아르볼, 즉 태양의 주위를 한 번 공전하는 동안 한 번 자전한다고 생각하네. 다른 사람들은 페렐란드라가 23시간에 한 번씩 자전한다고 주장하네. 그것도 내가 알아내야 할 사항이라네."

"스키아파렐리가 옳다면 그 행성의 한쪽은 계속 낮이고 다른 쪽은 계속 밤이겠군요?"

랜섬이 생각에 잠겨 고개를 끄덕였다. 그가 대답했다.

"우스운 경계선이겠지. 생각해 보게. 영원히 황혼녘인 나라에 들어가는 거라네. 다가갈수록 점점 추워지고 어두워지지. 그러다가 더는 대기가 없어서 나아갈 수 없게 될 게야. 경계선의 오른쪽인 낮에 서서 가보지 못할 밤 쪽을 내다볼 수 있을까? 어쩌면 별 한두 개는 보이겠지. 별을 볼 수 있는 유일한 지점일 게야. 물론 낮 나라에서는 별이 보이지 않을 테니까⋯⋯. 그들이 과학 문명이라면 잠수복을 입을지도 모르지. 혹은 잠수함 같은 것에 바퀴를 달아 밤 속으로 갈지도 모르고."

랜섬의 눈이 반짝거렸다. 그가 그리우리라는 생각에 잠겨 다시 만날 수나 있을지 염려하던 나까지도 대리 만족의 전율감과 알고 싶은 갈망을 느꼈다. 랜섬이 곧바로 입을 열었다.

"자네가 어떤 일을 맡을지 묻지 않는군."

"저도 같이 갈 거라는 말입니까?"

내가 물었다. 이번에는 다른 종류의 전율감이 솟구쳤다.

"그건 아닐세. 자네가 나를 싸서 보내 줘야 하고, 내가 돌아올 때는 대기하다가 풀어 줘야 된다는 뜻일세. 일이 제대로 풀린다면 말이야."

"싸서 보내요? 아, 그 관을 잊고 있었네요. 박사님, 대체 그 안에서 어떻게 여행을 한단 말입니까? 어떤 동력을 쓸 건데요? 공기는⋯⋯ 또 음식과 물은 어쩔 겁니까? 들어가 누울 공간밖에 없는데요."

"말라칸드라의 오야르사가 직접 동력이 되어 줄 걸세. 그가 상자를 금성으로 옮길 거야. 방법은 내게 묻지 말게. 그들이 어떤 기관이나 기구를 사용하는지 나도 모르니까. 하지만 수십 억 년 동안 행성이 궤도를 지키게 했으니 짐 상자쯤은 쉽게 다룰 테지!"

"하지만 뭘 먹을 겁니까? 숨은 어떻게 쉴 건데요?"

"그는 그런 게 필요 없다고 말하네. 내가 파악한 바로는 생기가 정지된 것 같은 상태가 되는 게지. 설명하려 했지만 내가 못 알아들었네. 하지만 그건 오야르사의 일이니까."

"그래도 마음이 편안하십니까?"

내가 물었다. 또 한 번 공포감 같은 것이 스멀스멀 밀려들었다.

랜섬이 대답했다.

"그가 (사고는 생각하지 말고) 안전하게 페렐란드라로 옮겨 주리라는 전망이 이성적으로 납득되느냐는 질문이라면 답은 '예'일세. 그 전망이 내 신경이랑 상상력과 관계 있느냐는 질문이라면 답은 '아니오'일세. 마취의 효과를 믿으면서도 실제로 얼굴에 마스크를 씌우면 겁이 나 기 마련이지. 사후 세계를 믿으면서도 총을 겨누는 무리와 마주할 때 솟구치는 감정이 이런 느낌이겠지. 이번 경험이 좋은 연습이 되겠구만."

"제가 박사님을 그 빌어먹을 상자에 넣어야 하는 건가요?"

내가 말했다.

"그렇네. 바로 그게 첫 단계라네. 해가 뜨자마자 우리는 뜰로 나가 나무나 건물이 앞을 가리지 않게 상자를 놓아야 하네. 양배추 밭 건너편이면 되겠구만. 그런 다음 내가 상자에 들어가지. 대기권을 벗어날 때 상자 벽들이 햇빛을 다 차단하지 못할 테니 나는 눈을 가려야 될 걸세. 자네는 뚜껑을 닫으면 상자가 떠올라 가는 것을 보게 될 거야."

"그다음은요?"

"거기가 까다로운 대목이지. 자네는 부름을 받자마자 다시 여기로 와서 대기하다가, 내가 돌아오면 상자의 뚜껑을 열고 날 꺼내 줘야 하네."

"언제쯤 돌아오실까요?"

"아무도 알 수 없지. 6개월이 될지, 1년이 될지, 20년이 될지. 그게 고민거리라네. 내가 자네에게 너무 무거운 짐을 지워 주는 것 같아."

"제가 죽을지도 모르는데요."

"아네. 후임자를 물색하는 일이 자네 짐의 일부이겠지. 당장 해야 되는 것도 그렇고. 우리가 신뢰할 수 있는 사람이 네댓 명 있지."

"부름은 어떤 식으로 올까요?"

"오야르사가 할 걸세. 다른 걸로 오해할 일은 없을 걸세. 그런 점은 염려할 필요 없네. 또 하나, 내가 부상을 입고 돌아올 특별한 이유는 없네. 하지만 만약의 경우에 대비해서, 비밀을 지켜 줄 의사를 구할 수 있다면 나를 꺼내 주러 올 때 데리고 와도 좋겠지."

"험프리면 될까요?"

"딱 맞겠군. 이제 사적인 문제가 남았네. 나는 유서에서 자네를 제외시킬 수밖에 없었다네. 그 이유를 자네에게 알려 주고 싶군."

"랜섬, 저는 지금껏 박사님의 유서에 대해 생각해 본 적이 없습니다."

"당연히 그렇겠지. 하지만 난 자네에게 유산을 남겨 주고 싶었지. 그런데 못 그런 이유는 이렇다네. 나는 사라질 거야. 내가 돌아오지 못할 수 있지. 그러면 살인 사건이라고 받아들일 테고, 그렇게 되면 조심하고 또 조심하는 게 상책이지. 자네를 위해서 말이야. 이제 한두 가지 개인적으로 정리할 일이 있네."

우리는 머리를 맞댄 채 오랫동안 의논했다. 친구가 아니라 가족과 상의할 일들을 얘기한 것이다. 나는 이전보다 랜섬에 대해 많이 알게 되었다. '가능하다면' 돌봐 달라고 랜섬이 부탁한 사람의 수로 미루어 그의 자선 활동의 범위와 정도를 파악할 수 있었다. 말 한마디 한마디에 다가올 이별의 그림자가 드리워졌고, 우리에게 묘지에서나 느낄 음울한 분위기가 내려앉기 시작했다. 나도 모르게 랜섬의 모든 태도와 표현이 뜻하는 바를 알아채고 그를 좋아하게 되었다. 사랑하는 여인에게서나 그렇지 않은가. 상대가 남자라면 휴가가 끝나가는 군인이나 큰 수술 날짜가 닥친 사람을 보며 느끼는 감정이었다. 도저히 믿을 수 없었다. 코앞에 다가온, 온몸으로 느껴지는, (어찌 보면) 내 손에 달려 있는 일이 몇 시간 후면 전혀 납득 못할 일이 될 터였다. 내 기억 속에 이미지로, 심지어 잘 잡히지 않는 이미지로 남을 터였다. 마침내 둘 사이에 어색한 분위기가 흘렀다. 상대의 기분이 어떤지 알기 때문이었다. 날이 몹시 추워졌다.

"곧 가봐야겠군."

랜섬이 말했다.

"먼저 오야르사가 돌아와야지요."

내가 말했다. 하지만 눈앞에 다가온 일이 끝나기를 바라는 마음도 있었다.

랜섬이 대답했다.

"그는 우리를 떠나지 않고 여태껏 집에 있었다네."

"지금까지 옆방에서 기다리고 있었단 말입니까?"

"기다리는 것은 아니지. 그들은 그런 경험은 못 하네. 자네와 내가 기다림을 의식하는 것은, 지치거나 고단해지는 몸이 있기 때문이지. 그래서 누적되는 시간을 인식한다네. 또 우리는 할 일을 구별하고 짬을 낼 수 있고, 따라서 여가라는 개념이 있지. 오야르사는 그렇지 않다네. 그는 쭉 여기 있었지만 그것을 '기다림'이라고 할 수는 없지. 또한 그의 존재 전체를 기다림이라고 할 수 없네. 숲에서 나무가 기다리고 있다거나 햇살이 언덕 저편에서 기다리고 있다고 할 수 없는 것과 마찬가지라네."

랜섬은 하품을 하고는 말을 이었다.

"고되구만. 자네도 그렇겠지. 관에 들어가 푹 자야겠네. 가세. 관을 내놓자구."

우리는 옆방으로 갔다. 기다린 게 아니라 그냥 거기 있었던 형체 없는 불꽃 앞에 섰다. 랜섬을 통역사 삼아 오야르사를 만난 나는 이 대단한 일을 하겠노라고 입으로 선언했다. 우리는 어둠을 벗어나 썰렁한 잿빛 새벽을 맞으며 나갔다. 상자와 뚜껑을 둘이서 맞들었는데 어찌나 추운지 손가락이 얼얼했다. 이슬이 맺힌 풀을 밟으니 발이 금방 젖었다. 엘딜은 거기 잔디밭에 우리와 함께 있었다. 햇빛이 비칠 때도 내 눈에는 거의 보이지 않았다. 랜섬이 내게 뚜껑의 잠금 장치를 보여 주고 어떻게 잠그는지 가르쳐 주었다. 좀 우울한 분위기가 흘렀다. 준비가 끝나고 랜섬은 집에 들어갔다가 다시 나왔다. 알몸이었다. 이른 새벽에 떨고 있는 멀대 같은 하얀 피부의 사내는 마치 힘없는 허수아비처럼 보였다. 랜섬은 으스스한 상자에 들어가더니 두꺼운 붕대를 눈에 감아 달라 한 뒤 마침내 누웠다. 이제 나는 금성 따위는 생각나지 않았다. 그와 다시 만날 수 없을 것 같았다. 용기가 있었다면 모든 계획을 수포로 만들어 버렸을 터였지만, 기다리지 않는다는 오야르사가 거기 있었다. 그에 대한 두려움이 엄습했다. 그 후로 악몽을 꾸면 그 느낌이 밀려든다. 산 사람 위에 차가운 뚜껑을 덮고 물러선 순간 나는 혼자였다. 상자가 어떻게 갔는지는 보지 못했다. 안으로 들어가니 속이 메스꺼웠다. 몇 시간 후 나는 랜섬의 집 문을 잠그고 옥스퍼드로 돌아갔다.

그 후 수개월이 지나고 1년이 다 되어 가는가 싶더니, 1년이 지났다. 그 사이 공습과, 나쁜 소식과, 희망이 보이지 않는 삶이 이어졌다. 온 땅에 암흑과 포악한 자들이 넘쳤다. 그러던 어느 밤 오야르사가 다시 나를 찾아왔다. 그 후 나와 험프리는 서둘러 길을 떠나 인파로 붐비는 곳에 서 있다가, 오밤중에 바람 부는 플랫폼에서 기다리는 시간을 거쳐 마침내 맑은 햇살이 빛나는 새벽, 잡초밭으로 변한 랜섬의 뜰에 와서 섰다. 떠오르는 태양 앞으로 검은 점이 보이더니 상자가 소리 없이 우리 사이로 미끄러져 들어왔다. 우리는 상자에 달려들었고, 황급히 뚜껑을 뜯어냈다.

"맙소사! 결딴 났군."

상자를 들여다본 나는 탄식했다.

"잠깐만."

험프리가 말했다. 그때 관에 든 사람이 뒤척이더니 일어나 앉았다. 그가 몸을 흔들자, 머리와 어깨를 덮어 내가 잠시 시신과 피로 착각했던 것들이 흔들렸다. 몸에서 떨어져 바람에 날리는 것을 보니 꽃이었다. 잠깐 눈을 깜빡이던 랜섬은 우리의 이름을 부르며 손을 잡더니 풀밭으로 나왔다.

"둘 다 잘 지냈나? 기운이 하나도 없어들 보이는구만."

랜섬이 말했다.

나는 좁은 상자에서 일어난 그의 모습에 한동안 말을 못했다. 랜섬은 건강미가 넘쳤고 근육이 붙어 열 살은 젊어 보이는 새 사람이 되어 있었다. 전에는 머리가 희끗희끗했지만, 지금은 가슴 털이 황금색이었다.

"안녕하세요, 발을 베었군요."

험프리가 말했다. 나는 그제야 랜섬의 발꿈치에서 피가 나는 것을 알았다.

"으이그, 여기는 춥구만. 보일러를 틀어 주면 좋겠는데. 더운 물이랑 입을 옷도 있으면 좋겠고."

"네."

내가 대답했다. 우리는 그를 따라 집으로 들어갔다. 내가 다시 말했다.

"험프리가 생각해서 다 준비해 놓았어요. 저 같으면 그렇게 못했을 겁니다."

랜섬은 욕실로 들어가 문을 열어 두었다. 김이 피어올라 앞이 보이지 않았다. 험프리와 나는 계단참에서 그와 대화를 나누었다. 우리가 질문을 퍼붓는 통에 랜섬은 일일이 다 대답하지 못했다.

그가 소리쳤다.

"스키아파렐리의 주장은 다 틀렸네. 그곳에는 보통의 낮과 밤이 있더군."

그러더니 드문드문 말했다.

"아니, 발꿈치는 아프지 않네. 아프다 해도 방금 그러기 시작했네."

"고맙네, 예전 옷 말이지. 의자에 그냥 두게."

"아니, 괜찮네. 베이컨이나 달걀 같은 것은 먹고 싶지 않구만. 과일이 없다고? 아, 상관없네. 빵이나 죽 같은 거면 되네."

"내가 5분 후에 내려가겠네."

랜섬은 연신 우리가 정말 괜찮은지 물었다. 우리가 아파 보인다고 생각한 듯하다. 나는 아침 식사를 준비하러 내려갔고, 험프리는 남아서 랜섬의 발꿈치를 살펴보고 치료하겠다고 했다. 험프리가 아래층으로 내려왔을 때, 나는 상자에서 나온 붉은 꽃잎을 보고 있었다.

"참 아름다운 꽃이네요."

나는 험프리에게 꽃을 건네면서 말했다.

"그렇군요."

험프리는 꽃을 들고 과학도다운 눈길로 찬찬히 살피더니 말했다.

"예사롭지 않게 섬세하군요! 이 꽃잎에 비하면 잉글리시 바이올렛도 흉한 잡초에 불과한걸요."

"물에 담가 두죠."

"별로 소용이 없겠어요. 봐요, 벌써 시들었어요."

"박사님은 어떠신 것 같아요?"

"전반적으로는 정상이에요. 하지만 발꿈치는 괜찮지 않은 것 같아
요. 오랫동안 출혈이 있었다네요."

랜섬이 옷을 다 입고서 왔다. 나는 차를 따랐다. 그리고 그는 밤이
이슥할 때까지 다음과 같은 이야기를 들려주었다.

3

하늘을 나는 관을 타고 여행하는 느낌이 어떤지 랜섬은 자세히 말하지 못했다. 그럴 수가 없다고 했다. 하지만 그는 다른 화제를 꺼내면서 이따금 그 이야기를 내비쳤다.

랜섬의 설명에 따르면 그는 흔히 '의식이 있다'고 말하는 상태가 아니었다. 그러나 경험은 나름의 가치가 있는 아주 긍정적인 것이었다. 세상을 돌면서 사람들을 알게 된다는, 통상적인 의미로 '세상을 아는 것seeing life'에 대해 한번은 누군가 말하고 있었다. 그러자 그자리에 있던 비(B. 인지학자이다)가 아주 다른 의미의 '세상을 아는 것'에 대해 말했다. 잘 기억나지는 않지만 내면의 눈에 '생명life의 형태'가 보이는 명상 체계였을 것이다. 아무튼 랜섬은 여기에 대해 나름의 견해가 있다는 것을 감추지 못해서 오랫동안 추궁당했다. 그는 사람들이 졸라 대자 생명체가 그 상황에서 '유색의 형태'로 나타났다는 말까지 하고 말았다. "어떤 색깔이었소?"라는 물음에, 랜섬은 호기심 어린 표정을 지으면서 "어떤 색깔이냐! 그래, 어떤 색깔!"이라는 말밖에 못했다. 하지만 그 뒤에 "당연히 아무 색도 아니었지요. 우리가 색이라고 부르는 게 아니었단 뜻입니다"라고 덧붙여서 듣기고 말았다. 랜섬은 그 후로 저녁 내내 입을 꾹 다물어 버렸다. 회의적인 친구 맥피가 육체의 부활이라는 기독교 교리에 반하는 주장을 폈을 때 또 다른 힌트가 드러났다. 맥피는 나를 상대로 스코틀랜드인답게 질문 공세를 퍼부었다.

"그래, 자네는 먹지 않는 세상에서 내장과 입천장을 갖게 될 거라고 생각하나? 성교가 없는 세상에 성기가 존재할 거라고 생각하냐고? 거참, 멋들어진 시간을 보내겠구만!"

그때 랜섬이 갑자기 감탄사를 내뱉었다.

"이런, 아둔한 사람! 감각을 초월하는 생명체와 무감각한 생명체는 다르다는 걸 모르겠나?"

그 말은 맥피에게 불을 지른 격이 되었다. 랜섬은 몸의 현 기능과 입맛이 사라질 테지만, 기능이 퇴화해서가 아니라 '집어삼켜지기' 때문이라고 주장했다. '성을 초월한'이라는 말을 쓴 걸로 기억한다. 그러고는 ('미식 초월'이라는 개념은 거부한 후) 먹는 데 적용할 만한 비슷한 말을 찾기 시작했다. 그 자리에 언어학자가 랜섬 말고도 더 있었기 때문에 대화는 다른 방향으로 흘러갔다. 하지만 나는 랜섬이 금성여행에서 경험한 뭔가를 생각했다고 확신한다. 그러나 그의 여행담에서 가장 묘한 것은 이것이었다. 나는 그가 종종 말하지 않으려는 주제에 관해 질문하고 있었고, 부주의하게도 이런 말을 내뱉었다.

"물론 모든 게 워낙 애매해서 어휘로 옮기기 힘들다는 걸 압니다."

그러자 참을성이 많은 사람인 랜섬이 날카로운 눈길로 날 쳐다보며 말했다.

"애매한 것은 어휘일세. 어떤 것을 표현할 수 없는 것은 그 사물의 명료함을 언어가 따라잡지 못해서라네."

그의 여정에 대해 독자들에게 내가 전할 수 있는 것은 이것이 다다. 한 가지는 분명하다. 랜섬은 화성에서보다 금성에서 훨씬 큰 변화를 겪고 돌아왔다. 물론 금성 착륙 후 겪은 일 때문에 그랬을 수 있다.

착륙이 어땠는지 랜섬이 내게 들려준 대로 전해 보겠다. 그는 떨어지는 감각을 느끼자 형언할 수 없는, 하늘에 있는 상태에서 정신을 차린(그게 맞는 표현이라면) 것 같다. 달리 말하면 금성에 가까이 다가갔을 때, 금성이 아래쪽에 있는 것처럼 느낀 것이다. 다음 순간 그는 한쪽은 덥고 한 쪽은 춥다는 것을 알았다. 하지만 더위와 추위 모두 고통스러울 정도는 아니었다. 어쨌거나 곧 불투명한 관을 뚫고 들어오는, 아래서 솟구치는 엄청난 흰 빛이 더위와 추위를 모두 삼켜 버렸다. 빛이 계속 강해지자 눈을 가렸는데도 괴로워졌다. 이 빛은 금성을 둘러싼 채 태양 광선을 강하게 반사하는, 대단히 응집된 대기의 바깥 막인 알베도임이 분명했다. 화성에 접근할 때는 급속히 몸이 무거워지는 것을 느꼈는데 현재는 무슨 이유인지는 몰라도 그것을 의식하지 못했다. 하얀 빛이 도저히 참기 힘들어졌을 무렵 빛이 완전히 사라지더니 곧 왼쪽에서 추위가, 오른쪽에서 더위가 찾아들기 시작하면서 동일한 온기가 느껴졌다. 내가 보기에 이제 랜섬이 있는 곳은 페렐란드라 대기의 바깥층이었다. 처음에는 희끄무레하다가 나중에는 본디 색을 띤 황혼녘이었다. 관을 통해 보니 주된 색은 금색이거나 구릿빛이었다. 이 무렵에는 랜섬이 금성의 표면에 아주 가까이 있었음이 분명하다. 그는 승강기에 탄 사람처럼 아래로 떨어지고 있었다. 팔을 움직일 수 없는 무력감 속에서 떨어지자 공포감이 찾아왔다. 그때 갑자기 사방에 짙은 초록색 어둠이 펼쳐졌다. 신세계에서 온 첫 메시지, 즉 무슨 소린지 모를 소음과 현저히 기온이 떨어지는 것이 느껴졌다. 이제는 수평을 유지하는 것 같았고, 놀랍게도 아래가 아니라 위로 솟는 기분이었다. 물론 그 순간에는 이게 다 환상이라고 생각했다. 내내 팔다리를 움직이려고 무의식적으로 애쓰고 있었던지, 갑자기 감방 같은 관이 몸을 압박하는 것을 느꼈다. 그는 팔다리를 움직이고 있었는데 찐득찐득한 물질이 팔다리의 움직임을 방해했다. 관은 어디 갔지? 감각이 몹시 혼란스러웠다. 떨어지는 듯하고 치솟는 듯하다가 다시 수평으로 움직이는 느낌이었다. 찐득거리는 물질은 흰색이었다. 그 물질은 매순간 줄어드는 듯했는데…… 흰 구름으로 보이는 것이 관 같았는데 단단하지는 않았다. 그러나 그것이 관이라는 것을 아는 순간 랜섬은 오싹한 충격을 느꼈다. 관이 녹아 흩어지더니 묘사할 수 없는 혼란스러운 색상을 띠었다. 순간적으로 무엇 하나 또렷하지 않은 풍부하고 다양한 세상이 펼쳐졌다. 이제 관은 사라졌다. 랜섬은 밖으로 내보내졌고…… 홀로 남겨졌다. 페렐란드라에 온 것이다.

첫 인상은 비스듬하다는 것 외에는 별로 없었다. 마치 카메라를 비스듬히 들고 찍은 사진을 보는 것 같더니 그 느낌조차 한순간에 사라졌다. 경사는 다른 경사로 바뀌었고 두 경사가 휙 움직여 봉우리를 이루었다. 봉우리가 평평해져서 수평선이 되고, 수평선이 비스듬해져 넓은 비탈의 기슭이 되었다. 빛나는 산비탈이 거침없이 그에게 달려왔다. 그와 동시에 랜섬은 들려 올라가는 기분을 느꼈다. 위로 또 위로 치솟아 꼭 황금색 돔에 닿을 것 같았다. 머리 위로 하늘이 아닌 황금색이 타오르고 있었다. 정상에 다다른 랜섬은 아래 펼쳐진 거대한 협곡을 힐끗 쳐다볼 새도 없이, 시속 50킬로미터 정도로 하강했다. 유리처럼 빛나는 계곡은 군데군데 희끗희끗해 보였다.

이제 머리만 제외하면 온몸이 기분 좋은 서늘함을 느꼈다. 발은 어디에도 닿지 않았고, 그는 한동안 무의식적으로 헤엄치는 동작을 반복한다는 것을 알았다. 거품 없는 파도를 타고 있었던 것이다. 높은 온도의 하늘을 지난 후라 상쾌하고 선선했지만, 지구 기준으로는 따뜻했다. 아열대 기후 지역의 얕은 물속 모래 바닥에 서 있는 것처럼 따뜻했다. 밀려오는 파도의 물마루 부분을 타고 쑥 올라가다가 물을 먹었다. 소금 맛이 전혀 나지 않았다. 신선한 물 같은데 다만 살짝 덜 싱거웠다. 지금껏 갈증을 느끼지 않았지만, 물 한 모금이 놀라울 정도의 쾌감을 주었다. 처음으로 환희를 만끽했다고 할까. 달아오른 얼굴을 투명한 초록색 물에 담갔다가 드니, 다시 물마루에 올라와 있었다.

육지는 보이지 않았다. 하늘은 중세 그림의 배경처럼 완벽하게 평평한 금색이었다. 하늘이 아주 높았다. 땅에서 솜털 구름을 보는 것처럼 아주 멀리 있는 것 같았다. 바다도 금색이고 눈앞의 바다에는 수많은 그림자가 얼룩덜룩하게 드리워졌다. 가까운 파도의 물마루는 빛을 받아 금색으로 보였다. 경사면은 초록색인데 처음은 에메랄드 빛깔이다가 아래쪽은 반들거리는 초록색 병처럼 보였다. 다른 파도의 그림자 밑을 지날 때는 파란색으로 짙어졌다.

이 모든 것이 한눈에 들어왔다. 랜섬은 다시 한 번 물마루 사이의 골로 떨어졌다. 여름 아침 욕조에 들어갈 때 물에 반사되는 햇빛처럼, 순식간에 변하는 옅은 빛들의 떨림으로 수놓인 금빛 하늘 천장이 보였다. 랜섬은 그가 떠 있는 파도들이 반사된 것이라고 짐작했다. 이 사랑의 행성에서는 닷새 중 사흘간 관찰할 수 있는 현상이다. 그 바다 여왕이 하늘 거울로 계속 그녀의 모습을 비추는 것이다.

다시 물마루에 올라섰지만 여전히 육지는 보이지 않았다. 왼쪽으로 저 멀리 구름 같은 게 보였다. 혹시 배일까? 그러더니 아래로 아래로 몸이 내려갔다. 도저히 바닥에 다다르지 못할 것 같았다……. 이번에는 빛이 침침해졌음을 느꼈다. 미지근한 물에서 그렇게 희희낙락하는 것, 찬란한 수영이라고 해야 하나. 지구였다면 눈부신 햇살 아래의 광경이 연상됐을 것이다. 하지만 그런 것은 없었다. 물은 빛나고 하늘은 금빛으로 타올랐지만 모든 게 풍부하면서 어슴푸레했고, 눈이 부시거나 쑤시지 않았다. 랜섬은 이 광경을 묘사하는 데 부득이 초록색과 금색이라는 어휘들을 썼지만, 그 보드랍고 조용한 무지갯빛 세상에는 너무 격한 어휘이다. 그 세상은 따뜻하고 엄마 품처

럼 포근했으니까. 저녁이라기에는 공기가 온화했다. 여름 낮처럼 더
우면서도 이른 새벽처럼 상쾌하고 매혹적이었다. 정말 유쾌했다. 랜
섬은 한숨을 내쉬었다.

눈앞에 어찌나 높은 파도가 밀려오는지 랜섬은 온몸이 오싹해졌
다. 흔히 파도가 돛의 꼭대기보다 과히 높지 않아도 '태산만 하다'는
표현을 쓴다. 하지만 이 파도는 정말 그랬다. 만약 커다란 형체가 물
이 아니라 언덕이었다면, 그는 오전 나절 내내 아니 그 이상이라도
비탈을 걸어 꼭대기에 올라갔을 터였다. 파도가 그를 휘감더니 눈 깜
빡할 사이에 산꼭대기 높이까지 밀어 올렸다. 하지만 그는 꼭대기에
다다르기도 전에 공포에 질려 비명을 지를 뻔했다. 이 파도는 다른
파도들처럼 물마루가 매끈하지 않아서였다. 무시무시한 꼭대기가 모
습을 드러냈다. 뾰족하고 굽이치는 환상적인 형태였다. 물기도 없는
듯한 이상한 모양의 것들이 산등성이 위로 솟아 있었다. 바위? 물거
품? 야수들? 질문이 머리를 스칠 새도 없이 꼭대기가 들이닥쳤다. 랜
섬은 자기도 모르게 눈을 꾹 감았다. 그때 다시 한 번 몸이 아래쪽으
로 쏠리는 기분을 느꼈다. 모든 것들이 그의 앞을 지나갔다. 하지만
분명히 실체가 있었다. 랜섬은 얼굴을 부딪쳤다. 얼굴을 더듬더듬 하
니 피는 나지 않았다. 물체는 부드러워서 해를 입히지 않았고 다만
부딪치는 속도 때문에 채찍처럼 따끔한 느낌만 있었다. 그는 다시 돌
아누웠다. 그 사이 몸은 벌써 다음 파도의 등성이 위로 수백 미터나
솟구쳤다. 저 아래 순간적으로 생긴 어마어마한 계곡에서 조금 전의
그 물체가 보였다. 굴곡과 오목한 면이 많은 불규칙한 형태였다. 조

각 이불처럼 색깔이 다채로웠다. 불꽃 색깔, 진청색, 진홍색, 주황색, 자황색, 보라색. 워낙 짧은 순간 본 것이라 랜섬으로서는 그 물체에 대해 더 말할 수가 없었다. 어쨌든 떠다니던 그것은 맞은편 물살의 경사면 위로 올라가 꼭대기를 넘어 시야에서 사라졌다. 그것은 피부처럼 물에 달라붙더니 물이 휘어질 때 함께 휘어졌다. 물결 꼭대기에서 파도 모양이 된 그것은 순간적으로 절반은 이미 파도의 등성이 너머로 사라지고 나머지 절반은 아직 등성이 위쪽에 놓여 있었다. 물체는 강에 띄운 풀잎 방석같이 움직였다. 물결 모양대로 흔들리는 방석 같았지만 규모가 아주 달랐다. 이 물체는 족히 3~4만 평은 될 것 같았다.

설명이 길었지만, 랜섬이 이제껏 금성에 머문 시간이 채 5분이 못 된다는 점을 염두에 둬야 한다. 그는 전혀 고단하지 않았고, 그런 세상에서 어떻게 살아남을지 아직 심각하게 걱정하지 않았다. 그를 거기 보낸 이들을 신뢰했고, 한동안은 서늘한 물과 팔다리의 자유로움이 새롭게 느껴졌고 흐뭇했다. 하지만 그 이상의 뭔가가 있었다. 이미 내가 은연중에 표현한, 말로 옮길 수 없는 묘한 쾌감이 있었다. 그의 모든 감각 기관을 통해 과도한 쾌감이 일시에 밀려들었다. '과도한' 이라는 표현을 쓴 것은, 랜섬이 페렐란드라에서의 첫 며칠을 놀라움에 휩싸였다고 설명할 수밖에 없어서였다. 죄책감 때문이 아니라 죄책 감이 없다는 데 놀란 것이다. 금기시되는, 흥청망청하는 행위들 없이는 생각할 수 없는 산다는 단순한 행위에는 풍요로움 또는 넘쳐나는 달콤함이 있었다. 물론 폭력이 사라지지 않는 세상이기도 했다.

랜섬의 시야에서 떠다니는 물체가 사라진 순간, 눈부신 빛이 그의 눈을 찔렀다. 점점 파랑에서 보라로 변하는 빛은 황금색 하늘을 비교적 어둡게 만들었고, 한순간 그가 지금껏 본 것보다 더 많은 것들이 모습을 드러냈다. 눈앞에서 파도가 무한히 퍼지더니 멀리서, 저 먼 세상의 끝에서 푸른빛이 도는 매끄러운 기둥 하나가 하늘 위로 솟았다. 이 끊임없이 움직이는 비탈진 세상에서 수직으로 고정된 것은 그것뿐이었다. 그때 짙은 황혼이 다시 몰려왔고 (이제는 거의 어두워졌다) 랜섬은 천둥소리를 들었다. 하지만 지구의 천둥과는 음색이 달랐다. 더 울림이 크고, 멀리서 들으면 딸랑딸랑 소리가 나는 것 같았다. 그것은 하늘의 포효가 아니라 웃음소리였다. 다시 번개가 치고 번뜩하다가 사방에 폭우가 내렸다. 랜섬과 금색 하늘 사이에 거대한 자주색 구름 떼가 몰려들더니, 빗방울을 느낄 새도 없이 비가 쏟아졌다. 처음 겪는 폭우 세례였다. 빗줄기가 보이지 않는 비 폭탄이었다. 머리 위로 쏟아지는 비는 바다처럼 무한하지만 않을 뿐 비슷했다. 랜섬은 숨 쉬기가 힘들었다. 끊임없이 번개가 쳤다. 다음 번개가 치기 전, 구름이 몰려 있는 방향을 제외하고는 완전히 다른 세상이 펼쳐졌다. 무지개 가운데 있다고 할까, 다채로운 색상의 수증기가 형성한 구름 속에 있는 것 같았다. 대기를 메운 물은 바다와 하늘을 불꽃과 몸부림치는 투명한 것들의 난장판으로 만들었다. 랜섬은 어지러웠고, 처음으로 약간 겁을 먹었다. 빗발치는 번개 사이로 아까처럼 끝없는 바다와 세상 끝에 솟은 초록색 기둥이 보였다. 육지는 어디에도 없었다. 어느 쪽을 봐도 해변 비슷한 것은 보이지 않았다.

천둥소리에 귀가 찢어질 것 같았고 숨을 들이마시기도 힘들었다. 모든 것들이, 살아 있는 것들이 비로 내리는 것 같았다. 그것들은 부자연스러울 만치 가뿐하고 우아한 개구리 떼와 비슷했다. 승화된 개구리랄까. 잠자리 같은 색깔이었지만, 랜섬은 어렵지 않게 찬찬히 관찰할 수 있었다. 피로감이 밀려오기 시작했고, 대기에 알록달록한 색깔이 난무하자 정신이 하나도 없었다. 이런 상태가 얼마나 지속됐는지 알 수 없었지만, 그가 정확히 봤다고 기억하는 것은 굽이치는 기운이 잦아들고 있다는 점이었다. 그는 물로 된 산맥의 끄트머리 부근에서 저 아래 지역을 내려다보는 느낌이 들었다. 아래로 못 내려간 지 오래였다. 페렐란드라에 도착해서 처음 마주친 바다에 비하면 물살이 잔잔해 보여도 막상 밀어닥치면 그리 작지 않은 파도였다. 떠다니는 커다란 물체가 아주 많은 듯했다. 이것들도 멀리서 보면 군도群島같아도 가까이 다가가 보면 거센 물결을 타넘는 선단船團 같았다. 하지만 분명한 것은 출렁거림이 드디어 잦아들고 있었다는 것이다.

비가 그쳤다. 대서양에 치는 파도 정도로 파고가 낮아졌다. 무지개 빛깔은 점점 희미해지더니 투명해졌고, 그 사이로 금빛 하늘이 살짝 보이다가 드넓게 펼쳐졌다. 파도가 점점 잦아들었다. 랜섬은 마음껏 호흡하기 시작했다. 하지만 이제는 정말이지 고단했고, 한가로운 게 두려워졌다.

떠다니는 커다란 물체 하나가 수십 미터 떨어진 데서 파도를 타고는 옆으로 미끄러졌다. 랜섬은 저런 물체에 올라타 쉴 수 있을지 유심히 지켜보았다. 몸을 맡길 수 없는 풀방석이나 바닷속 수초의 일부가 아닐지 심히 의심스러웠다. 하지만 이런 생각을 하는 사이, 지켜보던 독특한 물체가 파도를 타고 그와 하늘 사이로 솟아올랐다. 물체는 평편하지 않았다. 누르스름한 표면에서 깃털 같으면서도 굽이치는 것들이 올라왔다. 높이가 제각각이었는데 금색 하늘빛과 대비되어 침침해 보였다. 그 독특한 물체가 한순간 물마루 위로 올라갔다가 시야에서 사라지면서 거기 박혀 있던 것들이 한쪽으로 기울었다. 하지만 10미터도 못 되는 곳에서 다른 물체가 랜섬에게 달려들었다. 그는 물체를 향해 몸을 내밀었다. 문득 팔이 욱신거리고 힘이 없었다. 처음으로 공포감에 전율이 느껴졌다. 물체에 다가가니, 끝이 식물성 물질로 된 게 분명했다. 여러 개의 관, 줄기, 주머니로 된 검붉은 치맛자락 같은 것이 질질 끌렸다. 움켜잡으려 했지만 미치지 않았다. 그는 필사적으로 헤엄을 쳤다. 물체가 시속 10킬로미터 정도로 그를 지나갔다. 채찍처럼 생긴 붉은 줄을 한 움큼 잡았지만 손에서 빠져나가는 바람에 손을 벨 뻔했다. 랜섬은 물체 가운데로 몸을 날려서 바로 앞에 있는 것을 홱 낚아챘다. 한순간 그는 꼴꼴 소리를 내는 관들과 터질 듯한 공기 주머니들로 된 야채수프 속에 있는 꼴이 되었다. 다음 순간에는 손에 더 단단한 게 걸렸다. 아주 부드러운 나무 같은 물질이었다. 그때 랜섬은 단단한 물체에 얼굴을 묻고 있었다. 숨이 턱턱 차고 무릎에는 타박상을 입었다. 그는 몸을 살짝 일으켰다. 그랬다, 이제 의심할 여지가 없었다. 몸이 물체를 뚫고 나가지 않았으니 누울 수 있는 물건이었다.

랜섬은 아무것도 하지 않고 엎드린 채 아무 생각 없이 오랫동안 있었던 것 같다. 그가 주변을 의식하기 시작했을 때는 충분히 쉰 뒤였다. 처음 알아차린 것은 그가 마른 곳에 누워 있다는 사실이었다. 살펴보니 색깔만 누럴 뿐, 히스(자홍색 꽃이 피는 키 작은 나무—옮긴이)와 아주 비슷한 식물로 만들어져 있었다. 손가락으로 파보니 마른 흙처럼 무른 게 나왔지만 아주 조금이었고 곧 짱짱한 섬유 같은 바닥이 드러났다. 랜섬은 몸을 돌려 똑바로 누웠다. 바닥의 표면이 매우 탄력이 있다는 것을 알았다. 히스 같은 식물의 유연성을 훨씬 능가했고 마치 그 식물 밑에 있는 떠 있는 섬 전체가 매트리스처럼 느껴졌다. 그는 고개를 돌려, 표현이 맞을지 몰라도 '내륙'을 바라보았다. 시골 풍경과 흡사해 보였다. 그는 바닥이 구릿빛인 기다란 계곡을 올려다보았다. 하나뿐인 골짜기의 양옆으로 다양한 색깔의 수풀처럼 보이는 무언가가 완만하게 펼쳐져 있었다. 하지만 그 광경을 바라보는 사이에도 수풀이 있는 구릿빛 산등성이는 아래쪽으로 기울어졌다.

물론 마음의 준비가 되었어야 했지만, 랜섬은 그 광경이 울컥할 정도로 충격적이었다고 한다. 처음 힐끗 봤을 때 진짜 시골 풍경이 보여서, 그것이 떠 있다는 사실을 까맣게 잊었다. 언덕과 골짜기가 있는 섬이지만, 언덕과 골짜기가 시시각각 변해서 영화 촬영용 카메라를 동원해야 윤곽을 그릴 수 있을 터였다. 그리고 그것이 페렐란드라에 떠 있는 섬들의 특징이었다. 색이 없고 사물이 계속 변하는 과정이 빠진 사진을 보면 지구 어디쯤으로 보일 테지만, 실상은 아주 다르다. 육지처럼 마르고 기름진 땅이지만 그곳에서 형태를 지닌 것이라곤 그 밑을 흐르는, 형태가 변하는 물밖에 없었다. 하지만 풍경이 육지처럼 보이는 것은 어찌할 수 없었다. 이제 머리로는 어찌된 상황인지 이해가 갔지만 아직 몸이 상황을 따라잡지 못했다. 그는 일어나서 안쪽으로 몇 걸음 옮겼다. 몸을 일으키다가 내리막이어서 그만 엎어지고 말았다. 풀이 보드라워서 다치지는 않았다. 어렵사리 다시 일어나니 이제는 길이 가파른 오르막으로 변해 또 넘어졌다. 쭉 긴장이 풀려 있었던 덕분에 가벼운 웃음이 터졌다. 그는 보드랍고 향긋한 표면에서 앞뒤로 구르면서도 아이처럼 키득댔다.

이런 과정을 거쳐 한두 시간 동안 랜섬은 걷는 법을 터득했다. 배위에서 걷는 것보다도 훨씬 어려웠다. 바다가 아무리 출렁대도 배의 갑판은 평편함을 유지하니까. 하지만 이것은 물 위를 걷는 법과 비슷했다. 물에 뜬 섬의 테두리랄까 해안에서 2백 미터쯤 걷는 데 몇 시간이나 걸렸다. 랜섬은 넘어지지 않고 다섯 걸음을 걷는 자신이 대견했다. 양팔을 쭉 뻗고 갑자기 균형이 흐트러질 것에 대비해서 무릎을 굽혔다. 온몸이 흔들렸고 줄타기를 배우는 사람처럼 잔뜩 긴장되었다. 넘어진 바닥이 너무 푹신해서 빨리 배울 수가 없었다. 바닥에 넘어져서 가만히 누워 금빛 천장을 보면 마음을 그지없이 편안하게 하는 물소리가 들렸고, 묘하게 상쾌하고 향긋한 풀냄새가 났다. 그런데 참으로 이상하게도 작은 골짜기로 굴러 떨어진 후 눈을 뜨면 그는 섬 한가운데 산봉우리에 앉아 있는 로빈슨 크루소가 된 듯했다. 들판과 숲을 내려다보고, 사방의 해안을 바라보며 몇 분 더 앉아 있지 않을 수 없었다. 그런데 그가 가까스로 몸을 일으키는 순간, 산과 계곡이 같이 없어지고 섬 전체는 평편한 평원으로 변해 버려서 또다시 앉아 바라보게 되었다.

한참 후 랜섬은 우거진 숲에 다다랐다. 깃털 같은 식물이 있었다. 까치밥나무 높이에 말미잘 색깔이었다. 그 덤불 위로 키 큰 나무들이 있었다. 회색과 자주색 관처럼 생긴 몸통에 이상한 오렌지색, 은색, 파란색 가지가 차양처럼 그의 머리 위로 드리웠다. 랜섬은 나무에 의지해서 더 수월하게 걸음을 옮길 수 있었다. 숲에서는 지금껏 맡아보지 못한 향기가 났다. 그 향기 때문에 배가 고프고 갈증이 났다고 하면 정확한 표현은 아닐 터였다. 그 냄새는 완전히 새로운 허기와 갈증을 일으켰다. 몸에서 나와 영혼으로 흘러들어 가는 것 같고 천국이 이런 것인가 하는 갈망을. 그는 몇 번이고 멈춰 서서 나뭇가지에 매달려 균형을 잡고는 숲이 뿜어내는 향기를 흠뻑 들이마셨다. 무슨 의식이라도 치르듯 숨을 쉬었다. 숲은 지구의 풍경 열두어 가지를 한 번에 품고 있었다. 나무들이 탑처럼 뻗은 평지의 숲이 이어지다가 실개천이 없는 게 놀라울 지경인 깊은 계곡이 되더니 오르막길의 나무 숲에서 다시 언덕 꼭대기가 되었다. 그곳에서는 비스듬한 나무줄기 사이로 멀리 바다가 내려다 보였다. 기계적인 파도 소리를 제외하면 완벽한 고요가 깃들어 있었다. 혼자라는 느낌이 강렬해졌지만 고통스럽지 않았다. 다만…… 말하자면 그를 둘러싼 천상의 즐거움에 야생의 붓질을 마지막으로 가한 듯했다. 이제 두려움이 있다면 그것은 이성이 위험한 지경에 빠졌을지 모른다는 희미한 의식 때문이었다. 페렐란드라에는 인간의 뇌가 감당하기에 벅찬 뭔가가 있었다.

이제 랜섬은 숲의 일부가 되었다. 크고 노란 과일이 나무에 달린 모습은, 사람 모양 풍선에 같은 크기의 노란 풍선들이 매달린 것 같았다. 그는 과일 한 개를 따서 이리저리 살폈다. 매끄럽고 단단해서 쪼개지지 않을 것 같았다. 그런데 우연히 손가락이 과일 속으로 쑥 들어갔다. 차가웠다. 랜섬은 잠시 주저하다가 작은 구멍에 입을 댔다. 과즙을 조금만 마실 참이었지만, 일단 맛을 보자 마음이 놓였다. 물론 과일 맛이었다. 허기와 갈증이 허기와 갈증이었던 것처럼 과일 맛은 과일 맛이었다. 그런데 다른 맛과 워낙 달라서 그냥 '맛'이라는 표현은 너무 밍숭밍숭했다. 완전히 새로운 기쁨을 발견한 것 같았다. 인간이 들어 보지 못한 쾌감, 가늠할 수 없고 모든 것을 넘어서는 그런 즐거움이었다. 지구였다면 이 과즙 한 모금 때문에 전쟁이 나고 국가끼리 배신할 만했다. 어떻게 분류할 수가 없었다. 랜섬은 인간 세계에 돌아와서도 그 맛이 짜릿했는지 달콤했는지, 향긋했는지 관능적이었는지 묘사하지 못했다. 부드러운 맛이었는지, 톡 쏘는 맛이 었는지 분명히 하지 못했다. 그가 할 수 있는 대답은 고작 '그런 게 아니었다'였다. 과일 껍질을 버리고 하나 더 따려는 순간, 이제 배가 고프지도 목마르지도 않다는 생각이 들었다. 하지만 쾌감을 다시 느끼고 싶은 마음이 워낙 강하게 들고 영혼을 울려서, 당연히 해야 되는 일 같았다. 그의 이성, 혹은 지구에서 이성으로 여기는 것은 이 기적을 다시 맛보라고 부추겼다. 아이 같은 과일의 순수함, 그가 겪은 일들, 불투명한 미래, 그 모든 것이 재촉하는 것 같았다. 하지만 뭔가가 이 '이성'에 반대하는 듯했다. 그것이 욕망에서 나왔다고는 보기 어렵다. 어떤 욕망이 그 좋은 맛에서 나올까? 하지만 어떤 이유든 그가 보기에는 다시 맛보지 않는 게 좋을 듯했다. 그 경험은 완벽했고 반복하면 역효과가 날 것 같았다. 같은 교향곡을 하루에 두 번 들으라고 하는 것처럼.

랜섬은 생각에 잠겨 있었다. 욕망 때문이 아니라 오히려 욕망을 거스르고 가짜 이성에 복종해서 쾌감을 거듭 좇은 적이 얼마나 많을까? 질문을 던지던 그는 빛이 변하고 있음을 알아차렸다. 뒤쪽은 아까보다 어두워졌고, 앞쪽은 하늘과 바다가 숲 사이로 강렬하게 빛났다. 지구였다면 숲에서 나가는 데 1분이면 충분했겠지만 이 흔들리는 섬에서는 시간이 더 걸렸다. 마침내 트인 곳으로 나오자 엄청난 광경이 눈앞에 펼쳐졌다. 종일 똑같은 금빛 하늘이어서 태양의 위치를 가늠할 수 없었지만 지금은 하늘의 절반이 태양의 위치를 알려 주었다. 태양 자체는 여전히 보이지 않았지만, 바다 가장자리의 곡선을 이룬 초록빛이 어찌나 빛나는지 쳐다볼 수가 없었다. 그 뒤로 거의 천정까지 화려하고 어마어마한 부채 같은 것이 공작 꼬리처럼 펼쳐졌다. 어깨 너머로 보니 섬 전체가 파랑색으로 빛나고 있었고, 맞은편과 뒤쪽은 물론 세상 끝까지 큰 섬 그림자를 드리웠다. 이제 많이 잠잠해진 바다는 큰 백운석白雲石과 코끼리 모양의 파란색과 보랏빛 수증기를 피워 올렸다. 달콤한 산들바람이 불어 앞머리가 휘날렸다. 낮은 어마어마하게 타오르고 있었다. 매 순간 물은 점점 잔잔해졌고, 멀지 않은 곳의 고요 속에서 뭔가가 나오는 게 감지되었다. 랜섬은 섬 가장자리에서 책상다리를 하고 앉았다. 장엄한 세계의 외로운 군주 같았다. 아무도 없는 세계에 보내졌을지 모른다는 생각이 처음으로 떠올랐다. 공포가 더해져 넘치는 환희에 면도날을 그은 기분이었다.

이성이 있다면 예상했을 현상 때문에 다시 한 번 깜짝 놀랐다. 알몸인데도 따뜻한 것, 여름 과일 사이를 거닐고 향긋한 히스 위에 누웠던 모든 것이 어슴푸레한 밤을, 온화한 한여름의 잿빛을 기대하게 했다. 하지만 서쪽에서 거대한 색깔들이 찾아들기 전에 동쪽 하늘을 보니 깜깜했다. 잠깐 사이에 어둠이 서쪽 수평선에 이르렀다. 약간 붉은 빛이 잠시 천정에 머무는 사이 랜섬은 다시 숲으로 기어들어 갔다. 흔히 "어두워서 한 치 앞도 안 보인다"는 상태였다. 하지만 그가 나무들 사이에 눕기도 전에 진짜 밤이 내렸다. 여느 밤이 아니라 석탄 창고에 들어온 것 같은 어둠이었다. 얼굴 앞에 손을 올려도 보이지 않을 정도로 깜깜했다. 칠흑 같은 어둠. 뚫고 나갈 수 없는 무한한 어둠이 안구를 압박했다. 그 땅에는 달도 없었다. 금빛 천장에는 별하나 나타나지 않았다. 하지만 어둠은 따스했다. 거기서 달콤하고 새로운 향기가 나왔다. 이제 세상은 그 크기가 사라졌다. 랜섬의 몸통 길이와 폭이 세상의 경계였고, 향긋하고 보드라운 풀로 된 그물 침대의 흔들림은 점점 줄었다. 밤이 담요처럼 그를 덮어 온갖 외로움을 막아 주었다. 어둠은 그의 방이었을지도 모른다. 줄기에 손을 대기도 전에 과일이 뚝 떨어지듯 그렇게 잠이 왔다.

4

　랜섬이 깰 무렵, 지구에서는 겪지 않을 법한 일이 일어났다. 현실을 보고 있는데 꿈이라는 생각이 들었다. 눈을 뜨니 이상한 색깔의 나무가 보였고, 나무에는 노란 과실과 은색 잎이 잔뜩 달려 있었다. 불그레한 금빛 비늘이 덮인 작은 용이 남색 줄기의 밑 부분을 돌돌 감고 있었다. 랜섬은 헤스페리데스의 정원(그리스 신화에 나오는 황금 사과나무 밭―옮긴이)임을 금방 알아차렸다. '이렇게 생생한 꿈은 처음 꾸네'라는 생각이 들었다. 그러다가 어찌어찌해서 그가 깨어 있다는 것을 알았지만, 극도의 편안함과 황홀경 같은 뭔가 때문에 꼼짝 않고 계속 누워 있었다. 지금까지 잤던 잠과 퍼뜩 정신이 들게 한 경험 모두에 그런 느낌이 있었다. 아주 오래된 세계처럼 느껴지는 말라칸드라라는 아주 다르고 추웠던 세계에서 겪은 일을 떠올렸다. 거기서 동굴에 사는 거인 양치기인 진짜 키클롭스(그리스 신화에 나오는 애꾸눈 거인

족—옮긴이)를 만난 적이 있었다. 지구에서는 신화 같던 일이 다른 세계에서는 현실로 흩어져 있는 걸까? 그 순간 그는 퍼뜩 알아차렸다. '너는 미지의 행성에 알몸으로 혼자 있어. 저건 위험한 동물일지 몰라.' 하지만 크게 두렵지는 않았다. 지구상의 맹수는 우주의 기준에서 보면 예외적이며, 이보다 낯선 생물들도 친절했다. 하지만 그는 조용히 누워서 작은 용을 바라보았다. 도마뱀 같이 생겼는데 덩치는 구명견인 세인트버나드만 했고 등은 톱니 모양이었다. 용은 눈을 뜨고 있었다.

랜섬은 팔꿈치를 바닥에 대고 일어서려고 했다. 용은 계속 그를 쳐다보았다. 랜섬은 섬이 완전히 평편하다는 것을 알아차렸다. 일어나 앉으니, 나무 줄기 사이로 잔잔한 물결이 보였다. 바다가 금박을 입힌 유리처럼 보였다. 그는 용을 관찰했다. 말라칸드라의 '흐나우'처럼 이성이 있는 동물일까? 이 용을 만나려고 이곳으로 온 걸까? 그럴 것 같지는 않았지만 시도해 볼 만했다. 랜섬은 '옛 솔라어'로 말을 걸었지만 자기 목소리가 낯설었다.

"낯선 이여, 말렐딜의 종들이 하늘을 통해 나를 그대의 세상에 보냈소. 나를 환영해 주는 겁니까?"

용이 그를 빤히 쳐다보았는데 매우 신중을 기하는 듯했다. 그러더니 처음으로 눈을 꾹 감았다. 좋지 않은 시작 같았다. 랜섬은 일어서기로 했다. 용이 다시 눈을 떴다. 그는 어떻게 하면 좋을지 몰라서 스물을 헤아릴 만큼 그냥 서서 용을 바라보았다. 용이 몸을 풀기 시작했다. 랜섬은 의지력을 한껏 발휘하여 그대로 서 있었다. 용이 이성적인지 비이성적인지는 몰라도 달아나 봤자 멀리 가지 못할 터였다. 용은 나무에서 떨어져 나와 몸을 흔들더니, 반짝이는 두 날개를 펼쳤다. 파르스름한 금색으로 박쥐 날개 같았다. 용은 날개를 흔들다가 오므리고 나서 랜섬을 다시 한참 쳐다보더니 마침내 뒤뚱대는 것 같기도 하고 나아가는 것 같기도 한 동작으로 섬 가장자리로 가서 쇠붙이 같은 긴 코를 물에 담그는 것이었다. 용은 물을 마시자 고개를 들고 끽끽대는 울음 비슷한 소리를 냈다. 음악적 요소가 있는 소리였다. 용이 몸을 돌려 다시 랜섬을 응시하다 다가오기 시작했다. '저 동물을 기다리다니 미친 짓이야'라고 가짜 이성이 속삭였지만 랜섬은 마음을 다잡고 그대로 서 있었다. 용이 다가와서 그의 무릎께를 차가운 주둥이로 찔렀다. 랜섬은 무척 당혹스러웠다. 이 동물이 이성이 있어서 이런 식으로 말을 하는 걸까? 이성이 없지만 정을 보이는 건가? 그렇다면 어떤 반응을 보여야 하나? 비늘이 달린 동물을 쓰다듬어 줄 수는 없는 노릇이지! 아니면 그냥 무릎에 몸을 긁은 걸까? 그 순간 갑자기 용이 그를 까맣게 잊은 것 같았다. 랜섬은 용이 야수일 뿐이라고 믿게 되었다. 용은 몸을 돌려 게걸스럽게 풀을 뜯기 시작했다. 랜섬은 이제야 면목이 선 것 같아 숲으로 돌아갔다.

근처 나무들마다 이미 맛본 과일이 주렁주렁 달려 있었지만, 그의 시선은 조금 떨어진 곳에 쏠렸다. 푸르스름한 회색 나무에 달린 더 짙은 색 잎들 사이로 불꽃이 튀는 것 같았다. 곁눈질로 봤을 때는 태양을 이고 있는, 유리로 된 온실 지붕이 반짝이는 것 같았는데 빤히 들여다보니 유리가 끊임없이 움직였다. 빛이 간헐적으로 왔다갔다

하는 것 같았다. 좀더 자세히 보려고 움직인 순간, 랜섬은 왼쪽 다리를 건드리는 감촉에 화들짝 놀랐다. 용이 그를 따라온 것이다. 용은 다시 한 번 그의 무릎에 코를 대고 찔러댔다. 랜섬은 걸음을 재촉했다. 용도 똑같이 빨라졌다. 랜섬이 멈춰 서자 용도 멈추었다. 그가 다시 움직이자 용도 같이 걸었다. 용이 어찌나 바싹 붙는지 옆구리가 랜섬의 허벅지를 눌렀다. 차고 딱딱하고 묵직한 발에 가끔 발을 밟히기도 했다.

랜섬이 몹시 언짢아서 어떻게든 이 상황을 벗어나 보려고 하는데, 갑자기 온 신경이 다른 것에 쏠렸다. 머리를 들어 보니 털이 난 튜브 모양의 가지에 크고 둥근 물체가 매달려 있었다. 어떤 부분에서는 빛이 반사되고, 어떤 부분은 무지개 색이 감돌았다. 숲이 유리처럼 보인 이유가 자명해졌다. 주위를 둘러보니 사방이 반짝거리는, 똑같은 구球 천지였다. 그는 가장 가까이 있는 구를 세심하게 살피기 시작했다. 처음에는 그것이 움직이는 줄 알았지만 곧 그렇지 않다는 생각이 들었다. 자연스레 충동이 인 랜섬은 손을 뻗어 구를 건드렸다. 머리, 얼굴, 어깨가 (그 더운 곳에서) 얼음물에 목욕한 것처럼 젖었고, 아주 짜릿한 향기가 코에 가득 느껴졌다. 포프(Alexander Pope, 영국의 시인—옮긴이)의 "향기로운 고통 속에서 장미 때문에 죽다"라는 구절이 떠올랐다. 어찌나 생기가 돌던지 지금껏 반만 깨어 있었던 것 같았다. 촉촉함에 자극을 받아 자신도 모르게 감겨 있던 눈을 뜨자, 주변의 모든 색깔이 선명해지고 어렴풋하던 세계가 또렷해진 것 같았다. 랜섬은 다시 매혹되었다. 옆에 있는 금빛 동물이 이제는 겁나거나 꺼려지지 않았다. 이 떠 있는 파라다이스에 벌거벗은 사람과 지혜로운 용만 살고 있다면, 이 역시 어울리는 일이었다. 그 순간 그는 모험을 좇아가는 게 아니라 신화를 실현하는 기분에 젖었다. 초자연적 현상 속의 인물이 되는 것만으로도 충분한 것 같았다.

랜섬은 다시 나무로 몸을 돌렸다. 그의 몸을 적신 것은 사라지고 없었다. 튜브인지 가지인지에 매달렸던 구가 없어지고 이제는 그 자리에 살짝 떠는 듯한 구멍이 있었다. 커다란 수정 물방울이 거기에 맺혀 있었다. 숲에는 여전히 무지개 색 과일이 많았는데 이제는 지속적인 느린 움직임이 감지되었다. 빛나는 물방울이 아주 천천히 커지다가 어떤 크기에 이르면 희미한 소리를 내면서 사라졌는데, 순간적으로 그 자리의 흙이 촉촉해지더니 곧 사라지면서 달콤한 향기와 서늘함이 공중에 번졌다. 사실 그것들은 과일이 아니라 거품이었다. 나무(그 순간 랜섬은 그렇게 명명했다), 거품 나무였다. 바다에서 물을 빨아들인 나무의 생명은 이런 형태로 끝나지만, 잠시 수액을 머금은 동안은 아주 생기가 돌았다. 이제 랜섬은 왜 이 숲이 섬의 다른 부분과 다르게 보이고 느껴지는지를 알았다. 거품 하나만 보면 부모 격인 가지에서 하나의 구슬로 맺혀져 부풀다가 터지는 것으로 보일 수도 있었다. 그러나 숲 전체로 보면 페렐란드라의 고요를 슬쩍슬쩍 방해하는 빛의 희미한 움직임만이 지속적으로 느껴졌다. 서늘한 공기는 독특했고, 더 싱그러운 향내가 풍겼다. 우리 세계에서 태어난 사람에게는 섬의 일부라기보다 더 트인 곳, 심지어 바다로까지 느껴졌다. 머리 위로 주렁주렁 달린 방울들을 보니, 일어나서 그 속으로 뛰어들면 마법 같은 신선함을 한꺼번에 열 배쯤은 느낄 거라는 생각이 들었다. 하지만 과일을 다시 맛보는 것을 밤새 억누르던 것과 같은 감정이 일어 자제했다. 그는 오페라 공연에서 좋아하는 아리아를 앙코르로 요청하는 사람들을 싫어했다. '그건 망치는 짓'이라는 게 랜섬의 견해였다. 하지만 이제 이것이 훨씬 폭넓게 적용되는, 심오한 순간의 원리로 보였다. 인생이 두 번 돌릴 수 있거나 거꾸로 돌릴 수 있는 필름이라도 되는 듯 어떤 일을 되풀이하고 싶은 마음…… 그것이 모든 악의 뿌리일 수 있을까? 아니었다. 물론 돈에 대한 욕심은 그렇다. 하지만 사람들이 생각하는 돈 자체의 주된 가치는 만약에 대한 대비책, 어떤 일을 다시 할 수 있는 안전장치, 필름이 풀리는 것을 막는 수단이다.

묵상에 잠긴 랜섬은 무릎을 압박하는 무게감 때문에 깜짝 놀랐다. 용이 몸을 낮춰 묵직한 긴 머리통을 그의 무릎에 올려놓은 것이다. 랜섬이 영어로 말했다.

"자네 적잖이 거슬린다는 걸 아나?"

용은 꿈쩍하지 않았다. 랜섬은 용과 친구가 될 수 있을지 시도해 보기로 했다. 딱딱하고 건조한 머리통을 쓰다듬었지만, 용은 알아차리지 못했다. 더 아래쪽으로 덜 딱딱한 부위가 나왔고 비늘의 갈라진 틈까지 만져졌다. 아…… 바로 그곳을 간질이니 용이 좋아했다. 용은 꿀꿀 소리를 내면서, 기다란 원통처럼 생긴 회색 혀를 랜섬에게 내밀었다. 용이 몸을 말고 눕자 하얀 배가 드러났다. 랜섬은 발가락으로 배를 슬슬 문질렀다. 용과 사귈 가능성이 아주 커졌다. 용은 결국 잠들었다.

랜섬은 일어나서 거품 나무에서 두 번째 샤워를 했다. 기분이 상쾌해지고 정신이 들자 음식 생각이 났다. 노란 과일이 있던 위치를 잊어버렸다. 그는 과일을 찾아 나서려다 걷기가 힘들다는 것을 알았다. 거품에 든 액체에 취한 건 아닌지 순간 걱정스러웠지만, 주위를 힐끗 둘러보니 진짜 이유를 알 수 있었다. 앞에 펼쳐진 구릿빛 히스 들판은 그가 바라보는 중에도 부풀어 나지막한 언덕이 되어 그에게로 움직였다. 랜섬은 물처럼, 파도처럼 그를 향해 굴러오는 땅을 보자 다시 황홀경에 빠져서 움직임에 적응해야 된다는 걸 잊고 자빠지고 말았다. 그는 일어나서 더 조심스럽게 발을 뗐다. 이번에는 의심의 여지가 없었다. 바다가 치솟고 있었다. 이웃한 두 숲 사이로, 움직이는 뗏목인 섬의 가장자리를 보니 물이 요동쳤고, 이제는 더운 바람이 강해져서 머리칼이 흩날렸다. 랜섬은 느릿느릿 해안을 향해 걸어가다가 나무 덤불을 지나쳤다. 키 작은 나무에 아몬드 크기의 세 배쯤 되는 갸름한 초록색 열매가 달려 있었다. 그는 열매 하나를 따서 반으로 갈랐다. 물기 없는 빵 같았고, 바나나와 비슷한 데가 있었다. 먹을 만했다. 노란 과일 같은 흥분과 놀라운 쾌감은 아니지만, 담백한 음식이 주는 독특한 기쁨이 있었다. 씹는 맛도 있고 영양도 있는, '엄연히 확실한 깨어 있는 행복'(영국 시인 밀턴의 《코머스》에서 인용한 구절— 옮긴이)이랄까. 사람은, 적어도 랜섬 같은 사람은 그런 음식에 감사 기도를 드리는 게 마땅했기에 그는 얼른 그렇게 했다. 노란 과일이었다면 감사 기도보다는 오라토리오나 신비감에 휩싸인 묵상이 필요했을 터였다. 하지만 이 식사에는 예상 못한 흥미로운 것이 있었다. 가끔 과육이 선홍색인 열매를 따면 어찌나 맛이 좋은지 수만 가지 맛 중에 기억에 남을 만한 풍미였다. 랜섬도 찾아다니면서 그 과일만 먹고 싶었을 터였다. 하지만 페렐란드라에 온 이후 두 번 들은 내면의 충고가 또다시 그를 만류했다. 랜섬은 속으로 중얼댔다. '지구에서 이 속이 빨간 열매 재배법을 알아낸다면 다른 과일보다 훨씬 비쌀 거야.' 솔직히 돈은 복종할 수밖에 없는 목소리로 '앙코르'를 외치는 수단이 될 터였다.

식사를 마치자 그는 물을 마시려고 해안으로 내려갔지만 다다르기 전에 바다가 해안까지 솟구쳤다. 그 순간의 섬은 초록빛 물 언덕 사이에 있는 환한 계곡이었다. 물을 마시려고 땅바닥에 엎드린 랜섬은 해안보다 높은 바다에서 물을 떠먹는 이색적인 경험을 했다. 그는 잠시 섬 끄트머리에 걸터앉았다. 이 작은 나라 가장자리에 붉은 잡초가 무성했다. 그는 두 다리를 흔들어 댔다. 외로움이 가시지 않았다. 무슨 일을 하라고 여기 보냈을까? 이 텅 빈 세계가 그를 첫 주민으로 맞이하려고 여기서 기다린다는 환상에 빠졌다. 나라를 세우는 사람으로 선택받았다고 상상했다. 이상하게도 지금까지 혼자 있었지만 말라칸드라에서 보낸 밤처럼 거슬리지는 않았다. 랜섬은 그 차이가 뭘까 생각했다. 말라칸드라에서 표류한 것은 순전히 우연이거나 그가 우연이라고 여기는 것이었지만, 이곳에서 그는 어떤 계획의 일부분이라는 것을 알고 있었다. 그는 더 이상 외부인, 이방인이 아니었다.

어슴푸레한 물의 산을 섬이 타넘을 때, 가까이 있는 다른 섬들을 볼 기회가 생겼다. 섬들은 랜섬이 있는 섬과 달랐고, 그가 상상도 못할 만큼 색깔도 다양했다. 사방에서 커다란 돗자리랄까 카펫 모양의 땅이 요트처럼 출렁대는 광경이 놀라웠다. 요트에 단 돛처럼 매순간 나무들이 다른 각도에서 흔들렸다. 머리 위쪽에서 진초록색, 혹은 부드러운 진홍빛 가장자리가 파도 꼭대기 너머로 다가오는 광경은 경이로웠다. 그는 섬이 파도의 옆면 밑으로 펼쳐질 때까지 기다렸다가 찬찬히 살폈다. 가끔 그가 있는 섬과 이웃한 땅이 물마루 사이에 난 골의 양쪽 경사면이 되기도 했다. 두 섬은 아주 폭이 좁은 물줄기를 사이에 두고 마주했다. 그럴 때면 순간적으로 비슷하게 생긴 지형 때문에 마치 저 밑으로 강이 흐르는, 나무가 **빽빽**한 계곡에 있는 기분이었다. 하지만 지켜보는 그의 눈에 강처럼 보이던 것이 위로 치솟아 저쪽 경사면의 땅이 밑으로 떨어지는 불가해한 현상을 보였다. 강은 훨씬 높이 솟구치며 물마루 뒤편의 풍경을 절반쯤 가리더니 푸르스름한 금빛 돼지 등의 형상을 띠면서 하늘에 매달려서는 섬을 삼킬 듯 위협했다. 그 섬은 오목해지더니 비척비척 다음 파도에 밀려 뒤로 물러가다가 위로 솟아오르면서 다시 볼록해졌다.

쨍그랑 소리와 윙윙 하는 소리에 랜섬은 깜짝 놀랐다. 순간적으로 유럽에 있다는, 머리 위에서 비행기가 낮게 날고 있다는 착각이 들었다. 랜섬은 이제 친구가 된 용을 알아보았다. 꼬리를 쭉 뻗은 채 미끄러지는 모습이 날아가는 벌레처럼 보였다. 용은 8백 미터쯤 떨어진 섬을 향해 날았다. 랜섬은 용이 날아가는 방향을 눈으로 쫓다가 날개 달린 물체들이 두 줄로 길게 늘어선 광경을 보았다. 금빛 창공에서 시커먼 것들이 좌우에서 같은 섬으로 다가가고 있었다. 박쥐 날개 모양의 파충류는 아니었다. 먼 거리를 뚫어져라 주시하던 랜섬은 새 떼라고 결론지었다. 바람이 바뀌면서 음악처럼 지저귀는 소리가 들리자 그의 생각은 더욱 확고해졌다. 새들은 백조보다 약간 클 터였다. 용이 날아가는 섬을 향해 새들은 쉬지 않고 다가가고 있었다. 새들에게 관심을 집중하자 묘한 기대감이 솟구쳤다. 그다음 벌어진 일은 긍정적인 흥분감을 일으켰다. 그는 물에서 하얗게 거품이 이는 것을 알아차렸다. 뭔가 거품을 일으키며 점점 가까워지더니 같은 섬을 향해 나아갔다. 한 떼의 사물이 대형을 이루어 움직이고 있었다.

랜섬은 벌떡 일어났다. 그때 파도가 치솟아 그의 시야를 가렸다. 다음 순간 사물들이 다시 수십 미터 밑에서 나타났다. 은빛 물체들이 다 살아서 빙빙 돌고 흔들흔들 움직이다가…… 또다시 시야에서 사라졌다. 랜섬은 욕설을 내뱉었다. 따분한 세계에서 그들의 존재가 중요했다. 어라……! 다시 나타났다. 물고기가 분명했다. 아주 크고 살찐, 돌고래처럼 생긴 물고기들이 길게 두 줄로 움직였다. 일부는 코에서 무지개 색깔의 물기둥을 뿜어냈다. 우두머리가 있었다. 그놈에게는 뭔가 색다른 데가 있었다. 뭔가 뿜어져 나온달까, 등이 기형이랄까. 그것들을 잠시만이라도 차분히 볼 수 있다면 좋으련만. 이제 그것들은 목표지였던 섬에 거의 도착했고, 새들은 모두 섬 가장자리에서 물고기 떼를 만나려고 하강 중이었다. 혹이랄까 원통 같은 것을 등에 진 우두머리가 다시 나타났다. 도저히 믿을 수 없는 순간이 이어졌고, 랜섬은 다리를 넓게 벌려 균형을 잡으면서 힘껏 소리쳤다.

바로 그 순간 선두에 선 물고기가 이웃 섬에 이르렀다. 땅이 파도를 타고 그와 하늘 사이로 솟구쳤다. 랜섬은 틀림없는 윤곽을 보았다. 물고기의 등에 인간의 형체가 타고 있던 것이다. 물가에 내린 그 형체가 물고기 쪽으로 살짝 기우뚱하게 몸을 돌리자 섬 전체가 큰 물살 너머로 미끄러지더니 형체가 사라져 버렸다. 랜섬은 가슴이 두방망이질하는 걸 느끼며 그것이 다시 시야에 나타날 때까지 기다렸다. 한동안 인간의 형체가 보이지 않았다. 실망이랄까 어떤 느낌이 랜섬의 폐부를 깊숙이 찔렀다. 그때 다시 형체가 나타났다. 작고 까만 형체가 그와 푸른 밭 사이에서 천천히 움직이고 있었다. 랜섬은 손을 흔들고 몸짓을 하면서 목이 터져라 고함을 질렀다. 하지만 그 형체는 그를 알아차리지 못했고 이따금 랜섬의 시야에서 사라졌다가 다시 눈에 들어왔다. 랜섬은 때로 환상을 보는 게 아닐까 궁금해졌다. 강한 욕망 때문에 잎사귀들을 사람 형상으로 본 것은 아닐까. 하지만 그 형체는 그가 낙심하기 직전에 다시 모습을 선명히 드러내곤 했다. 랜섬은 점점 눈이 피로했다. 오래 쳐다볼수록 제대로 못 본다는 것을 알았지만 그럼에도 계속 바라보고 있었다.

마침내 지친 랜섬은 그 자리에 주저앉았다. 지금까지는 견딜 만했던 고독감이 공포로 변했다. 고독한 상태로 되돌아가는 것은 도저히 감당 못할 일이었다. 홀딱 반하여 취하게 하는 아름다움이 주변에서 사라져 버렸다. 그 아름다움이 인간의 형상을 데리고 사라지자 이 세계의 나머지는 순전히 악몽이었다. 무시무시한 감옥이나, 덫에 걸린 것처럼 느껴졌다. 환각 증세가 아닌가 하는 의심이 머리를 스쳤다.

이 오싹한 섬에서 영원토록 사는 그림이 그려졌다. 늘 혼자이지만 인간의 형상을 한 유령들이 늘 붙어 다니리라. 미소 지으며 손을 뻗고 다가오다가 그가 다가서는 순간 사라져 버리겠지. 랜섬은 무릎에 머리를 묻고 이를 꽉 물고, 안정을 되찾으려 했다. 처음에는 숨소리에만 귀 기울이며 심장 박동을 헤아릴 뿐이었지만 애를 쓰다 보니 곧 차분해졌다. 그때 무슨 계시라도 받은 듯 아주 단순한 생각이 떠올랐다. 이 인간처럼 생긴 생물의 관심을 끌고 싶으면 파도 꼭대기에 올라올 때까지 기다렸다가 벌떡 일어나면 하늘에 떠오른 그의 윤곽을 그 생물이 알아볼 터였다.

랜섬은 서 있는 해안이 물마루가 되기를 세 번이나 기다렸다. 그는 이상한 나라의 움직임에 맞춰 몸을 흔들다가 벌떡 일어나 몸짓을 했다. 네 번째에야 성공했다. 옆에 있는 섬은 한순간 계곡처럼 그의 발 아래 놓였다. 작고 검은 형체가 분명히 손을 흔들어 주었다. 그것은 혼동을 일으키는 뒤쪽 초록색 식물들 사이에서 떨어져 나와 랜섬을 향해 달리기 시작했다. 말하자면 이웃 섬에서 랜섬에게 더 가까운 쪽을 향해 오렌지색 들판을 가로질렀다. 그 형체는 수월하게 달렸다. 들판이 솟구치는 게 전혀 문제가 안 되는 듯했다. 그러더니 랜섬이 서 있는 땅이 아래로 뒤로 펼쳐지면서 거대한 물 장벽이 두 섬 사이로 치솟아 서로의 시야를 가렸다. 잠시 후, 골짜기에 선 랜섬은 머리 위 오렌지색 땅이 약간 볼록한 파도를 따라 미끄러져 내려가는 것을 보았다. 두 섬 사이의 물은 폭이 10미터쯤 됐고, 그 형체는 랜섬과 채 100미터도 떨어져 있지 않았다. 이제 랜섬은 그것이 단순히 인간 형체가 아니라 인간임을 알았다. 오렌지색 들판에 초록색 인간이 있었다. 영국 정원에서 볼 수 있는 고운 초록 빛깔 딱정벌레 같은 것이 성큼성큼 민첩하게 달려 내려왔다. 그때 바다가 랜섬이 있는 섬을 밀어 올렸고, 초록색 인간은 저 아래에 있는 작은 물체가 되었다. 꼭 코번트가든 극장 맨 꼭대기에서 본 배우 같았다. 랜섬은 섬 가장자리에 서서 몸을 최대한 숙이고 소리쳤다. 초록색 인간이 올려다보았다. 그도 입가에 양손을 모으고 소리치고 있는 것 같았다. 그 순간 바다의 굉음에 소리가 묻혔고, 다음 순간 랜섬의 섬이 파도의 계곡으로 떨어지면서 초록색 물마루가 시야를 가려 버렸다. 미칠 것 같았다. 두 섬이 멀어질 거라는 염려가 랜섬을 압도했다. 다행히도 오렌지색 땅이 물마루를 넘어 그를 따라 계곡으로 들어왔다. 그리고 거기 이방인이 있었다. 이제 물가에 랜섬과 마주 서 있는 상황이었다. 외계인은 순간 사랑과 반가움이 넘치는 눈빛으로 그를 바라보다가 얼굴이 변했다. 실망과 놀람이 섞인 표정이 스치면서 충격 받은 모습이 역력해졌다. 랜섬 역시 다른 사람으로 오해 받았다는 사실을 알자 실망스러웠다. 외계인은 그를 향해 뛰고 손을 흔들며 소리친 게 아니었다. 또 초록색 인간은 남자가 아니라 여자였다.

왜 랜섬이 그렇게까지 놀랐는지는 설명하기 어렵다. 사람 형체를 보건대, 남자만 만날 것 같지는 않았다. 하지만 여자와 마주치자 깜짝 놀랐고, 두 섬이 다시 멀어지기 시작해서 각각 파도 계곡으로 들어갈 즈음에야 그녀에게 아무 말도 하지 않고 바보처럼 쳐다보기만 했다는 것을 깨달았다. 그녀가 시야에서 사라진 후에야 랜섬의 의문

점들이 머릿속에서 빙빙 돌았다. 그녀를 만나기 위해 여기 보내졌을까? 경이로운 일들을 맞이할 준비는 했지만, 초록색 돌로 만들어진 살아 있는 여신을 만날 준비는 안 되어 있었나? 그때 머릿속을 스치는 게 있었다. 이상하게도 그녀가 누군가와 함께 있었다는 사실이었다. 눈앞의 광경을 알아채지 못했던 것이다. 초록색 여자는 키 작은 수풀에 솟은 어린 나무처럼 야수들과 새 떼와 함께 서 있었다. 비둘기 색깔의 큰 새들과 불꽃 빛깔의 새들, 용들, 쥐 크기만 한 비버 모양의 동물들이 있었고 그녀의 발 근처 물속에는 전령처럼 생긴 물고기가 있었다. 혹시 그의 상상일까? 두려워하던 환각의 시작인가? 아니면 또 하나의 신화가 현실 세상에 들어온 것일까? 키르케(그리스 신화에서 인간을 돼지로 만드는 마녀—옮긴이)나 알치나(루드비코 아리오스토의 서사시 〈광란의 오를란도〉에 나오는 사악한 마녀—옮긴이)보다 더 잔인한 신화가 생긴 것일까? 또 그녀의 표정은…… 그녀는 뭘 기대했기에 랜섬을 발견하고 그렇게 실망스러워했을까?

이웃 섬이 다시 눈에 들어오기 시작했다. 동물들은 생각했던 대로였다. 동물들이 초록색 여자를 겹겹이 에워쌌다. 모두 그녀와 마주서 있었고 대부분 움직이지 않았지만, 일부는 행사장에서 그렇듯 소리나지 않게 조용히 움직여 자리를 잡았다. 새 떼는 길게 늘어섰고, 대부분은 언제라도 섬에 내려앉아 동물들의 줄에 합류할 것 같았다. 여자 뒤편으로 물방울 나무 수풀에서 닥스훈트처럼 다리가 짧고 몸통이 긴 돼지 같은 동물 대여섯이 이들과 합류하려고 성큼성큼 다가왔다. 랜섬이 본 적이 있는, 빗속에서 떨어진 것 같은 개구리 모양의 작은 동물들이 그녀의 주변에서 폴짝폴짝 뛰었다. 어떤 때는 그녀의 머리보다 높게 뛰었고 가끔 그녀의 어깨에 내려앉기도 했다. 색깔이 어찌나 생생한지 처음에는 물총새인 줄 알았다. 그녀는 동물들 속에 가만히 서서 랜섬을 바라보았다. 발을 모으고 손은 양옆으로 늘어뜨린 채 흔들리지 않고 담대한 눈빛으로 랜섬을 응시하며 아무 말도 하지 않았다. 랜섬은 '옛 솔라어'로 말을 걸기로 했다.

"나는 다른 세계에서 왔습니다."

랜섬은 말을 하다가 입을 다물었다. 초록 여인이 전혀 예상치 못한 행동을 하는 것이었다. 그녀는 팔을 들어 랜섬에게 손짓했다. 위협적인 몸짓이 아니라 다른 생물들에게 그를 보라고 하는 듯한 몸짓이었다. 동시에 그녀의 얼굴이 다시 변했다. 순간 그는 그녀가 울 거라는 생각이 들었지만 그녀는 와락 웃음을 터뜨렸다. 온몸을 흔들다가 허리를 굽히고 손을 무릎에 놓고 호쾌하게 웃어 댔다. 여인은 웃으면서 반복해서 그를 손으로 가리켰다. 비슷한 상황에서 애완동물들도 그렇겠지만, 동물들은 웃음거리가 있음을 어렴풋이 알아차렸다. 모두 깡충깡충 뛰고 날개를 퍼덕였다. 콧김을 뿜고 뒷발로 서는 녀석들도 생겼다. 초록 여인은 웃음을 멈추지 못하다가 다시 파도가 그들을 갈라놓자 시야에서 사라졌다.

랜섬은 벼락을 맞은 것 같았다. 엘딜이 바보를 만나라고 그를 보낸 건가? 아니면 그를 조롱할 악동을 만나라고? 결국 모든 게 환영이었을까? 환영들은 바로 이렇게 행동할 터였다. 그때 머리를 스치는 게 있었다. 여러분이나 나 같았으면 쉽게 못했을 생각이었다. 미친 것은 여인이 아니고, 괴상한 것은 랜섬 자신이라는 생각. 그는 자기 몸을 힐끗 내려다보았다. 두 다리는 너무 이상하게 보였을 터였다. 한쪽은 타이탄(Titan, 1490~1576, 이탈리아의 화가―옮긴이)이 그린 사티로스(반인 반수인 괴물―옮긴이)처럼 갈색이 도는 붉은 색이었고, 다른 쪽 다리는 나병에 걸려 하얗게 변한 것처럼 새하얀 색이었다. 찬찬히 몸을 살펴 자니 온몸이 얼룩덜룩했다. 여기까지 오는 동안 몸의 반쪽만 태양에 노출됐으니 이상한 일도 아니었다. 이게 재미있었을까? 순간, 이 사소한 것을 보고 웃는 바람에 두 세계의 만남을 망칠 뻔한 그녀가 답답해졌다. 하지만 페렐란드라에서 벌이는 시시한 일을 생각하니 자신도 모르게 웃음이 났다. 온갖 위험에는 마음의 준비가 되어 있었지만, 실망한 다음 어리석은 생각이 드는 것은 예기치 못한 일이었다······. 와아! 여인과 섬이 다시 눈앞에 나타났다.

그녀는 웃음을 거두고, 바다에 발을 담그고 앉아 있었다. 영양처럼 생긴 동물이 부드러운 코를 겨드랑이에 들이밀자 무심코 쓰다듬었다. 웃음을 터트린 아까 그 사람이라고 믿기 어려웠다. 쭉 떠다니는 섬의 물가에 앉아만 있었을 모습이었다. 랜섬은 그렇게 차분한 얼굴은 처음 보았다. 모든 면에서 인간의 모습인데도 정말이지 천상에서만 볼 듯한 얼굴이었다. 후에 그는 그것이 체념이 없어서라고 결론지었다. 지상의 얼굴들에는 깊은 고요와 함께 최소한이라도 체념이 깃들기 마련이니까. 이것은 폭풍우를 겪은 적이 없는 평온함이었다. 백치 같기도 하고, 불멸성 같기도 했다. 지상의 경험에 짓눌리지 않는 마음 상태일 터였다. 궁금증과 놀라움이 그를 엄습했다. 옛 세계 말라칸드라에서는 형체는 인간과 전혀 다르지만 사귀고 보니 이성적이고 다정함이 넘쳤던 생명체들을 만났다. 외계인 같은 모습 속에서 그와 똑같은 마음을 발견한 것이다. 이제는 반대 경험을 하는 걸까? 그는 '인간' 이라는 말이 신체 형태나 이성적인 마음을 규정하는 게 아니라는 것을 깨달았다. 그것은 지구에 사는 모든 남녀를 하나로 묶는 핏줄과 경험의 공동체를 의미했다. 하지만 초록 여인은 그와 같은 종족이 아니었다. 랜섬과 여인 사이에는 실낱같은 혈통상의 유대감도 없었다. 그런 면에서 그녀의 혈관에는 '인간' 이라고 할 만한 게 한 방울도 없었다. 우주는 그녀와 그의 종족을 다르게 만들었다.

머릿속에 이런 생각들이 재빨리 지나가다가, 빛이 변하고 있음을 의식하게 되었다. 처음에는 초록 여인이 스스로 파랗게 변하면서 묘한 전기 같은 빛을 내는 줄 알았다. 그러더니 풍경 전체가 파란색과 보라색으로 빛나는 것이었다. 동시에 두 섬이 아까처럼 가깝지 않다는 것이 눈에 들어왔다. 랜섬은 하늘을 힐끗 보았다. 사방에서 짧디 짧은 저녁이 다채로운 빛깔로 타올랐다. 몇 분 지나면 칠흑 같은 어둠이 올 터였고…… 두 섬은 떨어져서 떠가고 있었다. 랜섬은 옛 세계의 언어로 천천히 발음하며 외쳤다.

"나는 이방인입니다. 순순히 협조할 터이니 그쪽으로 헤엄쳐 가도 되겠습니까?"

초록 여인은 호기심 어린 표정으로 그를 쳐다보았다.

"'순순히'가 뭔가요?"

그녀가 물었다.

랜섬은 조급해서 미칠 것 같았다. 이미 어둠이 눈에 띄게 내려앉았고, 두 섬 사이의 거리가 멀어지고 있음이 분명했다. 그가 다시 말을 하려는 순간, 섬 사이에 파도가 솟구쳐서 또다시 그녀의 모습이 사라졌다. 파도가 치솟자 보랏빛 노을이 반짝였다. 랜섬은 그 뒤의 하늘이 얼마나 어두워졌는지 알았다. 어슴푸레한 빛 가운데 그는 다음 파도의 꼭대기에서 저 밑에 있는 섬을 내려다보았다. 랜섬은 물로 뛰어들었다. 잠시 그는 해안가를 벗어나기가 힘들었다. 그러다가 물가를 벗어나서 바다로 나아간 것 같더니 다시 붉은 잡초와 수포들 속에 있었다. 잠시 발버둥 치던 그는 다시 자유로워져서 계속 헤엄을 쳤다. 그러다가 아무런 경고도 없이 칠흑 같은 어둠 속에서 헤엄을 치는 자신을 발견하게 되었다. 랜섬은 계속 헤엄치면서도, 그녀가 있는 섬을 찾거나 목숨을 부지하기 어렵다는 절망감에 사로잡혔다. 계속 변하는 거대한 물살 때문에 방향 감각이 완전히 없어졌다. 어딘가에 닿았다면 순전히 우연이다.

사실 물속에 있던 시간으로 가늠해 보면, 두 섬 사이를 가로지르지 못하고 그 사이를 빙빙 돌고 있음이 분명했다. 랜섬은 코스를 바꾸려다가, 그게 옳은 일인지 의심스러워졌다. 그래서 원래 코스로 돌아가려 했지만, 너무 헷갈려서 처음처럼 가는 게 옳은지 확신이 서지 않았다. 냉정을 잃으면 안 된다고 계속 스스로를 다그쳤지만 그는 지치기 시작했다. 길을 잡아 보려는 모든 시도를 포기했다. 오랜 시간이 지난 후 갑자기 식물들이 스쳐 지나가는 느낌이 들었다. 랜섬은 식물을 꽉 쥐고 당겼다. 어둠 속에서 과일과 꽃이 뿜어내는 달작지근한 냄새가 확 풍겼다. 아픈 팔에 더 힘을 주었다. 마침내 그는 향긋한 마른 땅에 숨을 몰아쉬면서 안전하게 올라섰다. 섬이 계속 출렁댔다.

5

섬에 닿자마자 잠에 빠졌음이 분명했다. 그 후 아무 기억도 없다가 새의 노래가 꿈속을 파고드는 것 같았기 때문이다. 눈을 떠보니 정말 새였다. 황새처럼 다리가 긴 아주 작은 새가 카나리아처럼 지저귀었다. 페렐란드라에서 이 정도면 대낮이라 할 만큼 사방이 환했다. 멋진 모험에 대한 예감이 솟구친 랜섬은 일어나 한동안 앉아 있다가 벌떡 일어나서 양팔을 뻗고 주변을 두리번댔다. 그가 있는 곳은 오렌지색 섬이 아니라, 이곳에 온 후로 집으로 삼은 그 섬이었다. 그는 죽은 듯 잔잔한 바다를 떠가고 있었고, 덕분에 별 어려움 없이 물가로 갔다가 깜짝 놀라 멈춰 섰다. 채 2미터도 안 되는 곳에 초록 여인의 섬이 떠 있었던 것이다. 이제 넓은 바다는 보이지 않고, 사방으로 빽빽한 나무만 눈에 들어올 뿐이었다. 열두어 개 섬이 나란히 놓여서 잠시나마 대륙처럼 보였다. 랜섬 바로 앞에서, 마치 맞은편에 있는 시

냇가를 걷듯 여인이 걷고 있었다. 그녀는 고개를 약간 숙이고 양손으로는 파란 꽃을 엮고 있었다. 여인은 나지막한 소리로 노래를 부르다가 랜섬이 부르자 노래를 멈추고 고개를 돌려 마주 보았다.

"어제 나는 젊었어요."

그녀가 말을 시작했지만, 랜섬은 나머지 말을 알아듣지 못했다. 이제 성사된 만남이 그를 압도했다. 이 시점에서 여러분은 이야기를 이해 못할 것이다. 랜섬은 그녀가 자신처럼 완전히 벌거벗었다는 사실에 압도된 것이 절대 아니었다. 난처함과 욕망은 손톱만치도 느껴지지 않았다. 그가 약간 부끄러웠다면, 그것은 성적인 것과는 전혀 무관한 창피함으로, 약간 흉하고 좀 우스꽝스런 몸이란 데서 비롯되는 느낌이었다. 그녀의 피부색은 그에게 별로 공포감을 주지 않았다. 그녀의 나라에서 그녀의 피부색 같은 초록색은 아름답고 조화로운 색이었다. 괴물 같은 것은 오히려 반은 허옇고 반은 심하게 그을린 그의 피부였다. 전혀 상관은 없었지만 랜섬은 의기소침했다. 무슨 말을 했는지 다시 말해 달라고 해야 했다.

그녀가 말했다.

"어제 난 젊었어요. 당신을 보고 웃었을 때 말이에요. 당신 세계의 사람들이 웃음의 대상이 되길 꺼린다는 걸 이제는 알아요."

"당신이 젊었다고요?"

"그래요."

"오늘도 젊지 않나요?"

여인은 잠시 생각하는 듯했다. 깊은 생각에 잠긴 나머지 손에서 꽃이 주르르 떨어졌다.

그녀가 말했다.

"이제 알겠어요. 말하는 순간 젊다고 하면 아주 이상하지요. 하지만 내일 나는 더 늙을 거래요. 그러면 오늘 젊었다고 말하겠죠. 당신이 옳아요. 이건 당신이 가져다준 대단한 지혜군요, 파이볼드(몸에 반점이 있는 동물. 주로 얼룩말을 지칭한다—옮긴이)."

"그게 무슨 뜻입니까?"

"이렇게 일직선으로 앞과 뒤를 보면 하루가 어떻게 내게 오는지 보여요. 거기 있으면 또 하루가 오고, 그날이 재빨리 지나가면 세 번째 날이 오지요. 파도처럼요."

"하지만 당신은 어제보다 별로 늙지 않아요."

"그걸 어떻게 알죠?"

랜섬이 대답했다.

"하룻밤은 그리 긴 시간이 아니니까요."

여인은 다시 생각에 잠겼다가, 환해진 표정으로 불쑥 말했다.

"이제 알겠네요. 당신은 시간에 길이가 있다고 생각하는군요. 당신이 무슨 일을 하든 하룻밤은 늘 하룻밤인 거죠. 이 나무에서 저 나무까지의 거리는 빨리 걷든 느리게 걷든 걸음 수가 같은 것처럼요. 어떤 면으로는 맞는 것 같네요. 하지만 파도는 늘 같은 거리를 오는 게 아니랍니다. 당신이 현명한 세계에서 온 것은 알겠어요……. 이것이 현명한 것이라면 말이지요. 전에는 이렇게 해본 적이 없어요. 삶에서 옆으로 빠져서, 살지 않는 사람처럼 삶을 바라본 적이 없어요.

당신 세계에서는 모두 그렇게 하나요, 파이볼드?"

"다른 세계에 대해 뭘 알고 있습니까?"

랜섬이 물었다.

"이건 알아요. 지붕 너머, 높은 곳에 깊은 하늘이 있어요. 또 낮은 곳은 보는 것처럼 쭉 펼쳐진 게 아니고(그녀는 주변 풍경을 손짓하며 말했다) 작은 공들로 말려 있지요. 낮은 곳의 덩어리들이 높은 데서 헤엄쳐요. 그중에서 가장 오래되고 엄청나게 큰 것에는 우리가 보고 들은 적이 없고 전혀 이해 못하는 것이 있어요. 하지만 말렐딜은 숨쉬고 새끼를 키우는 우리 같은 것들이 더 젊은 것에서 자라게 했지요."

"그 모든 것을 어떻게 알아냈나요? 당신네 지붕은 빽빽해서 거기를 통해 '깊은 하늘'이나 다른 세상을 쳐다볼 수 없는데요."

그녀는 이제껏 무거운 표정을 짓고 있다가 손뼉을 쳤다. 랜섬이 처음 보는 미소를 지어 보였는데 얼굴이 달라 보였다. 어린아이에게서나 볼 법한 미소였지만, 어린애 같은 면모는 없었다.

여인이 말했다.

"아, 알았어요. 이제 나는 더 늙었어요. 당신의 세계에는 지붕이 없어요. 당신은 높은 곳을 곧바로 보고 장대한 춤을 눈으로 직접 보죠. 언제나 그 두려움과 그 기쁨 속에서 살고, 우리가 믿어야만 되는 것을 당신들은 볼 수 있어요. 이건 말렐딜의 경이로운 발명이 아닌가요? 젊었을 때 나는 우리 세계의 이 아름다움 말고는 어떤 아름다움도 상상하지 못했어요. 하지만 그분은 모든 것을 생각할 수 있어요. 다 다른 것을."

랜섬이 말했다.

"그게 바로 당황스러운 점입니다. 당신이 다르지 않다는 것이지요. 당신의 모습은 우리 여인들하고 비슷합니다. 그러리라 기대하진 않았지만요. 저는 다른 세계에 간 적이 있습니다. 하지만 그곳의 생명체들은 당신이나 나와는 전혀 다르지요."

"뭐가 당황스럽다는 거지요?"

"왜 다른 세계들이 생명체처럼 생겨나는지 이유를 모르겠어요. 서로 다른 나무들이 과일처럼 생겨나던가요?"

"하지만 그 다른 세계는 당신의 세계보다 오래됐지요."

그녀가 말했다.

"그걸 어떻게 압니까?"

랜섬이 놀라서 물었다.

"말렐딜이 나한테 말하고 있거든요."

여인이 대답하자 오감으로는 파악하기 힘들 정도지만 풍경에 변화가 일어났다. 빛이 어슴푸레해지고 공기가 부드러워졌다. 랜섬은 기쁨에 휩싸였지만 그가 서 있는 정원 세계는 더 빽빽해진 것 같았다. 랜섬은 쓰러지다시피 팍 주저앉았다.

여인이 말을 이었다.

"이제 모든 게 내 마음에 들어왔어요. 털이 난 커다란 생물들과 하얀 거인들이 보이는데 뭐라고 부르나요? 소른이랑 파란 강들. 아, 바깥을 향한 눈으로 그것들을 보고 만지면 얼마나 강렬한 기쁨이 느껴질까요? 그런 기쁨이 더 이상은 오지 않으니까 더욱 강렬하지요. 그들은 옛 세계에만 남아 있어요."

"어째서요?"

랜섬이 그녀를 올려다보며 속삭이듯 물었다.

"당신이 나보다 더 잘 알 텐데요. 이 모든 일이 벌어진 곳이 바로
당신의 세계 아니었던가요?"

"모든 일이라니 어떤 일 말입니까?"

"그 이야기를 들려줄 사람이 바로 당신일 줄 알았는데요."

이제는 그녀가 의아해했다.

"무슨 말을 하는 겁니까?"

랜섬이 물었다.

"말렐딜이 처음으로 그 형체를, 당신네와 우리 인종의 형체를 취
한 게 당신의 세계에서였으니까요."

"당신이 어떻게 압니까?"

랜섬이 날카롭게 물었다. 대단히 아름다운 꿈을 꾸면서도 깨어나
고 싶어 안달 난 적이 있다면 랜섬의 감정이 이해될 것이다.

"그래요, 난 그걸 알아요. 우리가 대화한 뒤로 말렐딜이 나를 그만
큼 늙게 만들었거든요."

그녀의 얼굴에 랜섬이 생전 처음 보는 표정이 나타났다. 똑바로 쳐
다볼 수가 없었다. 이 모험 전체가 그의 손에서 스르르 빠져나가는
것 같았다. 긴 침묵이 흘렀다. 랜섬은 허리를 굽혀 물을 마신 뒤 다시
입을 열었다.

"아, 여인이시여. 왜 그런 생명체들이 옛 세계에만 남아 있다는 겁

니까?"

그러자 그녀가 물었다.

"당신은 그렇게 젊은가요? 어떻게 그들이 다시 올 수 있겠어요? 우리가 사랑하는 분이 인간이 되었는데 어떤 세계에서든 어떻게 이성이 다른 형체를 취할까요? 이해 못하겠어요? 다 끝났어요. 모퉁이를 돌면 이쪽의 모든 게 새로워지는 시간이 있지요. 시간들은 뒤로 가지 않아요."

"그러면 내 세계 같은 작은 세계가 그 모퉁이가 될 수 있나요?"

"나는 모르겠어요. 우리에게 모퉁이는 크기의 문제가 아니니까요."

랜섬은 머뭇거리면서 말했다.

"그럼 당신은…… 당신은 왜 그분이 우리 세계에 왔는지 압니까?"

대화가 여기까지 진행됐을 무렵, 랜섬은 그녀의 발 위로는 쳐다보기가 힘들었다. 그녀의 대답은 공중에서 들려 왔다. 목소리가 말했다.

"그래요, 나는 이유를 알아요. 하지만 당신이 아는 그 이유는 아니에요. 한 가지 이유만 있는 게 아니에요. 내가 알지만 당신에게 말할 수 없는 이유도 있고, 당신이 알지만 내게 말할 수 없는 이유도 있어요."

"그리고 이후에는 온통 인간 세상이 되겠지요."

"유감이라는 듯 말하는군요."

"나는 짐승보다 아는 게 없다는 생각이 듭니다. 무슨 말을 하는지도 잘 모르겠어요. 하지만 나는 그 옛 세계, 말라칸드라에서 만난 털

많은 이들을 사랑했습니다. 그들도 다 쓸어내 버려질까요? '깊은 하늘'에서는 그들이 쓰레기에 불과한가요?"

랜섬이 물었다.

여인이 대답했다.

"'쓰레기'란 게 뭔지 몰라요. 당신이 무슨 말을 하는지도 모르겠어요. 그들이 역사상 일찍 왔고 다시 오지 않기 때문에 더 나쁘다는 뜻은 아니지요? 그들은 역사에서 나름의 부분일 뿐이에요. 우리는 파도의 이쪽에 있고 그들은 저 먼 쪽에 있지요. 모든 게 새로워요."

이 대화에서 누가 말하고 있는지 확실히 모른다는 것이 랜섬의 어려움 중 하나였다. 오랫동안 여인의 얼굴을 보지 못했다는 사실 때문일 수도 (아닐 수도) 있었다. 이제 그는 대화를 끝내고 싶었다. 그만하면 '충분했다'. 흔히 우리가 물릴 때 내뱉는 '충분하다'가 아니라, 말 그대로 충분했다. 푹 자거나 잘 먹은 사람처럼 충만감이 느껴졌다. 한 시간 전만 해도 이런 느낌을 불쑥 표현하는 데 어려움을 느꼈을 테지만, 이제는 그렇게 말하는 게 자연스러웠다.

"이제 그만 대화하고 싶군요. 하지만 우리가 원할 때 만날 수 있게 다시 당신의 섬으로 건너가고 싶습니다."

"어떤 섬이 내 섬인가요?"

여인이 물었다.

"당신이 있는 곳이지요. 다른 섬이라도 있습니까?"

랜섬이 말했다.

"오세요."

그녀는 온 세상을 자기 집으로 삼은 여주인 같은 태도로 말했다. 랜섬은 물로 들어가서 그녀 곁으로 기어 올라갔다. 그리고 남자들이 그렇듯 약간 어색하게 절하고는 가까운 숲으로 들어갔다. 다리가 휘청거리고 약간 아팠지만 묘한 피로감에 빠져들었다. 그는 잠깐 쉬려고 앉았다가 스르르 잠들었다. 꿈도 꾸지 않고 잘 잤다.

잠에서 깨니 상쾌했지만 왠지 불안했다. 이상한 것들이 같이 있다는 것을 알아차린 것과는 관계 없는 느낌이었다. 그의 발치에 용이 주둥이를 들이밀고 엎드려 있었다. 한 눈은 감고 한 눈은 뜬 채였다. 팔꿈치를 땅에 대고 몸을 일으킨 랜섬은 두리번대다가 머리 근처에 다른 것이 있음을 알았다. 왈라비(작은 캥거루—옮긴이) 같지만 털이 노란 동물이었다. 그렇게 샛노란 색은 처음 보았다. 랜섬이 움직이자마자 두 동물이 그를 쿡쿡 찌르기 시작했다. 그들은 랜섬이 일어날 때까지 가만 내버려 두지 않았고, 그가 일어서자 엉뚱한 곳으로 못 가게 막았다. 용은 밀어내기에는 너무 무거웠고, 노란 동물은 주변을 돌면서 춤을 추니 랜섬은 동물이 터주는 길 말고 다른 데로 갈 수가 없었다. 랜섬은 포기하고 인도하는 길로 가기로 했다. 지금껏 본 것 중 가장 키가 크고 짙은 갈색 나무 수풀을 지나니 자그마한 빈터가 나왔다. 거품 나무들이 늘어선 좁은 길을 지나 그 뒤로 펼쳐진 너른 꽃밭으로 들어섰다. 은빛 꽃들이 허리께까지 자라 있었다. 랜섬은 동물들이 그를 여주인 앞에 데려오려 했다는 것을 알았다. 그녀는 몇 미터 떨어진 곳에 서 있었다. 미동도 하지 않았지만 한가한 건 아니었다. 마음으로, 어쩌면 몸으로도 그가 알지 못하는 무슨 일을 하고 있었다. 그는 처음으로 관찰당하지 않고 여인을 지그시 바라보았다. 전보다 더 낯설게 느껴졌다. 그녀는 지구인들이 분류한 어느 유형에도 맞지 않았다. 상반되는 점들이 합해져서 우리가 떠올리지 못하는 이미지를 빚어냈다. 어떤 신성한 그림도, 신성을 모독하는 그림도 그녀의 초상화가 될 수 없었다. 아름답고 벌거벗은, 수치를 모르는 젊은 그녀는 여신이었다. 그런데 그 얼굴은 어찌나 침착한지 온화함이 모여서 평범함을 넘어섰다. 무더운 거리에 있다가 들어서면 갑작스런 서늘함과 고요를 느낄 수 있는 교회 같은 얼굴이 그녀를 성모로 만들었다. 그 눈에서 비치는 조심스런 내면의 침묵에 랜섬은 위압감을 느꼈지만, 언제 아이처럼 웃거나 아르테미스(그리스 신화에 나오는 순결, 사냥의 여신—옮긴이)처럼 달리거나 마에나스(그리스 신화에서 바쿠스 신을 위한 축제에 참석하여 춤추는 여자—옮긴이)처럼 춤출는지 몰랐다. 그녀는 머리 위로 팔을 뻗기만 하면 닿을 듯한 황금빛 하늘 아래 있었다. 동물들이 그녀를 맞이하러 깃털 같은 화초 사이를 빠져나오면서 풀숲 사이의 개구리들이 깜짝 놀라 뛰었다. 마치 화사한 빛깔의 커다란 물방울들이 공중에서 이리저리 뛰는 것처럼 보였다. 동물들이 다가오자 여인은 몸을 돌려 맞이했다. 다시 한 번 지상의 장면들과 얼핏 비슷한 그림이 연출되었지만, 전체적인 느낌은 완전히 달랐다. 말을 애지중지하는 여자도 아니고, 강아지와 노는 아이도 아니었다. 여인의 얼굴에는 권위가 있었고, 쓰다듬는 손길에선 겸허함이 우러났다. 자신을 숭배하는 열등한 동물들을 진중하게 받아들이자 동물들은 좀 더 수준 높은 무엇이 되었고 그들을 애완동물의 지위에서 종의 지위로 올라가게 했다. 랜섬이 그녀 앞에 이르자, 여인은 몸을 굽혀 노란 동물의 귀에 뭐라고 속삭이고는, 용에게 말을 걸며 똑같은 소리로 매 애 울었다. 작별 인사를 받은 두 동물은 쏜살같이 숲으로 돌아갔다.

"당신 세계의 동물들은 이성이 있는 것 같군요."

랜섬이 말했다.

"우리는 그들을 매일 더 늙게 만든답니다. 동물은 그래야 되는 것 아닌가요?"

그녀가 물었다.

랜섬은 '우리'라는 단어를 놓치지 않았다.

"나는 그것에 대해 당신과 이야기하려고 왔습니다. 말렐딜은 그 목적 때문에 나를 당신의 세계에 보냈습니다. 그게 뭔지 아십니까?"

그녀는 들을 줄만 아는 사람처럼 한동안 서 있다가 대답했다.

"아니요."

"그러면 나를 당신의 집에 데려가서 사람들을 보여 주십시오."

"사람들요? 무슨 말을 하는지 모르겠군요."

"당신네 종족…… 당신과 똑같은 다른 이들 말입니다."

"왕을 뜻하는 건가요?"

"네. 왕이 있다면 나를 데려가는 게 좋을 겁니다."

"그럴 수 없는데요. 어디 가야 왕을 찾을 수 있을지 몰라요."

그녀가 대답했다.

"그러면 당신 집으로 가지요."

"'집'이 뭔데요?"

"사람들이 같이 살고 소유물이 있고 자녀들을 키우는 곳이지요."

여인은 양손을 펴서 눈에 보이는 모든 것을 가리키며 말했다.

"이게 내 집이에요."

"여기 혼자 사나요?"

랜섬이 물었다.

"'혼자'가 뭔데요?"

그는 처음부터 다시 시도해 보기로 했다.

"우리 같은 사람들을 만날 곳으로 나를 데려가 줘요."

"왕을 말하는 거라면 어디 있는지 모른다고 이미 말했어요. 여러 날 전, 젊었을 때 우리는 이 섬에서 저 섬으로 뛰어다녔어요. 그 사람이랑 내가 다른 섬에 있을 때 파도가 일어서 우리는 헤어지게 됐어요."

"하지만 나를 당신 같은 사람들에게 데려갈 수 있겠지요? 왕만 있을 리는 없으니까."

"왕밖에 더는 없어요. 그걸 몰랐나요?"

"하지만 분명히 다른 사람들이 있을 텐데요. 형제자매들, 친척들, 친구들."

"무슨 뜻인지 모르겠네요."

"그 왕은 누구입니까?"

랜섬이 낙심해서 물었다.

그녀가 말했다.

"그 사람이 그 사람이죠. 그가 왕이에요. 어떻게 그런 질문에 대답을 할 수 있지요?"

"이것 보세요. 틀림없이 당신에게는 어머니가 있을 거예요. 어머니는 살아 계신가요? 어디 계시지요? 마지막으로 어머니를 만난 게 언제였죠?"

"내게 어머니가 있다구요?"

초록 여인이 경이로움이 담긴 잔잔한 눈빛으로 랜섬을 똑바로 바라보았다. 그녀가 말을 이었다.

"무슨 뜻인가요? 내가 어머니인데요."

말을 하는 사람이 그녀가 아니거나 누군가 더 있다는 느낌이 또다시 밀려들었다. 랜섬의 귀에 다른 소리는 들리지 않았다. 바다와 대기는 잠잠했지만 장대한 합창곡의 환상이 사방을 에워쌌다. 그녀의 무덤덤한 대답으로 잠시 퍼진 경외감이 그에게 다시 밀려들었다.

랜섬이 말했다.

"이해가 안 됩니다."

여인이 대답했다.

"나도 마찬가지예요. 내 영혼은 '깊은 하늘'에서 이 낮은 곳으로 오시는 말렐딜을 찬양할 뿐이에요. 그분은 우리를 향해 다가오는 모든 시간으로 복을 주시죠. 나를 강하게 만들고 빈 세상들을 선한 피조물들로 채우시는 이는 강하신 그분이지요."

"당신이 어머니라면 당신의 자녀들은 어디에 있죠?"

"아직은 없어요."

여인이 대답했다.

"아버지는 누가 되나요?"

"왕이지 달리 누구겠어요?"

"하지만 왕은…… 아버지가 없나요?"

"그가 아버지예요."

"그러니까 이 세상을 통틀어서 당신과 왕, 둘밖에 없다는 말인가요?"

랜섬이 천천히 말했다.

그녀의 표정이 금세 변했다.

"물론이지요. 아, 내가 얼마나 어렸는지 이제야 알겠네요. 흐로사와 소른들의 옛 세계에 피조물들이 많았다는 것을 알고 있었어요. 그런데 당신의 세계가 우리 세계보다 오래됐다는 것은 잊고 있었네요. 이제 당신 같은 사람이 많다는 것을 알겠어요. 당신의 세계에도 둘뿐이라고 생각했거든요. 당신을 왕이자 당신 세계의 아버지로 생각했어요. 하지만 지금쯤은 자식들의 자식들의 자식들이 있고 당신은 그중 한 사람이겠네요."

"그렇습니다."

랜섬이 말했다.

"당신의 세계로 돌아가면 어머니 왕비님께 안부 전해 주세요."

초록 여인이 말했다. 그녀는 처음으로 짐짓 예의를 갖추었다. 격식까지 느껴졌다. 상황이 이해됐다. 그녀는 급이 같은 상대를 대하는 게 아니라는 것을 마침내 안 것이다. 즉 아랫사람 편으로 왕비에게 전갈을 보내는 왕비였던 것이다. 그녀는 이후 더 기품 있는 태도로 그를 대했다. 랜섬은 어떻게 대답할지 고심했다.

"우리의 어머니 왕비님은 죽었습니다."

"죽는 게 뭐죠?"

"시간이 흐른 후 떠나는 것입니다. 말렐딜이 그들의 영혼을 빼내서 다른 곳에 두는 거지요. 우리는 거기가 '깊은 하늘'이기를 바라지요. 그것을 '죽음'이라고 합니다."

"아, 파이볼드. 당신네 세상이 시간의 모퉁이로 선택되어야 했군요. 당신들은 늘 천국을 내다보면서 살고, 그것으로도 부족한 듯 말렐딜은 마지막에 당신들을 그곳으로 데려가시는군요. 모든 세상들을 제치고 당신들이 사랑을 받고 있어요."

랜섬은 고개를 저었다.

"아니요. 그렇지 않아요."

그가 말했다.

여인이 대답했다.

"우리에게 '죽음'을 가르치라고 당신을 여기 보내셨나 봐요."

"당신은 모릅니다. 그런 게 아니에요. 죽음은 끔찍해요. 썩는 냄새가 납니다. 말렐딜도 그것을 보고는 우셨지요."

그의 목소리와 표정 모두 그녀에게는 새로운 듯했다. 한순간 충격이, 공포가 아닌 몹시 당황스런 기색이 여인의 얼굴에 떠오르더니 곧 언제 그랬냐는 듯 스르르 평온이 넘쳐 났다. 그녀는 랜섬에게 그게 무슨 뜻이냐고 물었다.

"왕비님은 이해하지 못할 겁니다. 하지만 우리 세계에서는 모든 일들이 다 기쁘거나 환영받는 게 아닙니다. 팔다리를 잘라서라도 막고 싶은 일도 있습니다. 하지만 기어이 일어나고 말지요. 우리에게는 그렇습니다."

"하지만 말렐딜이 우리에게 파도를 보내는데 어떤 파도가 우리에게 닿지 않기를 바랄 수 있지요?"

그러지 말자고 생각하면서도 랜섬은 자신도 모르게 말다툼을 하게 되었다.

"하지만 당신도 처음 나를 봤을 때 내가 왕이길 기대했다는 것을 압니다. 내가 왕이 아닌 걸 알자 당신의 표정이 변했거든요. 그것은 환영하지 않는 일 아니었나요? 당신은 뭔가 다른 걸 바라지 않았던가요?"

"아."

여인이 한숨을 쉬었다. 그녀는 고개를 갸우뚱하고 손을 포갠 채 생각에 잠기더니 고개를 들고 말했다.

"당신은 내가 감당 못할 정도로 빠르게 나이를 먹게 하는군요."

그녀가 몇 걸음 걸어갔다. 랜섬은 자신이 무슨 일을 했는지 의아했다. 문득 여인의 순수함과 평온함은 겉보기와는 다르다는 생각이 스쳤다. 동물의 순수함과 평온함은 판에 박히고 필연적이지만, 그녀의 순수함과 평온함은 살아 있기 때문에 깨질 수 있었다. 또 마음으로 균형을 잡기에 이론적으로 보면 사라질 수도 있는 것이다. 평탄한 길에서 자전거를 타면 균형을 잃을 이유가 없지만 랜섬은 그럴 수도 있었다. 초록 여인이 행복감에서 벗어나 인간들의 심리에 빠져들 이유는 없었다. 하지만 그것을 막을 만한 벽이 둘 사이에 없는 것도 사실이었다. 불확실성이 느껴지자 랜섬은 겁이 났지만, 그녀가 다시 그를 바라보자 모든 언어가 그의 마음에서 빠져나갔다. 또다시 그는 여인을 똑바로 쳐다볼 수가 없었다. 그는 옛 화가들이 후광을 만들어 낼 때 무엇을 표현하려 했는지 이제야 알았다. 경쾌함과 엄숙함을 같이 표현한 것이었다. 그녀의 얼굴에서 아무 고통 없는 순교의 광채가 쏟아져 나오는 것 같았다. 하지만 그녀가 입을 열자 실망스러운 말이 나왔다.

"나는 여태껏 너무 어려서 모든 것이 잠 속에 있는 것 같았어요. 나는 뭔가에 의해 옮겨지고, 누군가에게 보여지고 있고, 걷고 있다고 생각해 왔죠."

랜섬은 그녀가 무슨 말을 하는 건지 물었다.

"당신이 알려 준 것은 하늘만큼이나 분명한데도 전에는 몰랐어요. 하지만 실은 매일 벌어져 온 것이죠. 숲에 먹을 것을 따러 들어갈 때는 무엇보다 과실 생각이 마음속에서 자라고 있지요. 그런데 생각도 못했던 다른 과일을 발견하기도 하지요. 기대한 기쁨과는 다른 기쁨이 주어지기도 해요. 하지만 내가 전혀 몰랐던 것은, 발견하는 그 순간 마음속에서 밀쳐 낸다고 할까, 밀어 두기도 한다는 거예요. 못 찾은 과일의 그림이 순간적으로 바로 앞에 있죠. 원하면…… 원하는 게 가능하다면…… 그 그림을 거기서 간직할 수 있지요. 결국 얻게 된 것도 좋은 건데 기대했던 것을 영혼이 쫓게 할 수도 있어요. 진정 좋은 것을 거부하는 거죠. 다른 것을 생각해서 진짜 과일 맛을 무덤덤하게 만들 수도 있는 거예요."

랜섬이 말을 막았다.

"남편을 원했는데 이방인을 발견한 것과는 다른 얘기인데요."

"아, 그 일 때문에 내가 모든 것을 이해하게 되었거든요. 당신과 왕은 방금 말한 두 과일이 다른 것보다 훨씬 달라요. 그를 다시 찾는 기쁨과 당신에게서 얻은 새로운 지식이 주는 기쁨은 두 가지 맛과 다르지요. 그 차이는 아주 크고, 둘 다 대단해요. 그런데 다른 좋은 게 온 뒤에도 첫 번째 그림이 오래도록 내 마음에 머무는 거예요. 가슴이 마구 두근거려요. 파이볼드, 당신 덕분에 내가 알게 된 것은 영광이고 경이예요. 기대하던 것에서 주어진 것으로 마음을 돌리는 것은 나 자신이라는 것을 알았어요. 바로 내 마음에서 그러는 거지요. 예상하지 않았던 것을 마음에 품을 수 있는데, 처음에 생각했던 좋은 것에 집착해서 주어진 좋은 것을 좋지 않은 것으로 만들어 버리지요."

"그게 경이롭고 영광스러운 것인지는 모르겠는데요."

랜섬이 말했다.

그녀가 의기양양한 눈빛으로 그를 쳐다보았다. 사람이 볼 때는 경멸하는 눈빛이었겠지만, 그 세계에서는 경멸이 아니었다.

여인이 말했다.

"나는 사랑하는 그분의 뜻에 따라 옮겨진다고 생각했는데, 이제는 내가 함께 걷고 있다는 걸 알았어요. 그분이 내게 보내 준 좋은 것들이 나를 그 속으로 끌어당기는 줄 알았어요. 파도가 섬을 밀어 올리듯 말이에요. 그런데 헤엄칠 때처럼 팔과 다리로 그 속에 뛰어드는 것은 바로 나라는 것을 알겠어요. 트인 하늘 밑을 활보하는, 지붕 없는 당신네 세계에서 사는 기분이 들어요. 그것은 공포가 깃든 기쁨이지요! 이 좋은 것에서 다른 좋은 것으로 자신이 걸어가는 거예요. 그분이 걸을 때 손까지 잡지는 않아도 나란히 걷는 거죠. 그분은 어떻게 나를 그분 자신에게서 떨어뜨려 놓았을까요? 어떻게 그분은 그런 생각이 들었을까요? 세상은 내가 생각했던 것보다 훨씬 크군요. 난 우리가 길을 걷는다고 생각했지만 길 따위는 없는 것 같네요. 가는 것 자체가 길인 걸요."

"원하던 것에서 말렐딜이 보낸 것으로 마음을 돌리기 힘들 거라는 두려움은 없나요?"

랜섬이 물었다.

여인이 곧바로 대답했다.

"알겠어요. 당신이 뛰어든 파도는 몹시 물살이 빠르고 클지 모르죠. 거기서 헤엄치려면 온 힘을 다해야 할 거예요. 그분이 내게 그런 좋은 것을 보낸다는 뜻이지요?"

"그래요. 파도가 너무 빠르고 커서 힘에 부칠지도 모르지만요."

"헤엄칠 때는 그런 경우도 많지요. 그게 기쁨의 일부가 아닌가요?"

여인이 말했다.

"하지만 왕 없이 행복한가요? 당신은 왕을 원하지 않습니까?"

"원하냐구요? 어떻게 내가 원하지 않은 게 있을 수 있죠?"

그녀가 말했다.

그녀의 대답에 랜섬은 반발심이 생기기 시작했다.

"그 사람 없이 행복하다면 당신은 그를 많이 원할 수 없는 거지요."

랜섬은 자신의 심술궂은 말투에 스스로 놀랐다.

여인이 말했다.

"왜지요? 파이볼드, 왜 이마에 작은 언덕과 계곡을 파고는 어깨를 살짝 드는 거예요? 당신 세계에서는 그게 어떤 신호죠?"

"아무 의미도 없습니다."

랜섬이 얼른 대답했다. 작은 거짓말이었지만 소용이 없었다. 토악질하듯 몸이 찢기는 기분이 들더니 그 말이 한없이 중요해졌다. 은빛 풀밭과 금빛 하늘이 거짓말을 그에게 패대기치는 것 같았다. 가늠할 수 없는 사방의 분노에 짓눌리기라도 한듯 그는 더듬더듬 바꿔 말했다.

"당신에게 설명할 수 있는 게 없다는 뜻입니다."

여인은 새로이, 좀더 분석하는 듯한 얼굴로 랜섬을 바라보고 있었다. 그녀가 만나 본 적이 없던 첫 어머니의 아들과 같이 있자니 직접 자식을 낳으면 생길 문제들이 어렴풋이 예측되는 듯했다.

"우리의 대화는 이만하면 충분하네요."

마침내 그녀가 입을 열었다. 랜섬은 그녀가 몸을 돌려 떠날 거라고 생각했다. 그러나 그녀가 움직이지 않자 그는 절을 하고 한두 걸음 물러섰다. 여인은 여전히 말이 없었고 그를 까맣게 잊은 듯했다. 랜섬은 몸을 돌려 깊은 숲으로 돌아갔다. 둘은 서로의 시야에서 사라졌다. 알현이 끝난 것이다.

6

여인이 시야에서 사라지자마자, 랜섬은 양손으로 머리를 훑어 내리고 길게 휘파람을 불어 폐 속의 공기를 빼내고 싶은 충동을 느꼈다. 담배에 불도 붙이고 양손을 호주머니에 넣고도 싶었다. 말하자면 버거운 인터뷰를 끝내고 혼자 있게 될 때 긴장을 푸는 나름의 의식을 치르고 싶었다. 하지만 담배는 없었고, 호주머니도 없었다. 또 그다지 혼자 있는 느낌도 들지 않았다. 여인과 대화를 시작할 때 참기 힘들 정도로 그를 짓누른 누군가의 존재감이 지금도 사라지지 않았다. 변화가 있다면 존재감이 더 커졌다는 것이다. 여인과 동물들이 어느 정도는 보호막이 되어 주었는데, 그녀가 없자 랜섬은 고독이 아닌 힘에 겨울 정도로 엄청난 자유를 느꼈다. 처음에는 참을 수 없을 정도였다. 랜섬은 "여유 공간이 없는 것 같았다"고 후에 표현했다. 하지만 나중에는 도저히 참기 힘든 특별한 순간이 있다는 것을 알게 되었다. 예컨

대 독립을 주장하던 사람이 마침내 독립을 얻었다고 느끼는(담배를 피우고 손을 주머니에 찌르고 싶은 충동으로 상징되는) 때가 그렇다. 그럴 때는 공기가 너무 답답해서 숨도 못 쉴 것 같다. 완전한 충만감이 특정 장소에서 나가라고 재촉하는 것 같아도 그곳을 떠날 수 없는 것처럼. 하지만 상황에 굴복하고 자신을 내맡기면 감당할 짐이 없어진다. 그것은 짐이 아니라 매개체였다. 먹을 수 있고 마실 수 있고 호흡할 수 있는 금 같은 광채라고나 할까. 그것은 먹여 주고 옮겨 주었으며, 그에게 쏟아져 내릴 뿐만 아니라 그로부터 쏟아져 나오기도 했다. 잘못 받아들이면 사람을 질식시키지만, 제대로 받아들이면 지구의 삶이 상대적으로 공허해 보이게 하는 것이었다. 물론 처음에는 잘못된 순간들이 자주 일어났다. 하지만 상처가 나서 어느 부위가 아프면 점점 그 부위를 피하게 되듯, 랜섬은 그 내면의 행동을 피하는 법을 익혔다. 시간이 흐를수록 그곳 생활은 더 나아졌다.

낮 동안에는 섬을 샅샅이 탐색했다. 바다는 여전히 잔잔해서, 한 번만 점프하면 사방으로 이웃한 섬들에 닿을 수 있을 것 같았다. 하지만 그는 일시적으로 만들어진 군도의 가장자리에 있었고, 물가에서 트인 바다를 보고 있었다. 섬들이 누워 있다고 할까, 아니면 아주 천천히 떠다닌다고 할까. 그 옆으로는 페렐란드라에 도착했을 때 보았던 커다란 초록색 기둥이 있었다. 산 같은 섬이 확실했다. 거리가 2킬로미터도 되지 않아서 아주 잘 보였는데 알고 보니 그것은 폭보다 높이가 훨씬 큰 울퉁불퉁한 바위기둥이 모인 것이었다. 거대한 백운석들과 비슷하지만 더 매끄러웠다. 어찌나 매끄러운지 자이언츠코즈웨이(북아

일랜드의 현무암 기둥들이 둑길처럼 이어져 생긴 갑—옮긴이)의 기둥들을 확대한 것 같다는 표현이 더 적합할 터였다. 하지만 이 거대한 덩어리는 바다에서 솟은 게 아니었다. 섬 바닥은 거친 시골 땅 같았지만, 해안가는 매끈했다. 또 산등성이 사이에 초목이 우거진 계곡이 있었고, 중앙에 위치한 바위들 사이에서 더 가파르고 폭이 좁은 계곡들이 뻗어져 나왔다. 그곳은 틀림없는 육지였다. 단단한 표면에 뿌리를 내린 고정된 땅이었다. 섬에 주저않은 랜섬은 그곳에 있는 진짜 바위의 질감을 대충 파악할 수 있었다. 일부는 생물이 살 수 없는 땅이었다. 랜섬은 그곳을 탐험하고 싶은 갈망을 느꼈다. 거기까지 가는 데 어려움이 없을 것 같았고, 거대한 산 자체도 얼마든지 넘을 수 있을 것 같았다.

그날은 초록 여인을 보지 못했다. 다음 날 이른 아침, 그는 잠시 수영을 즐기고 아침을 먹은 뒤, 다시 해안가에 앉아서 '고정된 섬' 쪽을 내다보았다. 순간 여인의 목소리가 들려 랜섬은 뒤를 돌아보았다. 그녀가 숲에서 나오자 여느 때처럼 동물들이 따라 나왔다. 그녀는 인사말을 건넸지만, 대화를 나눌 생각은 아닌 듯했다. 그녀는 곁에 다가오더니 떠 있는 섬 가장자리에 랜섬과 나란히 서서 '고정된 섬'을 바라보았다.

마침내 그녀가 입을 열었다.

"나는 저기 갈 거예요."

"같이 가도 되겠습니까?"

랜섬이 물었다.

여인이 대답했다.

"그러고 싶다면요. 하지만 저곳은 '고정된 땅'이라는 걸 알아야 해요."

"그래서 가서 걷고 싶은 걸요. 내가 사는 세계는 모든 땅이 고정되어 있어요. 그러니 그런 땅을 다시 밟는다면 기쁠 겁니다."

여인은 갑자기 놀란 표정을 지으며 랜섬을 빤히 쳐다보았다.

"그러면 당신네 세계에서는 어디서 사나요?"

그녀가 물었다.

"땅에서요."

"하지만 땅이 모두 고정되어 있다면서요."

"네. 우리는 고정된 땅에서 삽니다."

그녀의 얼굴에 처음으로 공포랄까, 혐오스럽다는 표정이 떠올랐다.

"그럼 당신들은 밤 동안 뭘 하지요?"

랜섬은 당황해서 대꾸했다.

"밤 동안이오? 글쎄요, 당연히 자지요."

"하지만 어디서요?"

"우리가 사는 곳에서요. 땅 위에서."

그녀는 오랫동안 깊이 생각에 잠겼다. 랜섬은 그녀가 다시는 입을 열지 않을까 봐 걱정스러웠다. 하지만 그녀는 조용하고 침착한 목소리로 다시 입을 열었다. 물론 유쾌한 말투는 돌아오지 않았다.

"그분이 금지하지 않았군요."

그녀가 말했다. 질문이라기보다 확언하는 말투였다.

"그래요."

"그러면 다른 세상들에는 다른 법들이 있을 수 있겠네요."

"당신의 세계에는 '고정된 땅'에서 자지 말라는 법이 있나요?"

"그래요. 그분은 우리가 거기 사는 걸 좋아하지 않아요. 우리는 그 땅에 가서 걸을 수 있지요. 그 세상은 우리 것이니까요. 하지만 거기 머물면서 잠자고 거기서 깨는 것은……."

여인은 몸을 흠칫 떨면서 말을 맺었다.

랜섬이 말했다.

"우리 세계에서는 그런 법은 있을 수가 없어요. 우린 떠다니는 땅이 없거든요."

여인이 불쑥 물었다.

"그곳에는 사람이 얼마나 많죠?"

랜섬은 지구의 인구가 얼마나 되는지 잘 몰랐지만, 수억이라는 개념을 설명하려고 노력했다. 놀랄 거라고 예상했지만 그녀는 숫자에는 관심이 없었다.

"당신들은 '고정된 땅'에서 어떻게 공간을 얻지요?"

그녀가 물었다.

"고정된 땅이 하나가 아니라 많이 있거든요. 또 땅이 큽니다. 거의 바다만 하지요."

그녀가 불쑥 물었다.

"그걸 어떻게 참고 견디나요? 당신네 세계의 절반가량은 텅 비어 있고 죽어 있어요. 엄청난 땅이 다 묶여 있고요. 생각만 해도 짓눌리지 않나요?"

"그렇지 않습니다. 우리 세계 사람들은 당신의 세계처럼 바다만 있는 곳을 생각만 해도 끔찍하고 두려울 거예요."

여인은 랜섬에게가 아니라 자신에게 말하듯 중얼댔다.

"어디서 끝날까요? 몇 시간 사이 내가 워낙 늙어서 이전의 삶은 고작 나무 줄기 정도로 보이네요. 사방으로 뻗는 나뭇가지가 된 기분이에요. 가지들이 제각기 마구 뻗어서 도저히 참을 수가 없네요. 처음에는 좋은 것에서 좋은 것으로 내 발로 걸어가는 것을 배웠고…… 그것만으로도 상당히 뻗어나간 셈이었지요. 그런데 이제는 좋은 것이 모든 세상에서 똑같은 게 아닌가 봐요. 말렐딜은 어떤 세상에서 금지한 것을 다른 세상에서는 허락하시는군요."

"내 세상 잘못이죠."

랜섬은 당황해서 풀죽은 소리로 말했다.

그녀가 말했다.

"그렇지 않아요. 이제 말렐딜이 직접 내게 말씀하세요. 당신네 세상에 떠 있는 땅들이 없다면 그게 잘못일 리 없지요. 그런데 말렐딜은 왜 우리에게는 그걸 금지시키는지 말해 주시지 않는군요."

"아마 그럴 만한 이유가 있을 겁니다."

랜섬은 대답을 했다가 여인이 갑자기 웃는 바람에 말문이 막혔다.

그녀는 여전히 웃으면서 말했다.

"아, 파이볼드. 당신네 인종은 정말 자주 말하는군요!"

"미안합니다."

그녀는 약간 어리둥절해졌다.

"뭐가 미안하다는 거죠?"

"내가 말이 너무 많다고 생각한다면 미안해요."

"말이 너무 많다구요? 말을 너무 많이 하는 게 뭔지 내가 어떻게 알죠?"

"우리 세계에서는 남자가 말이 많다고 말하면 조용히 하라는 뜻입니다."

"그런 뜻이라면 왜 거기선 그렇게 말하지 않죠?"

"왜 웃었습니까?"

랜섬은 그녀의 질문이 너무 어렵다고 느끼면서 물었다.

"파이볼드, 내가 웃은 건 당신도 나처럼 말렐딜이 세계마다 다른 법을 만든 것을 궁금해하기 때문이었어요. 당신은 그것에 대해 할 말이 없었지만, 그 '없는 것'을 언어로 만들었지요."

"그래도 할 말은 있었습니다. 적어도……."

랜섬은 들리지 않을 정도로 속삭이다가 더 큰소리로 말을 이었다.

"이런 금지가 당신의 세계 같은 곳에서는 어려움이 아닙니다."

여인이 대답했다.

"그것 역시 이상한 말이네요. 누가 이게 어렵다고 생각했지요? 내가 머리로 걸으라고 해도 동물들은 어렵게 생각하지 않을 거예요. 머리로 걷는 게 그들의 기쁨이 될 테니까요. 나는 그분의 동물이고, 그분의 명령은 모두 기쁨이에요. 내가 생각에 잠긴 건 그게 아니에요. 하지만 두 종류의 명령이 있을까 의구심이 들었어요."

"우리네 현자들이 말하기를……."

랜섬이 말을 꺼내는데 여인이 막았다.

"기다렸다가 왕에게 물어보기로 해요. 이것에 대해 당신도 나처럼 잘 모르는 것 같으니까 말이지요."

"그래요, 왕이요……. 우리가 그를 찾을 수 있다면요."

랜섬이 대꾸했다. 그러고는 자기도 모르게 영어로 덧붙였다.

"맙소사? 저게 뭐였지?"

여인도 탄성을 질렀다. 왼쪽 저 멀리서 유성 같은 것이 하늘을 가로질러 날아갔고, 몇 초 후에는 정체를 모를 소음이 들렸다.

"뭐였지요?"

랜섬이 이번에는 옛 솔라어로 물었다.

" '깊은 하늘' 에서 뭔가 떨어졌어요."

여인이 대답했다. 그녀의 얼굴에 경이로움과 함께 호기심이 나타났다. 하지만 지구에서는 이런 감정에 방어적인 공포가 섞이기 마련이어서 랜섬에게는 그 표정이 이상해 보였다.

랜섬이 말했다.

"당신 말이 맞는 것 같군요. 어라! 이건 뭐지?"

잔잔한 바다가 굽이치면서 섬 가장자리에 핀 잡초들이 흔들렸다. 한 차례 파도가 지나자 다시 고요해졌다.

"틀림없이 뭔가 바다에 떨어졌어요."

여인이 말했다. 그러더니 아무 일도 없었다는 듯이 다시 대화를 시작했다.

"오늘 내가 '고정된 땅' 으로 건너가려고 결심한 것은 왕을 찾으려

했던 거예요. 그는 이곳 어디에도 없었어요. 섬이란 섬은 다 찾아봤거든요. 하지만 우리가 '고정된 섬'의 높은 곳까지 올라가면 멀리까지 내다볼 수 있어요. 어떤 다른 섬이 우리 가까이 있는지 알 수 있어요."

"그렇게 합시다. 우리가 거기까지 헤엄칠 수 있다면요."

랜섬이 말했다.

"타고 갈 거예요."

여인이 그렇게 말하더니 해안가에 무릎을 꿇었다. 동작 하나하나가 어찌나 우아한지 무릎을 꿇는 모습에서 경이로움이 느껴졌다. 여인은 같은 톤으로 낮게 세 번 소리쳤다. 처음에는 아무런 변화도 없었지만 곧 그들 쪽으로 물살이 빠르게 갈라지는 것이 보이더니 잠시 후 옆쪽 바다가 거대한 은빛 물고기 떼로 가득찼다. 물고기들은 물을 뿜고 몸을 동그랗게 말며, 서로 밀치면서 섬에 다가오려 했다. 해안에 가장 가까이 다가온 놈들이 코를 땅에 디밀었다. 은색에 피부도 은처럼 매끈했다. 가장 큰 놈들은 3미터 조금 못 되는 크기에 하나같이 몸통이 굵고 힘이 넘쳐 보였다. 지구상의 어류 중에는 비슷한 종이 없었다. 머리통 아래 부분이 몸통 앞 부분보다 더 넓었는데 곧 몸통이 꼬리 쪽으로 점점 두꺼워졌다. 꼬리 쪽으로 몸통이 부풀지 않았다면 거대한 올챙이 모양이었을 터였다. 올챙이배에 가슴은 좁은, 두상이 큰 노인들을 연상시켰다. 여인은 오랫동안 고심하다가 두 마리를 골랐다. 그녀가 고른 순간 다른 물고기들은 모두 몇 미터쯤 물러나고, 선택된 두 마리는 몸을 빙그르르 돌려 꼬리를 물가에 내려놓고 지느러미를 가만히 움직였다.

"파이볼드, 이렇게 하세요."

그녀는 오른쪽 물고기 몸통의 좁은 부분에 걸터앉았다. 랜섬도 그녀를 따라했다. 앞에 있는 거대한 머리가 어깨 구실을 해서 미끄러질 위험이 없었다. 랜섬은 여인을 지켜보았다. 그녀가 발꿈치로 물고기를 슬쩍 찼다. 랜섬도 똑같이 했다. 그들은 시속 10킬로미터 정도로 바다를 미끄러지듯 달렸다. 공기는 더 서늘하게 느껴졌고, 랜섬의 머리칼이 바람에 날렸다. 이제껏 헤엄을 치고 걷기만 했던 세계에서, 물고기를 타고 달리니 신나는 속도감이 느껴졌다. 뒤를 돌아보니, 깃털이 달린 것 같은 굽이치는 섬들이 멀어지고 있었다. 하늘은 점점 넓어지고 황금빛이 짙어졌다. 앞쪽에는 환상적인 모양과 색깔을 한 산이 버티고 있었다. 선택받지 못한 물고기들도 따라오는 것이 재밌었다. 일부는 뒤따라 왔고 대부분은 왼쪽과 오른쪽에서 넓게 날개를 그리면서 깡충깡충 뛰듯이 내달렸다.

랜섬이 물었다.

"항상 이렇게 쫓아다니나요?"

여인이 대답했다.

"당신네 세계에서는 동물들이 따라다니지 않나요? 우린 한 번에 두 마리밖에 못 타요. 저 물고기들이 따라오지도 못하게 한다면 힘들 거예요."

"그래서 두 마리를 선택하느라 그렇게 오래 걸린 거군요?"

"당연하지요. 같은 물고기만 타지 않으려고 한답니다."

육지가 빠른 속도로 다가왔고, 직선으로 보이던 해안선이 둥근 만을 이루더니 곧 바다 쪽으로 튀어나와 여러 갑이 보였다. 육지에 가까워지자, 잔잔해 보이는 바다에 눈에 안 보이는 물살이 일어서 해안가의 물이 살짝 솟았다가 내려앉는 광경이 보였다. 잠시 후 수심이 얕아서 물고기들이 더 헤엄치지 못하자, 랜섬은 여인을 따라 양다리를 모아 발가락으로 물고기를 더듬으며 미끄러져 내려왔다. 아, 단단한 자갈을 밟는 그 기분이란! 그는 '고정된 땅'이 애타게 그리웠다는 것을 이제야 깨달았다. 고개를 들어 보니 그들이 내린 곳부터 좁고 가파른 계곡이 뻗어 있었다. 낮은 절벽들과 울퉁불퉁한 붉은 바위들이 보였고, 아래쪽에는 이끼 같은 것과 나무가 둑을 이루었다. 지구의 나무들과 비슷했다. 남쪽 나라 어디에 심어져 있다면 전문 원예사 외에는 아무도 특별함을 알아보지 못했을 터였다. 무엇보다 좋은 것은 계곡 가운데 흐르는 작은 개천이었다. 고향 같기도 하고 천국 같기도 한 그 풍경을 힐끗 보니 눈과 귀가 즐거웠다. 짙은 반투명 실개천에는 송어라도 있을 것 같았다.

"이 땅이 맘에 드나 보네요, 파이볼드?"

여인이 랜섬을 힐끗 쳐다보며 말했다.

"네. 제가 사는 세계와 비슷하네요."

그들은 계곡을 지나 꼭대기를 향해 발걸음을 옮겼다. 나무 아래 있으니, 지구의 시골 비슷한 구석은 사라졌다. 그 세계에는 빛이 훨씬 적어서, 짧은 그림자만 드리워졌을 빈터도 어두컴컴한 숲 같았다. 400미터쯤 떨어진 계곡 꼭대기까지 길이 좁아져서 낮은 바위 틈 정도의 폭밖에 되지 않았다. 여인은 한두 번 바위를 잡고 훌쩍 뛰어서 올라갔다. 뒤따르던 그는 그녀의 힘에 놀랐다. 그들이 다다른 가파른 고지에는 잔디가 덮여 있었다. 풀과 아주 비슷하지만 더 파래 보였다. 눈 닿는 곳까지 펼쳐진, 짧게 뜯긴 잔디밭에 털 있는 하얀 생물이 드문드문 있었다.

"꽃인가요?"

랜섬이 물었다. 여인이 웃음을 터뜨렸다.

"아니요. '파이볼드'예요. 저것 때문에 당신을 그렇게 부르는 거고요."

랜섬은 잠시 어리둥절했다. 동물들이 움직이더니 그들을 향해 잽싸게 달려왔다. 두 사람의 냄새를 맡았음이 분명했다. 그들은 아주 높은 곳에 있었고 바람이 꽤 강하게 불었으니까. 잠시 후 파이볼드 떼가 여인을 에워싸면서 인사했다. 크기는 양만 하고 흰 몸통에 검은 반점이 있었지만 귀는 훨씬 컸다. 코를 씰룩씰룩 계속 움직이고, 꼬리가 양보다 훨씬 길어서 전체적으로 거대한 생쥐 같은 인상을 풍겼다. 갈퀴랄까 손같이 생긴 앞발은 바위를 탈 수 있게 만들어졌다. 파르스름한 풀이 그들의 먹이였다. 동물들과 적당히 인사를 주고받은 후 랜섬과 여인은 여행을 계속했다. 아래쪽의 둥근 금빛 바다는 이제 드넓게 퍼졌고, 위쪽의 초록색 바위기둥들은 거의 떨어질듯 튀어나와 있었다. 하지만 기둥의 받침까지 가려면 멀리 있는 단단한 바위를 타고 올라가야 했다. 여전히 덥기는 했지만 이곳의 기온은 훨씬 낮았다. 적막감도 느껴졌다. 이제 잘 보이지 않긴 해도 저 밑의 섬에서는 물소리며 거품 터지는 소리며 동물들이 움직이는 소리가 계속 들려올 터였다.

이제 그들은 두 초록 기둥 사이의 오목한 풀밭에 들어섰다. 밑에서는 기둥들이 서로 닿은 것처럼 보였지만, 그들이 기둥 사이로 깊숙이 들어가자 한쪽 기둥이 사라지면서 한 줄로 걸을 만한 공간이 나타났다. 시시각각 길은 가팔라졌고, 경사가 급해지면서 기둥 사이의 공간도 점점 좁아졌다. 급기야는 초록 벽 사이를 기어서 한 줄로 지나가야 했다. 랜섬은 고개를 들었지만 하늘을 볼 수 없었다. 마침내 그들은 진짜 바위 앞에 마주 섰다. 2.5미터 남짓한 길쭉한 바위가 산을 괴물처럼 보이게 하는 두 이빨 뿌리 사이에 솟아 있었다. 돌로 된 껌이 붙어 있는 것 같았다.

'바지를 입을 수 있다면 무슨 짓이라도 하겠는데.'

랜섬은 바위를 올려다보며 생각했다. 앞장선 여인은 발끝으로 선 자세로 팔을 뻗어 튀어나온 바위를 만지려 했다. 랜섬은 그녀가 몸을 당기면서, 체중을 양팔에 싣고 단번에 꼭대기로 오르려 한다는 걸 알아차렸다.

"잠깐만요, 그렇게는 못 올라갑니다."

자기도 모르게 영어로 내뱉은 말을 고쳐 말하기도 전에 그녀는 위쪽 바위에 서 있었다. 정확히 어떻게 했는지 알 수 없었지만, 그녀가 별난 재주를 부린 기미는 없었다. 랜섬은 좀 떨어지는 폼으로 바위를 겨우 탔다. 땀도 나고 숨도 차서 헐떡거리면서 그녀 옆에 섰는데 무릎에서 피가 나고 있었다. 그녀가 피를 궁금히 여기자 그는 최선을 다해 피가 나는 현상을 설명했다. 여인이 자신도 그런지 알기 위해 자기 무릎의 살갗을 벗기려 하자 랜섬은 통증이 무엇을 뜻하는지 설명하려고 했고, 그 때문에 그녀는 실험을 해보고 싶어서 더욱 안달하게 되었다. 하지만 결국은 말렐딜이 그녀를 만류한 듯했다.

랜섬은 몸을 돌려 주변을 살펴보았다. 머리 위쪽에 거대한 바위기둥들이 솟아 있었다. 멀리서 보면 서로를 향해 비스듬히 뻗은 모습이 거의 하늘을 가리고 있었다. 두세 개가 아니라 아홉 개였다. 들어오면서 본 기둥들처럼 서로 가까이 서 있는 것들도 있었다. 다른 것들은 몇 미터씩 떨어져 솟아 있었다. 기둥들이 에워싸고 있는, 1만 평 남짓한 타원형의 고원에는 지구에 알려진 잔디보다 짧은 잔디가 깔려 있고 진홍빛의 작은 꽃들이 군데군데 피어 있었다. 노래하는 듯한 높은 바람이 저 아래 세계의 서늘하고 짙은 향내를 여기까지 싣고 왔다. 기둥들 사이로 먼 바다를 내다보니 높은 곳에 있다는 사실이 계속 의식되었다. 떠 있는 섬들의 곡선과 색감에 익숙해졌던 눈이 직선과 안정감 있는 땅덩어리에 닿자 더욱 신선하게 느껴졌다. 랜섬은 대성당만큼 넓은 고원으로 몇 걸음 나아갔다. 말을 내뱉자 목소리가 메아리가 되어 울렸다.

"아, 정말 좋군요. 하지만 당신은 그렇게 느끼지 못하겠군요. 당신에게는 금지된 곳이니까요."

그러나 그녀의 얼굴을 본 랜섬은 짐작이 틀렸음을 알았다. 여인의 마음속에 뭐가 있는지 알 수 없었지만, 전에도 그랬듯 빛나는 얼굴을 바라볼 수 없어서 그는 시선을 떨구어야 했다. 그녀가 말했다.

"우리, 바다를 살펴봐요."

둘은 고원을 요령 있게 빙 돌았다. 그날 아침 떠나온 섬들이 등 뒤에 있었다. 높은 데서 보니 군도는 랜섬의 짐작보다 훨씬 컸다. 오렌지색, 은색, 보라색, (또 놀랍게도) 윤기 있는 검정빛이 도는 풍부한 색감이 무척 화려해 보였다. 바람이 부는 것은 바로 그쪽에서였다. 희미하게나마 섬에서 나는 냄새가 목마른 사람에게 물 흐르는 소리처럼 느껴졌다. 하지만 그 외에는 바다밖에 보이지 않았다. 적어도 다른 섬은 없었다. 하지만 빈터를 한 바퀴 거의 돌았을 때, 랜섬이 소리 치는 것과 거의 동시에 여인이 뭔가를 가리켰다. 3킬로미터쯤 떨어진 곳에 누르께한 초록색 물 위로 검고 둥그런 작은 물체가 있었다. 지구의 바다였다면 첫눈에 부표로 여겼을 터였다.

여인이 말했다.

"저게 뭔지 모르겠네요. 오늘 아침에 '깊은 하늘'에서 떨어진 거 아닐까."

'망원경이 있으면 좋을 텐데.'

랜섬은 아쉬웠다.

그녀의 말을 듣자 갑자기 궁금해졌는데 검고 둥근 물체를 볼수록 의구심이 강해졌다. 물체는 완벽한 구형이었다. 랜섬은 왠지 낯설지 않았다.

실제 이름은 '말라칸드라'지만 인간들은 화성이라고 부르는 세계에 랜섬이 다녀왔다는 이야기는 여러분도 이미 들어서 안다. 하지만 그를 그곳에 데려간 것은 엘딜들이 아니라 인간들이었다. 그들은 그를 강제로 유리와 쇠로 만든 우주선에 태워 납치했는데, 그들은 말라칸드라의 권력자들이 인간을 제물로 요구한다고 생각한 것이다. 모든 것은 오해였다. 태초부터 화성을 지배한 위대한 오야르사(랜섬의 전원주택에서 내 눈으로 봤던)는 그를 해하지 않았고 그럴 의도도 없었다. 하지만 납치를 주도한 웨스턴 교수는 그를 크게 해치려 했다. 그는 현재 지구에서 유행하는 행성 간 협회나 로켓공학클럽의 '과학화'라는 모호한 작업 아이디어에 사로잡힌 사람이었다. 괴물 같은 잡지의 표지에 실린 그 아이디어는 지성인들의 무시나 조롱을 받지만, 권력을 쥐기만 하면 우주에 비극의 새 장을 열 것이다. 이제 지구를 충분히 망가뜨린 인간들은 기어코 더 넓은 곳에 이 아이디어의 씨앗을 뿌리려 한다. 행성 간에 거리를 두어 격리시킨 신의 규칙을 극복해야 한다고 믿는다. 이것이 출발점이다. 하지만 그 뒤에는 무한이라는 거짓되고 달콤한 독약이 놓여 있다. 행성에서 행성으로, 행성계에서 행성계로, 결국은 은하계에서 은하계로 뻗어 나가며 어디서나 인류가 낳은 생명체들을 살게 할 수 있다는 허황된 꿈을 꾸는 것이다. 진정한 영생을 두려워하는 죽음에 대한 증오로 생긴 꿈이며, 수많은 무지한 인간들과 그보단 적지만 역시 많은 수의 무지하지 않은 인간들이 은밀히 그 꿈을 간직한다. 이들은 우주의 다른 종들을 파괴하거나 노예화하는 걸 환영한다. 마침내 웨스턴 교수에게서 그 꿈과 능력이 만났다. 대단한 물리학자인 그는 우주선을 만들 수 있는 원동력을 발견했다. 이제 페렐란드라의 순결한 물에 떠 있는 저 작고 검은 물체는 시시각각 더 우주선처럼 보이고 있었다.

'그래, 내가 여기 온 이유가 이거로군. 웨스턴은 말라칸드라에서 실패하고 이제 여기 온 거야. 뭔가 조치를 취해야 해.'

랜섬은 속으로 중얼댔다. 오싹한 무력감이 온몸을 휩쌌다. 화성에서 웨스턴은 공범이 한 명밖에 없었지만 무기를 갖고 있었다. 이번에는 몇 명이나 데려올까? 또 화성에서 그를 물리친 것은 랜섬이 아니라 엘딜들, 특히 그 세계의 위대한 엘딜 오야르사였다. 랜섬은 얼른 여인에게 몸을 돌려 말했다.

"당신의 세계에서는 엘딜들을 못 봤는데요."

"엘딜들이요?"

그녀는 처음 듣는 단어인 것처럼 되물었다.

랜섬이 말했다.

"그래요. 엘딜들. 말렐딜의 위대하고 오랜 종들 말입니다. 자녀를 기르지도 않고, 숨도 쉬지 않는 생명체들. 그들의 몸은 빛으로 되어 있지요. 우리가 눈으로 못 보는 존재들입니다. 그들에게 순종해야 되지요."

그녀는 잠시 생각에 잠겼다가 입을 열었다.

"이번에는 말렐딜께서 나를 기분 좋게 늙게 만드시네요. 그분이 이복 받은 피조물들의 본성 모두를 알려 주시네요. 하지만 이제 그들에게 순종할 수는 없지요, 이 세계에서는 안 됩니다. 파이볼드, 그것은 낡은 명령이랍니다. 우리를 지나쳐서 다시는 오지 않을 파도의 이면이라 할 수 있지요. 당신이 여행한 그 옛 세계는 엘딜들의 휘하에 있었습니다. 당신의 세계 역시 그들이 다스린 적이 있지만, 우리 사랑하는 이께서 인간이 되기 이전이었지요. 당신의 세계에는 그들이 여전히 머물러 있지요. 하지만 커다란 변화 이후 처음 깨어난 우리 세계에

서는 엘딜들에게 권력이 없어요. 이제 우리와 그분 사이에는 아무것
도 없지요. 엘딜들은 점점 줄어들었고 우리는 점점 자랐어요. 이제 말
렐딜은 이것이 그들의 영광이고 기쁨이라는 것을 우리 마음에 심어
주네요. 엘딜들은 우리를 가볍게 건드려도 파괴시킬 수 있는 약하고
작은 동물들로 여겼어요. 낮은 세계에 사는, 자녀를 기르고 숨을 쉬는
존재로요. 또 우리를 소중히 여기고 우리가 그들보다 늙을 때까지 우
리를 늙게 만드는 것, 그래서 우리 발 앞에 엎드리는 것이 엘딜들의
영광이었지요. 그것은 우리가 갖지 못하는 기쁨이에요. 나는 동물들
에게 나보다 뛰어나지 못할 거라고 가르치지만 그래도 그들의 기쁨은
모든 것을 뛰어넘는 기쁨이지요. 그것이 우리의 기쁨보다 나아서가
아니에요. 모든 기쁨은 다른 기쁨들보다 낫지요. 우리가 먹는 과일은
늘 모든 과일 중에서 으뜸이에요.”

“그것을 기쁨으로 여기지 않은 엘딜들도 있었지요.”

랜섬이 말했다.

“어떻게요?”

“당신은 어제, 다가오는 좋은 것을 취하지 않고 예전의 좋은 것에
집착하는 이야기를 했지요.”

“그랬지요. 더러 그런 자가 있어요.”

“더 오래 집착한 엘딜이 있었습니다. 세상이 만들어지기 전부터 쭉
거기 매달렸지요.”

“하지만 예전의 좋은 것이 좋은 것이기를 멈추었을 텐데요.”

“그렇습니다. 멈추었지요. 그런데도 그는 매달려 있지요.”

여인은 놀라서 그를 응시했다. 뭐라 말을 하려 했지만 랜섬이 먼저 입을 열었다.

"설명할 시간이 없습니다."

"시간이 없어요? 시간에 무슨 일이 일어났나요?"

그녀가 물었다.

"잘 들으십시오. 저기 있는 저것은 내 세계에서 '깊은 하늘'을 지나서 온 겁니다. 저기에는 적어도 한 명 이상이 타고 있어요……."

여인이 말했다.

"봐요, 저게 두 개로 변하고 있어요. 큰 거랑 작은 거랑."

랜섬은 작고 검은 물체가 우주선에서 분리되어 미적미적 움직이는 광경을 보았다. 순간 당황스러웠다. 웨스턴이라면 금성에서 물에 빠질 줄 알기에 접이식 보트 같은 것을 가져왔을 거라는 생각이 들었다. 하지만 그는 만조나 폭풍우 때문에 우주선을 복구할 수 없다는 점을 예상하지 못했을까? 퇴로를 막아 버린 것은 웨스턴답지 못했다. 웨스턴 같은 자가 지구로 돌아가려 해도 그러지 못한다면 해결 못할 골칫거리였다. 아무튼 엘딜들의 도움 없이 랜섬이 무엇을 할 수 있을까? 그는 부조리한 상황에 분노를 느끼기 시작했다. 한낱 학자에 불과한 그더러 이런 상황을 어떻게 해결하라고 여기 보냈을까? 권투 선수, 혹은 기관총을 잘 다룰 줄 아는 사람이라면 더욱 목적에 적합할 터였다. 초록 여인이 말한 왕이라는 자를 찾을 수만 있다면…….

하지만 이런 생각들이 머리를 스치는 사이, 랜섬은 점점 침묵을 파고드는 웅얼거림이랄까 으르렁대는 소리를 의식하게 되었다.

"봐요."

여인이 불쑥 외치며 섬들을 가리켰다. 섬들의 지면이 평편하지 않았다. 동시에 랜섬은 소음이 파도 소리라는 것을 알아차렸다. 아직은 작은 파도였지만, '고정된 섬'의 울퉁불퉁한 곳에서 물거품이 일기 시작했다.

그녀가 말했다.

"바다가 솟고 있어요. 우린 당장 내려가서 떠나야 해요. 곧 파도들이 너무 커져서……. 난 밤에는 여기 있으면 안 돼요."

랜섬이 소리쳤다.

"그쪽은 안 됩니다. 내 세계에서 온 사람 눈에 띌지도 몰라요."

"왜요? 나는 이 세계의 여인이고 어머니인데요. 왕이 여기 없을 때는 누가 이방인을 맞이하나요?"

"내가 만나겠습니다."

"이곳은 당신의 세계가 아니에요, 파이볼드."

여인이 받아쳤다.

랜섬이 말했다.

"당신은 몰라요. 이자는……. 내가 말했던 그 엘딜의 친구입니다. 잘못된 좋은 것에 집착하는 그 엘딜 말입니다."

여인이 대꾸했다.

"그러면 내가 그 사람에게 설명할게요. 가서 그를 늙게 하자구요."

그녀는 울퉁불퉁한 고원의 가장자리를 훌쩍 뛰어내려 산등성이를 따라 내려가기 시작했다. 랜섬은 어렵게 바위를 타고 내려오느라 시간이 걸렸지만, 발이 풀밭에 닿자 있는 힘껏 달리기 시작했다. 랜섬이 휙 지나쳐 가자 여인이 놀라서 소리쳤지만, 랜섬은 아랑곳하지 않았다. 그는 작은 배가 어느 쪽 만으로 향하는지 똑똑히 알고 있었기에 방향을 잡아 달리는 데만 정신이 쏠려 있었다. 배에는 한 사람만 타고 있었다. 긴 비탈길을 내려가고 또 내려간 그는 움푹 꺼진 곳으로 들어 갔다가, 순간적으로 바다가 보이지 않는 굽이도는 계곡으로 접어들었다. 마침내 만의 후미에 들어선 랜섬이 힐끗 돌아보니 기운 빠지게도 여인이 몇 미터 뒤에서 바싹 쫓아오고 있었다. 이제 제법 커진 파도가 자갈 깔린 해안에서 부서지고 있었다. 셔츠와 반바지에 헬멧 모자를 쓴 사내가 발목 깊이의 물에 서 있었다. 그는 캔버스 천으로 된 보트를 끌고 있었다. 얼굴이 묘하게 낯설어 보이긴 해도 분명히 웨스턴이었다. 랜섬은 웨스턴과 여인의 만남을 어떻게든 막아야 한다고 생각했다. 그는 웨스턴이 말라칸드라의 주민을 살해하는 현장을 목격한 적이 있다. 랜섬은 몸을 돌려 양손을 뻗어서 그녀를 막으며 소리쳤다.

"돌아가요!"

하지만 거리가 너무 가까웠다. 하마터면 그녀는 랜섬의 품에 안길 뻔했다. 그녀는 달려오느라 거칠어진 호흡을 진정시키며, 무엇에 놀랐는지 뭔가 말하려고 입을 열면서 뒤로 물러섰다. 바로 그 순간 랜섬의 등 뒤에서 웨스턴의 목소리가 들렸다. 영어였다.

"지금 뭐 하는 건지 물어봐도 되겠소, 랜섬 박사?"

7

모든 상황을 고려할 때 랜섬보다는 웨스턴이 더 놀라는 것이 맞을 것이다. 하지만 웨스턴이 전혀 그런 기미를 보이지 않아서 랜섬은 그의 대단한 자존심에 감탄하지 않을 수 없었다. 미지의 세계에 도착했는데도 권위적이고 무례한 태도로 양손을 허리에 올린 채 찡그린 얼굴로 꼼짝 않고 서 있는 건 그 자존심 때문이었다. 웨스턴은 자기 서재에서 벽난로를 등지고 서기라도 한 것처럼 이 외계의 땅바닥에 발을 굳건히 디디고 서 있었다. 웨스턴은 초록 여인과 옛 솔라어로 대화를 나누기 시작했다. 랜섬은 충격에 빠졌다. 말라칸드라에서는 언어 능력이 부족하기도 했지만 그보다는 원주민들을 경멸했기 때문에 웨스턴의 언어 능력은 대충 의사소통만 하는 수준이었기 때문이다. 뭐라 설명할 수 없고 불안하기도 한 새로운 면모가 그에게 있었다. 랜섬은 자신의 유일한 장점을 빼앗긴 느낌이었다. 초반에 저울이 저쪽으로 기울었다면 이다음에는 무슨 일이 벌어질까?

 랜섬이 생각에서 빠져나와 정신을 차려 보니, 웨스턴과 여인이 유창하게 대화는 나누면서도 서로 이해하지 못하고 있었다. 그녀가 말했다.

 "그래 봤자 소용없어요. 당신과 나는 대화를 나눌 만큼 충분히 늙지 못한 것 같군요. 바다가 치솟고 있으니 섬으로 돌아가요. 그도 우리랑 같이 가나요, 파이볼드?"

 "물고기 두 마리는 어디 있습니까?"

 랜섬이 물었다.

 "다음 만에서 기다리고 있을 거예요."

 여인이 대답했다.

 "그럼 서둘러요."

 여인의 표정을 본 랜섬은 한마디 더 덧붙였다.

 "아니오, 그는 가지 않을 겁니다."

 여인은 랜섬이 서두르는 까닭을 몰랐지만 바다를 쳐다보더니 그녀도 서둘러야 함을 알았다. 그녀는 이미 계곡의 비탈길을 내려가고 있었다. 랜섬이 뒤따르자 웨스턴이 소리쳤다.

 "아니, 당신은 가면 안 되지."

 랜섬이 뒤돌아보니 웨스턴이 권총을 겨누고 있었다.

 온몸이 갑자기 후끈 달아오르는 것으로 보아 자신이 겁먹었음을 알 수 있었지만 머릿속은 계속 또렷했다.

 "이 세계에서도 주민을 없애고 시작할 셈이오?"

랜섬이 물었다.

"무슨 말이에요?"

여인이 걸음을 멈추더니 두 사람 쪽을 돌아다보았다. 어리둥절해하면서도 평온한 표정이었다.

"그 자리에 있으라구, 랜섬. 저 원주민은 그냥 가도 돼. 빨리 갈수록 좋겠지."

웨스턴 교수가 말했다.

랜섬은 달아나는 게 좋다고 여인을 설득하려다가, 설득이 소용없다는 것을 알았다. 그녀가 상황을 이해하리라 짐작한 게 불찰이었다. 두 이방인이 뭔가 이해하지 못할 이야기를 한다는 것 이상은 알지 못했다. 그녀가 아는 건 당장 '고정된 땅'을 떠나야 된다는 사실뿐이었다.

"당신과 저 사람은 나랑 같이 안 가나요, 파이볼드?"

그녀가 물었다.

랜섬이 뒤돌아보지 않고 대답했다.

"그래요. 우린 곧 다시 만날지도 모르고 아닐 수도 있어요. 왕을 찾으면 안부 전해 주고, 말렐딜에게 늘 내 이야기를 해줘요. 나는 여기 있을게요."

"말렐딜이 원하면 우린 다시 만날 테죠. 혹 만나지 못해도 우리에게 더 좋은 일이 생길 거예요."

그녀가 대답했다. 랜섬의 등 뒤에서 그녀의 발소리가 잠시 들리는가 했더니 곧 사라졌다. 랜섬은 웨스턴과 단 둘이 남았다는 것을 알았다.

웨스턴 교수가 말했다.

"당신은 방금 우리가 말라칸드라에 있을 때 일어난 사고를 두고 '없애다'라는 어휘를 썼소, 랜섬 박사. 아무튼 죽은 것은 인간이 아니었소. 내 당신에게 분명히 말하겠소. 원주민 여자를 유혹하는 짓은, 원주민을 죽이는 것과 똑같이 불운한 새 행성에 문명을 소개하는 방식이라 생각되오."

"유혹이라고? 아, 알겠소. 내가 그녀와 사랑을 나누었다고 생각하는군."

랜섬이 말했다.

"문명 세계에서 온 벌거숭이 남자가 외딴 곳에서 벌거숭이 원주민 여자를 껴안고 있는데도."

"난 껴안지 않았소."

랜섬이 멍하게 말했다. 이런 상황에서 변명을 하면 나약한 정신력만 드러날 것 같았다.

"그리고 여기서는 아무도 옷을 입지 않소. 하지만 그게 무슨 문제겠소? 페렐란드라에 볼일이 있으면 그거나 하시오."

"이런 상황에서 성관계도 없이 저 여인과 순결하게 산다고? 그걸 나더러 믿으라는 거요?"

랜섬은 혐오하듯 대꾸했다.

"아, 성관계가 없다! 그렇게 표현하고 싶다면 그러시오. 그것은 나이아가라 폭포를 보고 그 물로 차를 만들겠다는 생각을 하지 않았다

해서 물을 잊어버렸다고 하는 것과 마찬가지로 여기 삶을 묘사하는 거요. 하지만 내가 그녀를 갈망하지 않는다고 해서……."

랜섬은 적합한 비유가 생각나지 않아 말꼬리를 흐렸다가 다시 말을 이었다.

"하지만 내가 당신에게 그걸 믿으라고 혹은 뭐든 믿으라고 한다는 말은 하지 마시오. 내가 당신에게 청하는 것은 누굴 죽이려고 왔든 무얼 뺏으러 왔든 최대한 빨리 시작해서 끝내라는 것뿐이오."

웨스턴은 호기심 어린 표정으로 잠시 그를 응시하더니 총을 권총집에 꽂았다. 예상치 못한 일이었다.

그가 말했다.

"랜섬, 당신은 나를 아주 크게 오해하고 있소."

둘 사이에 잠시 침묵이 흘렀다. 그들에게 밀려와 하얀 물거품을 일으키던 파도는 이제 지구에서처럼 만으로 밀려 나가고 있었다.

마침내 웨스턴이 입을 열었다.

"그렇소. 솔직히 인정하는 것으로 이야기를 시작하겠소. 당신이 좋아하는 것이면 마음대로 이용해도 좋소. 나는 단념하지 않소. 분명히 말하건대 내가 말라칸드라에 갔을 때 전반적인 행성 간 문제에 대해 어떤 면에서 심각하게 오해했소."

총이 없어져서 마음이 놓이기도 하고, 대단한 과학자가 도량 넓게 말을 하니 웃음이 터질 것만 같았다. 하지만 웨스턴이 평생 처음으로 잘못을 인정했을 수 있다는 생각이 들면서 99퍼센트 오만하고 거짓된 겸손이라 해도 퇴짜를 놓아서는 안 될 것 같았다. 적어도 랜섬이라면.

"그거 아주 적절하군요. 어떤 의미입니까?"

"내 곧 말해 주리다. 우선 내 물건들을 해안으로 옮겨야 하오."

그들은 보트를 해안에 끌어올린 뒤 휴대용 화로, 식기류, 텐트를 비롯해 짐들을 육지 안쪽으로 옮기기 시작했다. 쓸모없는 장비인 걸 알았지만 랜섬은 뭐라 하지 않았다. 개울 옆에는 파란 줄기에 은색 잎사귀를 낸 나무가 한 그루 서 있었다. 나무 아래 땅에는 이끼가 자라고 있었는데 15분 후, 그곳에 야영장이 만들어졌다. 두 사람 다 자리를 잡고 앉았다. 랜섬은 처음에는 흥미롭게 듣다가 놀라기도 하고 믿을 수 없다고 생각하며 들었다. 웨스턴은 목청을 가다듬고 가슴을 내밀었다. 강의라도 하려는 자세였다. 이어진 대화 내내 랜섬은 정말 얼토당토 않은 느낌이었다. 여기 인간 둘이 상상할 수 없는 낯선 외계에 던져졌다. 한 명은 우주선에서 벗어났고 다른 한 명은 코앞의 죽음 위협에서 해방되었다. 그런데 케임브리지 대학의 교원 휴게실에서나 오갈 법한 철학적인 논쟁에 빠져들다니 제정신인가? 하지만 그게 웨스턴이 주장하는 바였다. 그는 우주선의 운명에는 관심을 보이지 않았다. 랜섬이 어떻게 금성까지 왔는지도 궁금하지 않은 듯했다. 대화를 하자고 우주를 5천만 킬로미터나 날아온 걸까? 하지만 그는 말을 그칠 줄 몰랐고 랜섬은 편집광과 같이 있다는 느낌이 점점 강해졌다. 유명세 외에는 아무 생각도 못하는 배우처럼, 혹은 애인 외에는 아무 생각도 못하는 연인처럼 자기 생각에만 몰두하는 이 과학자의 말을 듣고 있자니 긴장되고 지루했지만 피할 수도 없었다.

웨스턴이 말했다.

"내 인생의 비극이자 현대 지성계의 일반적인 비극은, 알려진 사실이 복잡해지면서 지식이 편협하게 전문화된 것이오. 나도 초기에 물리학에 몰두했기에 안타깝게도 50대가 될 때까지는 생물학에 적절한 관심을 쏟지 못했소. 내 능력을 발휘하려면 지식을 그 자체의 목적으로 삼는 거짓 인문주의적 이상이 내게는 호소력이 없다는 점을 분명히 해둬야 하오. 나에게 지식은 공리주의에 기반을 둔 행복을 얻는 수단이었소. 처음에는 당연히 행복을 개인적인 형태로 보았소. 장학금과 수입을 원했고, 세상이 알아주는 지위를 얻고 싶었소. 그것 없이는 영향력을 미칠 수 없으니까. 그런 것들을 얻자 시야를 더 넓히기 시작했소. 인류의 행복을 내다본 거지!"

그가 잠시 말을 멈추자 랜섬은 계속 말하라는 뜻으로 고개를 끄덕였다.

웨스턴이 말을 이었다.

"인류의 행복은 결국 행성 간, 심지어 항성 간 여행에 전적으로 달려 있소. 그 문제를 내가 풀었소. 인류의 운명을 좌우할 열쇠가 내 손에 들어왔소. 말라칸드라에서 적대적인 똑똑한 종족의 한 구성원에게 그것을 어떻게 빼앗겼는지는 새삼 상기시킬 필요가 없을 거요. 우리 둘 다 고통스런 일이었지. 고백건대 그런 종족이 존재할 줄은 미처 몰랐소."

"정확히 말하자면 그들은 적대적이지 않습니다. 하지만 계속하시지요."

랜섬이 말했다.

"말라칸드라에서 지구로 귀환하는 여행을 하다 심각한 건강 문제가 생겼고……."

"나도 마찬가지입니다."

웨스턴은 그의 맞장구에 놀란 표정을 지으며 말을 이어 갔다.

"요양을 하면서 시간이 나기에 여러 해 동안 나 스스로 부인했던 일들을 돌이켜 보았소. 특히 말라칸드라 원주민들의 소탕에 당신이 반발했던 걸 곰곰이 따져 봤소. 물론 그들을 소탕하는 것은 인류가 그곳을 점거하기 전에 필요한 작업이었소. 이렇게 하면 당신이 또 반발하겠지만 구식에다가 인간의 형태를 한 그들은 그전까지는 진짜 능력을 내게 감추었소. 이제 나는 그 능력을 인지하기 시작한 거지. 인간의 행복에 쏟는 독보적인 내 헌신이 실은 무의식적인 이원론에서 비롯됐다는 것을 깨닫기 시작했소."

"그게 무슨 뜻입니까?"

"내가 평생 인간과 자연을 비과학적으로 나누거나 대조해 왔다는 뜻이오. 나는 인간 아닌 환경에 대항해서 인간을 위해 싸운다고 여기며 살았소. 투병하면서 생물학에 몰두했고, 특히 소위 생물철학이라는 것에 빠졌소. 그전까지는 물리학자로서 '생명'을 내가 상관할 바 아닌 주제로 보았소. 유기체와 무기체 사이를 분명히 선 긋는 이들과 '생명'이라 부르는 것은 애초부터 고유한 문제라고 보는 이들에게 난 무관심했소. 지금은 아니오. 곧 우주의 변천 과정에는 단절도 없고 불연속성도 없다고 인정할 수 있었소. 창발적 진화(진화는 이전 단계에 있던 모든 요인들의 총합이 아니라 아주 중요한 시점에 생명, 의식 등이 새로운 성질을 나타내며 발전하는 것이라는 가설—옮긴이)의 열렬한 신봉자가 되었소. 모든 것은 하나요. 자각하지 못하지만 목적이 있는 발전 과정인 마음이라는 특성은 애초부터 존재하오."

그는 말을 멈추었다. 랜섬은 이런 주장을 전에도 자주 들어 봤기에, 웨스턴이 언제 핵심을 말할지 궁금했다. 웨스턴은 훨씬 엄숙한 말투로 다시 입을 열었다.

"이 보이지 않고 분명치 않은 목적의 서로 다른 성과들이 끝없이 뭉쳐서 위로, 더 위로 솟구치는 장엄한 광경…… 그것이 순리와 영성을 향해 솟구치는 광경은 인간의 의무라는 옛 관념을 휩쓸어 버렸소. 인간은 그 자체로는 아무것도 아니오. 생명이 나아가는 움직임, 자라나는 영성이 전부지요. 랜섬, 말라칸드라인들을 모두 없애 버려야 한다는 내 생각은 잘못이었다고 당신에게 터놓고 말하겠소. 나는 편견 때문에 그들보다 인류를 선호했소. 이제 인류가 아닌 영성을 전파하는 게 나의 사명이오. 그 일로 내 이력을 마무리할 것이오. 처음에는 나 자신을 위해 일했고 다음에는 과학, 그다음에는 인류를 위해 일했지만 이제 마지막으로 영을 위해 일한다고 하겠소. 당신에게 더 익숙한 어휘를 빌리면 '성령' 말이오."

"그게 정확히 무슨 뜻입니까?"

랜섬이 물었다.

웨스턴이 대답했다.

"이제 당신과 나를 나누는 것은 몇 가지 낡은 신학적 논리뿐이란 뜻이오. 제도화된 종교가 불행하게도 스스로 껍질에 입힌 게지. 하지만 나는 그 껍질을 뚫고 나왔소. 그 밑에 흐르는 의미는 무엇보다 진실하고 살아 있소. 이렇게 표현하는 것을 양해한다면…… 생명에 대해 종교가 가지고 있는 핵심적 진실은, 말라칸드라에서 당신이 진실을 파악할 수 있었다는 데서 확실히 목격했소. 내게는 가려졌던 진실을 당신은 나름의 미신과 상상을 동원해서 파악했소."

랜섬이 이맛살을 찌푸리며 말했다.

"소위 생명에 대한 종교적 견해가 뭔지는 잘 모릅니다. 알다시피 나는 기독교 신자입니다. 우리에게 '성령'은 '보이지 않으며 분명치 않은 목적'이 아닙니다."

"나의 친구 랜섬, 당신을 다 이해하오. 분명히 내 표현이 당신에게는 낯설어 보일 거외다. 충격적이기까지 할 거요. 초기에 형성된 숭배받는 조직체들은 말할 거요. 오랜 세월 종교가 지켜 왔고 마침내 과학이 재발견하고 있는 종교적 진실과 같은 진실을 이 새로운 형태에서 알아볼 능력이 당신에게 없다고 말이오. 그러나 당신이 알든 모르든 우리가 정확히 같은 것을 말하고 있음을 믿어야 하오."

"우리가 그런지 나는 전혀 모르겠는데요."

"이렇게 말해도 괜찮다면, 그게 바로 조직화된 종교의 약점 중 하나요. 신앙의 형식을 고수해서, 자기 친구들도 알아보지 못하니 말이요. 신은 영이오, 랜섬. 그 점을 명심하시오. 당신도 이미 거기에 익숙할 거요. 그것을 붙드시오. 신은 영이오."

"그거야 당연하지요. 하지만 그래서 뭐가요?"

"그래서 뭐가? 영…… 마음…… 자유…… 순리…… 그게 내가 말하고 있는 거요. 전 우주의 진화 과정은 그 목표를 향해 움직이고 있소. 그 자유, 그 영성의 최종 해방이 내가 내 생명과 인류의 생명을 바치는 작업이요. 그 목표 말이오, 랜섬. 목표. 그걸 생각해 보시오! 순수한 영. 자기 생각, 자기가 하는 행위의 마지막 소용돌이."

"마지막? 그럼 아직 존재하지 않는다는 뜻입니까?"

랜섬이 물었다.

웨스턴이 대답했다.

"아, 당신이 왜 고심하는지 알겠소. 당연히 알지. 종교는 애초부터 그것이 있는 것처럼 그림을 그리오. 그렇다고 그게 진짜 중요한 건 아니잖소? 그것을 그리려면 시간을 너무 심각하게 받아들이게 될 거요. 일단 그리게 되면 그때는 마지막에도 그렇듯 태초에도 그것이 있었노라 말하겠지. 그것은 시간도 초월하오."

랜섬이 말했다.

"그런데 그것은 인격적인 측면이 있습니까? 살아 있나요?"

웨스턴의 얼굴에 형언할 수 없는 표정이 스쳤다. 그는 랜섬에게 다가가서 낮은 목소리로 말하기 시작했다.

"그건 아무도 모르는 거지."

그가 말했다. 건달이나 남학생들이 수군대는 것과 비슷한 말투였다. 평소 강의하는 말투와 너무 달라서 랜섬은 잠시 못마땅한 느낌이 들었다.

웨스턴이 말했다.

"그렇소, 최근까지는 나도 믿지 못했소. 물론 사람은 아니오. 의인화는 대중 종교의 소아병적 질환 중 하나지만(여기서 그는 평소의 태도를 되찾았다) 반대로 과도하게 추상화시키면 전체적으로 더 큰 재앙임이 밝혀졌소. 그것을 '세력'이라고 부릅시다. 존재의 어두운 기반에서 우리에게 쏟아지는 위대하고 도무지 알 수 없는 세력. 세력은 자기 도구를 선택할 수 있소. 랜섬, 나는 당신이 신앙의 일부라고 평생 믿어 왔던 것들을 최근에야 실제 경험을 통해 알았소."

이 대목에서 그는 갑자기 다시 속삭이기 시작했다. 평소와 달리 갈라진 목소리로 소곤댔다.

"인도되는 것. 선택받는 것. 인도되는 것. 난 구별된 사람이라는 것을 의식하게 되었소. 내가 왜 물리학을 했을까? 왜 '웨스턴 광선'을 발견했을까? 왜 말라칸드라에 갔을까? 그것이, 그 세력이 내내 나를 이끈 게지. 나는 인도받고 있소. 여태껏 세상에 배출된 과학자 중 내가 가장 위대하다는 것을 이제야 알겠소. 나는 어떤 목적을 위해 그렇게 만들어진 거요. 이 순간 나를 통해 목적으로 이끄는 것은 바로 영 자체요."

"이것 보십시오. 이런 일은 조심해야 될 겁니다. 알다시피 이런저런 영들이 있으니까요."

랜섬이 말했다.

"응? 무슨 말을 하는 거요?"

웨스턴이 반문했다.

"영이긴 하지만 당신에게 좋지 않을지 모른다는 뜻입니다."

"하지만 영은 선한 것이며, 모든 과정의 목적이라는 데 당신도 동의한 줄 알았는데? 당신네 신앙심 깊은 사람들은 다들 영성을 갈구한다고 생각했소만? 금욕주의의 핵심이 뭐요? 금식이니 독신 생활이니 하는 것은 다 뭣 때문이오? 우린 신이 영이라고 합의를 보지 않았소? 그가 순수한 영이기 때문에 그를 예배하는 게 아니오?"

"맙소사, 그게 아니죠. 우리가 하나님을 예배하는 것은 그분이 현명하고 선하기 때문입니다. 단순히 영이라 해서 특별히 대단할 게 없어요. 악마도 영이지요."

"당신이 악마를 언급하니 몹시 흥미롭소."

웨스턴이 말했다. 이즈음 그는 평소 모습을 어지간히 되찾았다. 그가 말을 이었다.

"대중 종교에서 이렇게 반대 개념들로 나누는 경향이 가장 흥미롭소. 천국과 지옥, 하나님과 악마. 내 견해로 볼 때 우주에 이원론이 존재하지 않는다고 하기는 어렵소. 몇 주 전만 해도 나는 이런 이분법을 순전히 신화에 불과하다며 퇴짜 놓았을 거요. 그랬다면 심각한 실수를 저질렀을 테지요. 이 종교적인 성향의 원인은 더 깊이 추구하기 위함이오. 이분법은 실은 영의 초상, 우주의 에너지의 초상이오. 사실 자화상이라고 할 수 있지요. 그런 개념을 우리 머리에 심어 준 것이 바로 생명-세력Life Force이니까."

"도대체 무슨 뜻입니까?"

랜섬이 물었다. 그는 벌떡 일어나 왔다 갔다 하기 시작했다. 엄청난 피로감과 불안감이 느껴졌다.

웨스턴이 대답했다.

"당신의 악마와 당신의 신은 같은 세력의 두 가지 그림이오. 당신이 말하는 천국은 앞에 있는 완벽한 영의 그림이고, 당신이 말하는 지옥은 뒤에서 우리를 끌고 가는 압박이랄까 노력의 그림이오. 따라서 천국은 안정되게 평화롭고, 지옥은 불타고 어둡소. 앞에서 우리를 부르는 다음 발전 단계는 신이오. 뒤에서 우리를 몰아내는 탁월한 단계는 악마요. 결국 당신의 종교는 악마는 타락한 천사라고 말하오."

"내가 이해할 수 있는 건 당신이 정확히 반대되는 개념을 말한다는 겁니다. 세상에 나타난 천사들과 악마들……."

"그것은 같은 게 되오."

웨스턴이 말했다.

다시 긴 침묵이 흘렀다.

랜섬이 입을 열었다.

"보세요. 이런 관점은 서로 오해하기 쉽습니다. 당신은 인간이 빠질 수 있는 가장 무시무시한 오류에 빠진 것 같습니다. 하지만 내 '종교적 관점'에 맞추려다 보니 의도했던 것보다 더 나아가서 그럴지 모르지요. 이 영이니 세력이니 하는 게 모두 은유에 불과한 거지요? 진짜 의도는 문명과 지식 같은 것들을 전파하는 것이 당신의 의무라고 느껴진다는 얘기겠지요."

랜섬은 초조해지기 시작했지만 목소리에 그런 기미가 묻어날까 조심스러웠다. 하지만 걸걸한 웃음소리에 그만 겁에 질려 버렸다. 웨스턴은 아기 같기도 하고 노인 같기도 한 웃음소리를 내며 대답했다.

"이것 봐, 이것 보라구. 신앙심 깊은 사람들은 다들 이렇다니까. 평생 이런 이야기를 하고 또 하지. 그러다가 실상을 접하는 순간 더럭 겁을 먹지."

이제 정말로 두려워진 랜섬이 대꾸했다.

"무슨 증거로…… 무슨 증거로, 자신의 정신이나 다른 이들이 쓴 책이 아닌, 무엇이 당신을 인도하거나 지지한다는 겁니까?"

"랜섬, 이 친구여, 우리가 지난번에 만난 이후로 내 외계어 실력이 향상되었다는 점을 눈치 못 챘소? 듣기에 당신은 언어학자라던데."

랜섬이 무뚝뚝하게 물었다.

"어떻게 그렇게 한 겁니까?"

"인도요, 인도."

웨스턴이 음산한 목소리로 대답하더니 나무뿌리에 쭈그리고 앉아 무릎을 감싸 안았다. 이제 허연 얼굴에 약간 뒤틀린 미소를 띠었다. 그가 다시 되뇌었다.

"인도. 인도라니까. 내 머리로 많은 게 들어오지. 난 항상 준비되어 있소. 그것을 받아들일 알맞은 그릇인 셈이오."

랜섬이 조바심 내며 말했다.

"그거 무척 쉽겠네요. 이 생명-세력이란 게 그렇게 애매해서 하나님과 악마가 똑같이 그것의 초상화라면, 알맞지 않은 그릇이 없고 당신이 하는 일은 몽땅 다 생명-세력의 표현이겠군요."

"주류라는 게 있소. 스스로 순복하느냐의 문제요. 스스로를 살아 타오르는 핵심 목표의 지휘자가 되도록, 그것이 앞으로 나아가게 가리키는 손가락이 되도록 말이오."

"하지만 방금 전만 해도 그것은 악마적인 단면인 줄 알았는데요."

"그게 근본적인 모순이오. 우리가 나아가 도달하는 그것이 소위 '하나님'이오. 도달하고자 나아가는 일, 그 발전 과정을 당신 같은 사람들은 늘 '악마'라 부르오. 나처럼 앞으로 나아가는 사람들은 언제나 순교자들이오. 당신들은 우리를 욕하지만, 우리 덕에 당신네 목표에 다다르는 거요."

"더 간단히 말해, 세력이 당신에게 원하는 일들을 평범한 이들은 사악하다고 표현한다는 뜻입니까?"

"이 친구 랜섬, 계속 대중의 수준으로 돌아가지 않으면 좋겠소. 그 둘은 하나의 독특한 현실 속에서 순간들에 불과하오. 세상은 위대한 자들을 통해 앞으로 도약하고, 위대함은 늘 단순한 도덕주의를 초월하오. 도약이 당신의 말마따나 우리의 '악마주의'가 될 때, 그것은 다음 단계의 도덕주의가 되오. 하지만 그것을 만들어 내는 동안 우리는 범법자, 이단아, 신성모독자라 불리고……."

"어디까지 갈 셈입니까? 생명-세력이라는 것이 날 살해하라고 부추겨도 그것에 복종할 겁니까?"

"그렇소."

"영국을 독일 놈들에게 팔아 버리라고 해도요?"

"그렇소."

"거짓말을 대단한 연구물이라며 과학지에 게재하게 해도요?"

"그렇소."

"신의 가호가 있기를!"

랜섬이 외쳤다.

"랜섬, 당신은 여전히 인습에 매달려 있소. 여전히 추상적인 것들에 빠져 있지. 전적인 헌신을 생각할 수는 없겠소? 그 답답한 윤리의 구덩이를 완전히 뛰어넘을 뭔가에 전념할 수는 없는 거요?"

랜섬은 지푸라기라도 잡는 심정이 되었다. 하고 싶은 말이 불쑥 튀어나왔다.

"잠깐만요, 웨스턴. 그게 접점이 되겠는데요. 당신은 '전적인 헌신'이라고 말하지요. 그건 당신이 자신을 포기한다는 겁니다. 자신의 이익을 위해 나아가는 게 아니지요. 아뇨, 잠깐만 기다려 보십시오. 이것이 당신의 도덕관과 내 도덕관이 만나는 접점이니까요. 우리 둘 다……"

"이 멍청이."

웨스턴이 울부짖다시피 하는 목소리로 외쳤다. 언제부턴가 그는 벌떡 일어나 있었다.

"이 멍청아. 그렇게 말해도 몰라? 만날 자신과 자기희생 어쩌구 비참한 허튼소리에 모든 걸 집어넣을 거냐고? 그것도 저주받은 구닥다리 이분법이란 말이야. 구체적인 생각에서 나와 우주 사이에 차이는 없어. 내가 우주의 핵심으로 나아가는 안내자인 한 내가 바로 우주야. 남의 말이나 해대는 우유부단한 바보 양반, 알겠어? 내가 우주란 말이야. 나, 웨스턴은 네 하나님이고 네 악마라고. 나는 그 세력을 완전히 내 안으로 불러서……"

그때 무시무시한 일이 일어나기 시작했다. 심한 구토를 하려는 듯 웨스턴의 얼굴에 경련이 일어난 것이다. 얼굴이 완전히 달라 보였다. 경련이 지나가자 한순간 예전의 표정이 살아난 그는 겁에 질린 눈으로 울부짖었다.

"랜섬, 랜섬! 제발 그들이…… 하지 않게……."

권총을 맞기라도 한 것처럼 몸통이 휙 돌아가더니 웨스턴은 바닥에 쓰러졌다. 랜섬의 발치에서 데굴데굴 구르며 헛소리를 하고, 이를 딱딱 마주치는가 하면 이끼를 한 움큼씩 뜯어내더니 발작이 잦아들기 시작했다. 웨스턴은 가만히 누워서 숨을 몰아쉬었다. 눈을 떴지만 표정이 없었다. 랜섬은 그의 곁에 무릎을 꿇고 앉았다. 살아 있는 것은 분명했지만, 뇌졸중인지 간질인지 알 수 없었다. 짐 꾸러미를 뒤져 브랜디 한 병을 찾아낸 랜섬은 병마개를 따서 웨스턴의 입에 댔다. 그런데 경악스럽게도 웨스턴이 입을 벌리더니 병목을 깨물어 부수는 게 아닌가. 유리 파편을 뱉지도 않은 채.

"맙소사, 내가 죽였어."

랜섬은 혼잣말을 했다. 하지만 입술에 피가 난 것 외에는 표정 변화가 없었다. 고통스럽지 않다는, 인간이 자각하는 고통을 못 느낀다는 표정이었다. 마침내 랜섬은 웨스턴의 허리띠에서 총을 꺼낸 뒤 일어났다. 그리고 그는 해변으로 내려가서 총을 힘껏 바다에 내던졌다.

그는 잠시 서서 만을 내다보았다. 다음엔 뭘 해야 할지 알 수 없었다. 그는 몸을 돌려, 왼쪽에 있는 작은 계곡의 등성이를 올랐다. 바닥에는 풀이 자라고 있었다. 땅이 제법 평평해서 바다가 잘 보였다. 금빛 수면이 솟구쳤다가 부서지며 빛과 그림자의 패턴이 계속 바뀌었다. 한순간 섬들이 사라지더니 갑자기 하늘로 솟은 나무 꼭대기가 눈에 들어왔다가 멀어져 갔다. 날씨가 이미 양쪽을 벌려 놓고 있었다. 이런 생각을 하는 사이에도 나무들은 다시 보이지 않는 파도의 숲으로 사라졌다. 다시 저 숲을 찾아갈 가능성이 얼마나 될지 랜섬은 궁금했다. 고독감에 빠진 그는 다음 순간 분노에 찬 좌절감에 휩싸였다. 웨스턴이 죽어 가고 있다면, 혹은 다시 살아나서 둘 다 이 섬에 갇혀 떠나지도 못하게 된다면, 대체 그는 페렐란드라에서 어떤 위험을 몰아내라고 보내졌을까? 자기 생각을 하던 랜섬은 문득 배가 고픈 것을 느꼈다. '고정된 섬'에서는 과일도 조롱박도 보지 못했다. 어쩌면 죽음의 덫인지도 모른다. 그는 이날 아침, 나무마다 감로수가 달린 떠 있는 낙원과 이 메마른 바위를 바꾸겠다고 내린 결정이 어리석었다며 씁쓸한 웃음을 지었다. 하지만 완전히 메마른 곳은 아니겠지. 시시각각 기운이 떨어졌지만 먹을거리를 찾아보기로 하고 막 내륙으로 향하자 사방이 저녁을 알리는 색깔로 갑자기 변했다. 그는 하릴없이 발걸음을 재촉했다. 계곡으로 접어들기 전, 웨스턴이 누워 있는 수풀 쪽을 보니 어두운 구름 속 같았다. 그곳에 이르기도 전에 랜섬은 칠흑 같은 어둠에 휩싸였다. 웨스턴의 물건을 두었던 곳으로 한두 차례 방향을 잡았지만 결국 방향 감각만 잃고 말았다. 그는 할 수 없이 주저앉았다. 두어 차례 웨스턴의 이름을 불러 봤지만 예상했던 대로 대답이 없었다. '총을 없애 버리길 잘했다'는 생각이 들었다. 그는 속으로 중얼댔다. '그래, "자는 자는 배고픈 것을 잊는다"는 프랑스 속담도 있지. 아침까지 잠이나 자야겠다.' 바닥에 누우니 '고정된 땅'의 흙과 이끼는 최근 익숙해진 섬의 바닥보다 훨씬 불편했다. 게다가 깨진 유리를 입에 문 채 눈을 뜨고 누워 있는 인간이 가까이 있다는 생각과 파도가 부서지는 음산한 소리 때문에 그날 밤은 편치가 않았다.

랜섬은 투덜투덜 불평을 늘어놓았다.

"내가 페렐란드라에 산다면, 말렐딜이 이 섬을 금할 필요도 없을 거야. 다시는 쳐다보고 싶지도 않으니까."

8

계속 꿈을 꾸느라 뒤숭숭한 잠자리를 보내고 나니 환한 대낮이었다. 입술이 바싹 타고 목에는 경련이 일고 사지가 쑤셨다. 금성에 온 후로 맞이한 여느 아침들과는 달라서, 순간적으로 지구에 온 것 같다는 생각이 들었다. 살아서 금성의 바다 위를 걷는 꿈(랜섬에게는 꿈만 같았다)이 기억을 헤집으며 달콤한 뭔가를 잃어버렸다는 감정을 남겨서 힘들었다. 퍼뜩 일어나 앉으니 현실이 랜섬에게 다가왔다. '그래도 꿈에서 깨어나서 다행스러운 것과 비슷하군.' 그는 생각했다. 허기와 갈증이 갑자기 밀려들었지만, 아픈 사람부터 찾는 게 도리였다. 하긴 웨스턴을 찾는다 해도 도울 가망은 없었다. 주위를 둘러보았다. 은빛 나무 수풀이 선명하게 눈에 들어왔지만 웨스턴은 보이지 않았다. 그는 만 쪽을 힐끗 보았다. 보트는 보이지 않았다. 밤에 어둠 속에서 걷다가 다른 계곡으로 들어온 게 아닐까 하며 랜섬은 일어나서 개천으로 가 물을 떠먹었다. 고개를 들고 만족감에 긴 한숨을 내쉬었을 때, 문득 작은 나무 상자가 눈에 들어왔다. 그 뒤로 깡통 두어 개도 보였다. 그의 머리가 천천히 돌아가더니 잠시 후에야 계곡을 제대로 찾아왔다는 것을 알았다. 또 시간이 좀더 지나자 상자가 열려 있고 안이 빈 것이 눈에 들어왔다. 물건 몇 가지가 없어졌고, 나머지는 그대로 있었다. 하지만 웨스턴이 그런 몸 상태에서 한밤에 회복이 되어 야영장을 들쑤셔 짐을 꾸린 뒤 떠난다는 시나리오가 가능할까? 망가질 듯한 보트를 타고 바다를 헤쳐 나갈 사람이 있을까? 밤사이 폭풍우(페렐란드라에서는 지나가는 비에 지나지 않았지만)가 몰아쳤다는 것을 랜섬은 그제야 알아차렸다. 여전히 위협적인 파도가 출렁거리고 있는데 웨스턴 교수가 섬을 떠났을 리는 만무했다. 보트를 끌고 계곡을 떠났을 가능성이 더 컸다. 랜섬은 당장 웨스턴을 찾아야 된다고 결론 지었다. 적수와 계속 연락을 해야 했다. 웨스턴이 기운을 차렸다면 틀림없이 어떤 해악이든 끼칠 터였다. 그가 전날 두서없이 늘어놓은 말을 전부 이해하지는 못했지만, 무척 가증스런 이야기였다는 것은 분명했다. 또 이 '영성'에 대한 애매한 신비주의는 말라칸드라까지 정복하려는 비교적 단순한 계획보다 훨씬 고약한 결과를 낳을 터였다. 발작하기 직전에 말한 내용이라 심각하게 받아들이는 게 웃길 수도 있지만 분명 위험한 내용이었다.

랜섬은 먹을 것과 웨스턴을 찾아 몇 시간이고 섬을 헤매고 다녔다. 먹을거리는 찾을 수 있었다. 위쪽 등성이에서 크랜베리 비슷한 과일을 몇 움큼 모을 수 있었고, 숲이 우거진 계곡에는 타원형으로 생긴 견과류가 많았다. 속은 코르크나 콩팥처럼 찰지면서도 매끈했고, 떠다니는 섬 과일에 비하면 맛은 무덤덤하고 밍밍했지만 불만스러울 정도는 아니었다. 거대한 쥐들도 있었는데 페렐란드라의 다른 동물들처럼 순했지만 더 멍청해 보였다. 랜섬은 중앙의 평지로 내려갔다. 사방에 면한 바다에 군데군데 섬이 있어서 물결에 따라 치솟았다 떨어졌다 했다. 그의 눈에 오렌지색 섬이 들어왔지만, 그가 머물던 섬인지 아닌지 알 수 없었다. 같은 색깔의 섬을 최소한 두 군데쯤 봤기 때문이다. 한번은 떠다니는 섬의 개수를 스물셋까지 헤아린 적도 있는데, 일시적으로 군도를 이룰 때보다 섬의 수가 많다고 생각한 랜섬은 그중 어딘가에 왕이 숨어 있을 거라는 희망을 품었다. 어쩌면 이 순간 왕과 여인이 다시 만났을지도 모르는 일이었다. 랜섬은 그 일에 대해 더 생각하지 않고, 모든 희망을 왕에게 걸게 되었다.

웨스턴은 자취를 찾을 수가 없었다. 도저히 불가능한 일이었지만 어쩐지 그가 '고정된 섬'을 떠나려 했을 것 같았다. 랜섬은 몹시 초조해졌다. 새로운 허영에 빠진 웨스턴이 무슨 짓을 할지 알 도리가 없었다. 랜섬은 그가 페렐란드라의 주인과 여주인을 단순한 야만인이나 '원주민'으로 무시하기만을 빌었다.

그날 저녁, 녹초가 된 랜섬은 해변에 자리를 잡고 앉았다. 이제 물오름 현상은 없었고, 파도는 부서지기 직전에도 기껏 무릎께밖에 오지 않았다. 떠 있는 섬은 바닥이 매트리스 같아서 발이 보들보들했는데 지금은 화끈거리고 아팠다. 랜섬은 물속을 걸어 발을 식히기로 했다. 물의 감촉에 기분이 좋아져 점점 들어가다 보니 허리 깊이까지 들어와 있었다. 랜섬은 그대로 서서 생각에 잠겼다가, 문득 수면에 비친 빛인 줄 알았던 것이 실은 거대한 은빛 물고기의 등이라는 사실을 알았다. '나를 태워 줄지 모르겠군.' 물고기가 그를 향해 코를 들이밀고 최대한 뭍 가까이 다가왔다. 관심을 끌려고 한다는 생각이 들었다. 누군가 물고기를 보낸 걸까? 이런 생각이 머리를 스치자마자 랜섬은 실험을 해보기로 하고는 물고기의 등에 손을 얹었다. 물고기는 손이 닿아도 꼼짝도 하지 않았다. 랜섬이 어렵사리 물고기 머리 뒷부분의 좁은 곳에 올라타는 사이에도 물고기는 가만히 있었지만 그가 단단히 걸터앉기 무섭게 바다를 향해 휙 미끄러져 가기 시작했다.

내리는 것은 곧 불가능해졌다. 뒤를 돌아보니 초록빛 산봉우리는 이미 사라졌고 해안선에서 만과 곶의 모습이 사라지기 시작했다. 부서지는 파도 소리도 들리지 않았고, 바다가 찰싹거리는 소리만 들릴 뿐이었다. 떠다니는 섬들이 많이 보였는데 바다 위에서 보니 깃털 모양의 윤곽만 눈에 들어왔다. 길을 잘 아는 듯 물고기가 거대한 지느러미를 움직여 내달린 지 한 시간이 훌쩍 지났다. 온 세상이 초록색과 보랏빛으로 번뜩이더니 어둠이 내렸다.

치솟았다 떨어지는 물결을 타고 어둠 속을 빠른 속도로 내달리는데도 전혀 불편하지 않았다. 또 온통 어둡기만 한 건 아니었다. 하늘은 사라졌고 수면도 보이지 않았지만, 그가 지나고 있는 듯한 허공의 한가운데, 저 멀리 밑쪽에서 이상한 조명탄이 터지며 청록색 빛이 줄줄이 번뜩였다. 아주 멀리 있었지만 곧 빛에 점점 가까워진다는 생각이 들었다. 수면에서 멀지 않은 곳에서 인광체燐光體들의 세상이 펼쳐진 것 같았다. 몸을 돌돌 만 장어들과 철갑을 두른 것들이 쏘다녔고, 지구였다면 해마라고 할 환상적인 형체들이 보였다. 모두 랜섬 주변에 있었다. 한 번에 20~30마리가 보이는 때도 자주 있었다. 다채로운 바다 동물들과 바다 용들 가운데서 더 이상한 형체들이 나타났다. 물고기라 할 수 있다면 물고기들이었다. 윗부분이 인간의 형체와 비슷했다. 랜섬은 꿈이라는 생각에 정신을 차리려고 머리를 흔들었다. 하지만 꿈이 아니었다. 다시 그것들이 나타났다. 틀림없었다. 어깨가 보이더니 곧 옆모습이, 그러더니 얼굴 전체가 보였다. 남자 인어, 혹은 여자 인어였다. 그리고 처음에 그가 짐작했던 것보다 더 인간과 닮았으면 닮았지 덜하지 않았다. 다만 인간의 표정이 없어서 순간적으로 당황한 것뿐이었다. 하지만 바보스러운 얼굴도, 유인원처럼 우락부락한 얼굴도 아니었다. 잠든 사람의 얼굴에 더 가까웠다. 야수도 아니고 악마도 아닌, 다만 우리와는 다른 요정 같은 생명체가 엉뚱하게도 깨어 있는 동안 잠든 사람의 얼굴 같았다. 어떤 세계의 신화가 다른 세계에서는 현실일 거라는, 예전에 품었던 의구심이 다시 일었다. 페렐란드라의 왕과 왕비가 바다 생물의 후손인지도 의심이 갔다. 그들이 이 행성 최초로 생겨난 한 쌍의 인간임이 분명한데도 말이다. 만약 그렇다면 지구에서 인류 탄생 이전에 있었다는 인간과 비슷한 것들은 어찌 되나? 진화를 다룬 책들에 묘사된 그것들은 탐욕스런 잔인한 생물들일까? 아니면 현대의 신화보다는 옛 신화가 더 진실일까? 이탈리아의 숲에서 반인반수들이 춤추던 시대가 진짜 있었을까? 하지만 생각이 여기까지 미치자 랜섬은 속으로 '쉿'이라고 말했다. 어둠 속에서 그를 향해 다가오는 향긋한 내음을 맡으며 호흡하는 게 너무 좋았기 때문이다. 따뜻하고 달콤한 데다 매 순간 더 달콤하고 순수해졌다. 순간순간 더 강하고, 온갖 기쁨이 가득 찬 향기가 다가왔다. 그게 뭔지 잘 알고 있었다. 앞으로는 금성에 있는 떠다니는 섬의 밤공기를 온 우주에서도 감지할 터였다. 객관적인 기준으로 볼 때 인간에게 정말 낯선 곳들, 아주 잠깐 머문 곳들에 향수가 밀려들다니 참 이상했다. 그렇지 않은가? 그 순간 그를 보이지 않는 섬으로 끌어당기는 갈망의 끈은 페렐란드라에 오기 전부터 묶여 있었던 것 같았다. 기억이 있는 가장 어린 시절보다도 앞서, 그가 태어나기 전부터, 인간 자체가 있기 전부터, 시간의 출발 이전부터. 날카롭고 달콤하고, 거세고 신성한 모든 게 하나가 되었다. 어떤 세계에서든 인간은 주된 욕망들에 넘어갈 테고 성욕도 느낄 게 틀림없지만, 페렐란드라에서는 그렇지 않았다. 물고기가 움직임을 멈췄다. 랜섬은 손을 내밀었다. 잡초가 잡혔다. 그는 괴물 같은 물고기의 머리 쪽으로 기어가서, 가만히 흔들리는 섬의 표면으로 몸을 기울였다. 흔들리는 섬을 잠깐 떠나 있었지만, 지구에서의 보행 습관이 되살아나서 치솟는 잔디밭을 지나다가 두어 번 넘어졌다. 하지만 여기서는 넘어져도 아무 해가 없으니 얼마나 다행인지! 어둠 속 사방에 나무들이 있었다. 매끈하고 서늘한 감촉에 둥근 물체가 손에 걸리자 그는 두려움 없이 그것을 입으로 가져갔다. 처음 맛보는 과일이었다. 먹어 본 과일 중 최고였다. 이곳에서는 어떤 순간이든 그때 먹은 과일이 최고라고 초록 여인이 말할 만했다. 하루 종일 걸으면서 등성이를 오르느라 고단했고, 더할 나위 없는 만족감에 젖어 든 랜섬은 꿈 한 번 꾸지 않고 푹 잤다.

잠에서 깨자 여러 시간이 지난 듯이 느껴졌다. 여태 사방이 어두웠다. 뭔가 갑작스럽게 그를 깨웠다는 것도 알았다. 잠시 후 그를 깨운 소리가 들렸다. 목소리, 한창 대화 중인 남자와 여자의 목소리였다. 랜섬은 그들이 아주 가까이 있다고 판단했다. 페렐란드라의 밤에는 사물이 10킬로미터 떨어져 있든, 15센티미터 떨어져 있든 보이지 않기는 마찬가지였기 때문이다. 그는 대화 중인 사람들이 누군지 금방 알아차렸지만, 목소리가 이상하게 들렸다. 또 표정을 파악할 수 없어서 말하는 이들의 감정이 선뜻 파악되지 않았다.

여인이 말했다.

"당신 세계에서는 같은 말을 반복하는 습관이 있는지 궁금하군요. 우리가 '고정된 땅'에 사는 것은 금지되어 있다고 내가 이미 말했는데요. 왜 화제를 돌리거나 말을 그만하거나 하지 않지요?"

남자의 목소리가 들렸다.

"왜냐면 이 금지란 게 너무 이상하니까요. 또 내 세계에서 말렐딜이 하는 방식과는 너무 다릅니다. 말렐딜은 '고정된 땅'에서 사는 것을 생각하는 것까지 금지한 게 아닙니다."

"일어나지 않을 일을 생각하는 것은 이상할 거예요."

"아니요, 우리 세계에서는 늘 그러는 걸요. 우리는 일어나지 않은 일이나 있지도 않은 곳을 뜻하는 말을 엮어 내서 서로에게 들려주지

요. 우리는 그것을 이야기 또는 시라고 부릅니다. 당신이 말한 '말라
칸드라'라는 옛 세계에서 그들도 그랬습니다. 즐거움과 경이로움과
지혜를 위해 그러는 거지요."

"그 안에 든 지혜가 뭔데요?"

"왜냐면 세계는 있는 것뿐 아니라 있을지 모르는 것들로 이루어지
니까요. 말렐딜은 둘 다 알고 있고 우리가 둘 다 알기를 바라지요."

"내 생각을 뛰어넘는 이야기군요. 다른 사람…… 그러니까 파이볼
드의 이야기만으로도 나는 가지들이 점점 뻗어 나가는 나무가 된 기
분을 느꼈어요. 하지만 이건 그걸 다 넘어서는 말이네요. 있는 것에서
빠져나와 있을지 모르는 것에 발을 딛고, 거기서 말하고 만들고……
세상과 나란히 말이죠. 왕의 생각은 어떤지 물어봐야겠어요."

"항상 결론은 거기군요. 왕이 당신 곁에 있다면 좋으련만."

"아, 알겠어요. 그 역시 있을지 모르는 일들 중 하나네요. 왕과 내
가 헤어지지 않는 세상 말이에요."

"굳이 세상이 다를 필요가 없습니다. 당신이 사는 방식만 다르면 됩
니다. '고정된 땅들'에서 사는 사람들은 갑자기 헤어지지 않습니다."

"하지만 우리가 '고정된 땅'에 살면 안 된다는 것을 염두에 두세
요."

"그럼요. 하지만 말렐딜은 그것을 생각하는 것까지 금지하지 않았
습니다. 어쩌면 그래서 금지된 게 아닐까요? 당신이 생각해 '볼 수도
있게', 우리가 '이야기'라고 부르는 것을 당신이 만들 수 있게 말입
니다."

"그건 더 생각해 볼게요. 왕에게 내가 그것에 대해 더 나이 들게 해달라고 해야겠군요."

"그 왕이라는 분 정말 만나 뵙고 싶군요! 하지만 이야기에서는 당신보다도 나이 들지 않았을 겁니다."

"당신의 말은 과실 없는 나무 같아요. 왕은 언제나 나보다 나이 들었고, 모든 것에 대해 그렇답니다."

"하지만 파이볼드와 나는, 왕이 말한 적이 없는 문제에서는 당신을 더 나이 들게 만들었습니다. 그것은 당신이 예상하지 않았던 새롭고 좋은 일입니다. 당신은 모든 것을 왕한테 배울 거라고 생각했지요. 하지만 이제 말렐딜은 당신에게 다른 사람들을 보냈습니다. 당신의 마음속에 그런 생각은 들어와 본 적이 없었지요. 또 그 사람들은 당신에게 왕이 알 수 없는 것들을 이야기해 줍니다."

"이번에 왕과 내가 헤어진 이유가 이제 이해되네요. 이 일은 그분이 나를 위해 예비하신 이상하고도 좋은 새로움이네요."

"그러니 당신이 내게 배우기를 거부하고 기다렸다가 왕에게 묻겠다고 계속 고집한다면 당신이 발견한 열매는 외면하고 예상하던 열매만 취하는 꼴이 아니겠습니까?"

"심오한 질문들이군요, 이방인이여. 말렐딜은 그런 것들에 대해 내 마음에 많은 것을 넣어 주시지 않습니다."

"이유를 모르겠습니까?"

"네."

"파이볼드와 나는 당신의 세계에 온 이후, 말렐딜이 알려 주지 않은 많은 것들을 당신의 마음에 넣었습니다. 그분이 당신의 손을 조금 놓았다는 것을 모르겠습니까?"

"그분이 어떻게 그러실 수 있지요? 우리가 어디 가든 그분이 계신데요."

"그래요, 하지만 다른 방식으로 그런 겁니다. 말렐딜은 당신을 더 나이 들게 합니다. 직접 하는 게 아니라 다른 사람들과 당신 나름의 질문과 생각과의 만남을 통해서 말이지요."

"그분이 분명히 그렇게 하고 계시지요."

"그렇습니다. 그분은 당신을 온전한 여인으로 만들고 있습니다. 지금까지 당신은 반쪽짜리였으니까요. 스스로 아무것도 못하는 동물들처럼 말이지요. 이번에 다시 왕을 만나면, 당신은 그에게 말할 게 있을 겁니다. 당신은 왕보다 더 나이 들고, 왕을 더 나이 들게 만들 사람인 겁니다."

"말렐딜은 그런 일이 벌어지지 않게 할 거예요. 맛이 느껴지지 않는 과일 같겠지요."

"하지만 왕에게는 맛이 느껴질 겁니다. 왕도 가끔은 더 나이든 사람 노릇이 지겨울 거라고 생각하지 않습니까? 당신이 그보다 더 현명하면, 당신을 더 사랑하지 않을까요?"

"당신이 '시'라고 말한 그건가요, 아니면 실제로 그렇다는 뜻인가요?"

"실제로 그렇다는 뜻입니다."

"하지만 어떻게 누가 뭔가를 더 사랑할 수 있지요? 어떤 것이 그 자체보다 클 수 있다는 말과 같아요."

"당신은 내가 사는 세계의 여인들과 더 비슷해질 수 있다는 뜻일 뿐입니다."

"그들은 어떤데요?"

"정신력이 대단하죠. 늘 새롭고 예상치 못한 좋은 것에 손을 내밀고, 남자들이 알기 오래 전에 그것이 좋다는 것을 알지요. 그들의 마음은 말렐딜이 말해 준 것보다 앞서 달려 나갑니다. 그가 어떤 것이 좋다고 들을 때까지 기다릴 필요가 없지요. 말렐딜이 아는 것처럼 그들도 스스로 아니까요. 말하자면 작은 말렐딜들입니다. 또 지혜가 있어서 그들의 아름다움은 당신보다 훨씬 더 크지요. 이 박들의 달콤함이 물맛보다 훨씬 더한 것처럼 말입니다. 또 그들은 아름다움 덕분에, 당신이 왕에게 받는 것보다 훨씬 큰 사랑을 남자들에게 받지요. 내 세계에서 깊은 하늘이 타오르는 광경이 당신의 금빛 지붕보다 훨씬 근사한 것처럼 말입니다."

"나도 그들을 볼 수 있으면 좋겠네요."

"정말 그러면 좋겠습니다."

"말렐딜은 정말 멋져요. 하는 일들은 모두 얼마나 근사한지요. 아마도 그분은 내가 동물들보다 낫듯이 나보다 훨씬 나은 딸들을 내게서 끄집어내실 거예요. 내가 생각한 것보다 좋을 거예요. 나는 언제나 왕비와 마님이어야 된다고 생각했어요. 하지만 내가 엘딜처럼 될 수도 있다는 것을 이제 알겠네요. 그들이 작고 약한 아이일 때 품어 주는 역할이 내게 맡겨진 것일 수 있어요. 그들은 나보다 훌쩍 자라서 난 그들의 발아래 엎드리겠지요. 질문과 생각만 나뭇가지들처럼 넓어지는 게 아니에요. 환희 역시 넓어져서, 우리가 생각지 못했던 곳에 다다르지요."

"난 이제 자야겠소."

사내가 말했다. 웨스턴의 목소리인 것을 비로소 알 수 있었다. 못마땅해하고 딱딱대는 웨스턴의 말투였다. 랜섬은 대화에 끼어들고 싶다는 생각과 그러지 말자는 마음 사이에서 줄타기를 하면서 침묵을 지켰다. 목소리와 말하는 내용을 볼 때 웨스턴이라고 확신이 갔지만 한편으로는 모습이 없는 목소리는 이상하게도 목소리 같지가 않았다. 더욱이 대화 중에 내내 참는 태도는 평소의 웨스턴 교수답지 않았다. 뽐내며 가르치는 투로 얘기하다가 불쑥 닦달하는 사람이 웨스턴이었다. 웨스턴이 몸에 상해를 입는 것을 봤는데 어떻게 몇 시간 만에 그렇게 회복할 수 있으며, 또 웨스턴이 맞다면 어떻게 떠다니는 섬에 올 수 있었을까? 그들의 대화를 엿들은 랜섬은 감당 못할 모순에 직면했다. 웨스턴이면서 웨스턴이 아닌 뭔가가 말하고 있었다. 겨우 몇 걸음 떨어진 어둠 속에서 오는 이 괴기스런 느낌은 섬뜩한 공포심을 자아냈고 등골을 오싹하게 했다. 환상이라고 치부하려던 질문들이 머릿속에 떠올랐다. 이제 대화가 끝나자 랜섬은 대화를 쭉 따라왔다는 것을 퍼뜩 느끼면서 바짝 조바심을 느꼈다. 승리감 같은 게 감지되었지만 승리한 사람은 랜섬이 아니었다. 칠흑 같은 어둠 속에서 승리가 울려 퍼졌다. 그는 화들짝 놀라서 엉거주춤 일어났다. 실제로 소리가 난 걸까? 귀를 기울여 보았지만, 따스한 바람과 잔잔한 물결이 내는 나직한 웅성거림만 들려 왔다. 소리는 내면에서 나왔음이 분명했다. 하지만 다시 누웠을 때 그게 아니라는 확신이 생겼다. 바깥에서, 틀림없이 바깥에서 나는 소리였지만 귀로 들리는 소리가 아니었다. 술 마시고 떠드는 잔치 자리 느낌과 춤과 광채가 그에게 쏟아져 들어왔다. 소리는 없지만, 소리처럼 밀려들어서 음악이 아니면 기억하거나 생각할 수 없었다. 새로운 감각이 생긴 것 같았다. 새벽별들이 함께 노래하는 자리에 있는 것 같았다. 페렐란드라가 마치 그 순간 생겨난 것 같았다. 어떤 면으로는 그랬다. 엄청난 재앙을 모면했다는 느낌이 솟구쳤고, 그와 함께 두 번째 시도는 없을 거라는 희망이 생기면서 무엇보다 달콤한 암시가 느껴졌다. 여기 보내진 것은 뭔가 하라는 게 아니라 그저 구경꾼이나 증인 역할을 하라는 것이 아닐까. 몇 분 후 랜섬은 잠들었다.

9

밤새 날씨가 바뀌었다. 잠에서 깬 랜섬은 숲 언저리에 앉아서 잔잔
한 바다를 내다보았다. 다른 섬들은 보이지 않았다. 조금 전 잠에서
깼을 때는 빽빽하게 얽힌 나무줄기 사이에 혼자 누워 있었다. 갈대와
비슷한 모양이지만 자작나무 줄기처럼 튼튼했고, 빼곡한 잎사귀들이
평편한 지붕처럼 보였다. 호랑가시나무 열매처럼 매끄럽고 밝은 색
의 둥그스름한 과일이 달려 있기에 몇 개 먹어 보았다. 랜섬은 섬 가
장자리 근처의 트인 곳으로 나가는 길을 찾아 냈다. 주위를 둘러보아
도 웨스턴이나 여인이 보이지 않았다. 그는 바닷가를 한가로이 걷기
시작했다. 카펫처럼 깔린 노란색 식물 속으로 발이 살짝 빠졌다. 향
기로운 가루가 발에 뒤덮였다. 식물을 내려다보는데 갑자기 다른 게
눈에 들어왔다. 처음에는 지금껏 페렐란드라에서 본 어떤 것보다도
환상적인 형태의 물체라는 생각이 스쳤다. 환상적일 뿐만 아니라 무

시무시한 모양새였다. 한쪽 무릎을 꿇고 앉아 찬찬히 보던 랜섬은 쭈뼛쭈뼛하며 손으로 건드렸다가 뱀을 건드린 사람처럼 얼른 양손을 뒤로 뺐다.

다친 동물이었다. 환한 색깔의 개구리, 아니 다치기 전에는 그랬다. 뭔가 사고를 당한 게 분명했다. 등 전체가 V자 형태로 찢어졌고, V자 끝이 머리 바로 뒤편에 나 있었다. 몸통 뒤쪽으로 상처가 점점 넓어지게 찢어져서—편지 봉투를 찢을 때처럼—뒷다리가 찢겨 나갈 지경이었다. 상처가 너무 심해서 개구리는 뛸 수 없었다. 지구에서였다면 흉한 꼴을 봤다며 그냥 넘어가겠지만, 페렐란드라에서는 이 순간까지 죽거나 상한 것을 보지 못했기에 뺨이라도 한 대 맞은 것 같았다. 죽을병에 걸렸지만 가족들이 다 나았다고 속이는 통에 그대로 믿고 지내던 사람에게 병을 떠올리는 첫 경련이 다시 일어난 것과 같았고, 기꺼이 1,000파운드를 걸 만큼 진실하다고 믿은 친구가 처음 내뱉은 거짓말과 비슷했다. 돌이킬 수 없었다. 미지근한 바람이 부는 금빛 바다, 푸른색과 은색과 초록색 정원이 뒤섞여 떠 있는 섬들, 하늘 자체. 이 모든 것이 한순간 어느 책의 여백에 있는 장식에 불과해졌다. 그의 발아래서 책 밖으로 나온 글이 공포로 버둥댔고, 랜섬은 순간 통제 불능의 이해할 수 없는 감정 상태로 빠져들었다. 그는 저런 생물은 감각 기관이 없을 거라고 자신에게 말했다. 하지만 문제 해결에는 도움이 되지 않았다. 문제는 심장 박동의 리듬을 갑자기 바꾸어 버린 통증에 대한 연민만이 아니라 참을 수 없는 역겨움이었다. 그는 수치심을 느꼈다. 개구리가 이런 일을 겪을 바에는 차라리 우주 전체가 존재하지 않는 것이 더 나았을 거라는 생각이 순간 스쳐갔다.
랜섬은 개구리가 이론적으로는 워낙 하등동물이라 큰 통증은 못 느
낄 거라고 믿으면서도 그냥 죽여야겠다고 마음 먹었다. 부츠를 신지
도 않았고, 돌이나 막대기도 없었다. 개구리는 금방 죽지 않았다. 단
념하기에는 너무 늦었다. 시도 자체가 바보짓이었다는 것을 분명히
알았다. 개구리가 무슨 고통을 받고 있든 그는 고통을 더해 주었지
덜어 주지는 못했다. 하지만 끝을 봐야 했다. 한 시간쯤 걸린 듯했다.
마침내 동강 난 몸통이 움직이지 않자 랜섬은 몸을 씻으러 물가로 내
려갔다. 구역질이 나고 몸이 떨렸다. 솜(1차 세계대전 격전지였던 프랑스 국
경 인근 지역—옮긴이) 전투에도 참전했던 사람이 이런 말을 하는 것은
이상하지만 그 광경을 본다면 그런 말이 나오지 않을 것이다.

　마침내 랜섬은 일어나서 다시 걷기 시작했다. 걷다가 다시 땅바닥
을 보았다. 걸음을 재촉하다가 다시 멈추고 땅을 내려다보았다. 랜섬
은 얼어붙은듯 서서 얼굴을 가렸다. 악몽을 깨워 달라고, 아니면 무
슨 일이 벌어지는 건지 알려 달라고 하늘을 향해 외쳤다. 몸이 절단
난 개구리들이 섬 언저리에 줄줄이 놓여 있었다. 랜섬은 발밑을 조심
하면서 개구리들을 따라갔다. 열, 열다섯, 스무 마리. 스물한 마리째
에서 숲이 물가와 만나는 곳이 나타났다. 랜섬은 숲으로 들어가 다른
쪽 끝으로 나갔다. 거기서 뭔가를 목격한 그는 우뚝 멈춰 서서 빤히
쳐다보았다. 탐험가용 모자만 없을 뿐 여태 같은 옷차림을 한 웨스턴
이 서른 걸음쯤 떨어진 곳에 서 있었다. 랜섬은 그가 개구리를 찢는
광경을 지켜보았다. 침착하게, 수술이라도 하는 것처럼 집게손가락

을 머리 뒤쪽 살에 넣고 길고 뾰족한 손톱으로 머리통을 찢는 게 아닌가. 랜섬은 그의 손톱이 그렇게 특이한지 처음 알았다. 웨스턴은 작업을 마치자, 피 범벅이 된 개구리를 내던지고 고개를 들었다. 두 사람의 눈이 마주쳤다.

랜섬이 아무 말도 안 했다면, 그것은 말을 할 수 없었기 때문이었다. 눈앞의 남자는 편안한 자세로 서 있었다. 방금 전까지 손가락을 힘 있게 움직인 것으로 볼 때 아픈 곳도 없었다. 키와 체구, 피부 빛깔과 외모로 볼 때 그는 틀림없이 웨스턴이었다. 그런 면으로는 금방 알아볼 수 있었다. 하지만 알아볼 수 없기도 하다는 점이 두려웠다. 아픈 사람 같지 않았다. 오히려 죽은 사람처럼 보였다. 개구리를 괴롭히다가 고개를 들자, 무시무시한 힘을 가진 얼굴이 드러났다. 죽은 사람의 얼굴을 한 그는, 인간들이 시신을 볼 때 흔히 보이는 모든 태도가 못마땅하다는 듯한 표정이었다. 무표정한 입, 깜빡이지 않는 눈, 왠지 무겁고 무기체 같은 주름진 뺨이 분명히 말했다. '나는 당신 같은 외모를 가졌지만, 우리 사이에 공통점은 없소' 라고. 바로 이것이 랜섬의 입을 막고 있었다. 거기다 무슨 말을 할 수 있을까? 어떤 호소나 협박이 의미가 있을까? 사실 그것은 인간이 아니라는 확신이 모든 정신적인 습관과 믿기 싫은 욕망을 밀치고 의식 속을 파고들었다. 완전히 다른 종류의 생명이 페렐란드라에서 웨스턴의 몸을 차지해서 걸어 다니고 있었다. 그것은 썩지도 않는 몸이었다. 웨스턴 자신은 없어진 것이다.

그것은 말없이 랜섬을 바라보더니 미소 짓기 시작했다. 악마 같은 미소에 대해 자주 들어 보았을 것이다. 랜섬 자신도 자주 말한 바 있지만 진짜 악마 같은 미소가 뭔지 모르고 한 말임을 이제야 깨달았다. 그 미소는 냉혹하지도, 분노에 차 있지도, 일반적인 의미에서 사악하지도 않았다. 오히려 오싹할 정도로 순수하게 반가움을 드러내면서 쾌락의 세계로 랜섬을 부르는 것 같았다. 마치 모든 인간이 그런 쾌락 속에 있는 것 같고 그 쾌락들이 세상에서 가장 자연스러운 것이라서 논쟁의 여지가 없을 것 같았다. 몰래 하는 짓도, 부끄러워할 짓도 아니었고, 공범자 같은 구석도 전혀 없었다. 그것은 선량함과 충돌하지 않았고, 마치 선은 없다는 듯이 무시했다. 랜섬은 이전에 본 것은 미온적이고 거북할 정도의 사악한 시도에 불과했다는 점을 알아차렸다. 이 존재는 전심을 다하고 있었다. 극단적인 악은 모든 갈등 단계를 지나서, 무서우리만치 순수함과 비슷한 모습이 되었다. 초록 여인이 미덕을 초월하듯 그것은 악을 초월했다.

적막감과 미소는 근 2분 동안 계속되었다. 분명히 2분은 더 지났다. 랜섬은 그것을 향해 한 걸음 내딛었다. 어떻게 할지 분명한 생각도 없이 다가섰다가 발을 헛디디며 넘어졌다. 왠지 일어나기가 힘들었고, 어렵사리 똑바로 섰다가 균형을 잃고 다시 나자빠졌다. 그때 급행열차가 내는 듯한 소음으로 가득 찬 어둠이 이어졌다. 그 후 황금색 하늘과 색색의 파도들이 다시 나타났고 랜섬은 기절해 있다가 깨어났다. 혼자라는 걸 알았다. 일어날 수도 없고 그러고 싶지도 않아 그냥 누워 있자니, 옛 철학자들과 시인들이 단지 악마를 본 것만도 지옥의 고통 중 가장 큰 고통이라고 쓴 글들이 떠올랐다. 지금까지는 그것을 기묘한 공상 정도로 치부했다. 하지만 (이제 그가 보는 것처럼) 보는 것만으로도 종국의 재앙이나 다름없는 얼굴이 있다는 사실을 어린아이라도 알 터였다. 아이들, 시인들, 철학자들이 옳았다. 저 위쪽에 보기만 해도 더할 나위 없는 기쁨을 주는 얼굴이 있듯이, 저 밑바닥에는 보는 것만으로도 고통이고, 본 사람은 그 고통에서 헤어날 수 없는 얼굴이 있다. 또 사람이 세상을 헤치고 나갈 수 있는 천 갈래의 길이 있을 것 같다는 것은 분명하지만 어느 길이나 머잖아 지복 혹은 고통을 보는 곳으로 다다르게 마련이었다. 물론 랜섬은 이제껏 가면이나 희미한 윤곽선만 보았다. 그렇다 해도 그가 살 수 있을지 확신이 서지 않았다.

기운을 차린 랜섬은 일어나서 그것을 찾기 시작했다. 그것과 여인의 만남만은 막아야 했다. 아니면 적어도 그가 그 자리에 있어야 했다. 어떻게 해야 할지는 모르지만 이것이 그가 여기 온 이유라는 것은 아무리 외면하려 해도 분명했다. 우주선을 타고 온 웨스턴의 신체는 뭔가가 페렐란드라를 침범하는 다리 역할을 했다. 화성에서 '타락한 것'이라고 부르는 악마의 우두머리든 그 졸개들 중 하나든 상관없었다. 랜섬은 소름이 돋았고 무릎이 계속 후들거렸다. 극단적인 공포를 경험하면서도 걷고 생각할 수 있다는 사실이 놀라웠다. 전쟁터에 있거나 병을 앓는 사람들이 자신의 인내력에 스스로 놀라는 것과 비슷했다. 우리는 '이러다가 미칠 거야', '당장 죽을 것 같아'라고들 말하지만 예상한 일이 실제로 일어나도 미치지도, 죽지도 않고 여전히 임무를 다하는 자신을 발견하게 되는 것이다.

날씨가 변했다. 평원이 물결처럼 솟구쳤다. 하늘은 점점 빛이 사라지면서, 이내 황금빛에서 노란색으로 변했다. 바다는 색이 어두워져서 황동색에 가까웠다. 곧 섬이 언덕처럼 치솟은 물결을 타넘고 있었다. 랜섬은 한두 차례 앉아서 쉬어야 했다. 몇 시간 걷다 보니(아주 더디게 나아갔다) 느닷없이 두 사람의 모습이 눈에 들어왔다. 그들이 있는 곳은 한순간 지평선이 되었다가 곧 그들과 랜섬 사이에 육지가 솟구치면서 시야에서 사라졌다. 매번 변하는 땅의 형태에 적응하느라 웨스턴의 신체는 흔들대면서 균형을 잡고 있었다. 진짜 웨스턴이라면 그러지 못했을 터였다. 그 존재는 여인에게 말을 건네고 있었다. 랜섬은 그녀가 자신에게 인사도 하지 않고 계속 그것의 말에 귀를 기울이는 것이 무엇보다 놀라웠다. 그가 다가가 바로 옆 푹신한 풀에 앉는데도 여인은 아는체도 하지 않았다.

그것이 말했다.

"위대한 확장이지요. 그럴 듯하지만 그렇지 않은 것들에 대한 이야기나 시를 짓는 일 말입니다. 거기서 움츠러드는 것은 눈앞에 과일을 두고 물러서는 것이 아닐까요?"

그녀가 대답했다.

"이방인이여, 나는 이야기를 짓는 일이 아니라 당신이 내 머릿속에 넣어 준 이 한 가지 이야기 때문에 움츠러드는 겁니다. 나는 자식들이나 왕에 대한 이야기들을 지어 낼 수 있습니다. 물고기가 날고 육지의 동물들이 헤엄치는 이야기도 만들어 낼 수 있지요. 하지만 '고정된 땅'에서 사는 것을 이야기로 지려 할 때 말렐딜을 어떻게

지어내야 될지 모르겠군요. 그분이 명령을 바꾸었다고 이야기를 짓는다면 이야기가 풀리지 않겠지요. 또 우리가 말렐딜의 명령을 어기고 사는 이야기를 짓는다면, 그것은 하늘을 온통 까맣게 만드는 것입니다. 또 물도 검게 되어 마실 수 없고, 공기도 숨 쉴 수 없게 만드는 셈입니다. 하지만 이런 것들을 만들려는 게 뭐가 기쁜지도 모르겠네요."

"당신을 더 현명하게, 더 나이 들게 만들어 주니까요."

웨스턴의 신체가 대답했다.

"확실하나요?"

그녀가 물었다.

"그래요, 확실합니다. 우리 세계의 여인들은 그렇게 해서 매우 훌륭하고 아름다워졌지요."

그때 랜섬이 끼어들었다.

"무시하고 그냥 보내도록 해요. 그 말 듣지 말고, 생각도 하지 말아요."

처음으로 여인이 랜섬에게 몸을 돌렸다. 마지막으로 만난 이후 얼굴이 살짝 변한 듯했다. 슬프거나 크게 당황하는 표정은 아니었지만, 불확실한 뭔가가 더 커진 느낌이었다. 랜섬의 등장에 놀라면서도 반가운 기색이 역력했다. 그녀가 먼저 인사부터 하지 못한 것은, 둘 이상의 대화가 가능하다는 것을 상상하지 못해서였다. 이어진 대화에서 그녀는 일반적인 대화의 기법을 몰라 분위기가 묘하고도 불안해졌다. 여인은 이 사람, 저 사람을 재빨리 힐끗댈 줄 몰랐고 두 사람의 말을 한꺼번에 알아듣는 법도 전혀 몰랐다. 때로는 랜섬의 말만 들었고, 어떤 때는 웨스턴의 신체가 하는 말에만 귀를 기울였지만, 둘의 말을 동시에 듣지는 못했다.

그녀가 물었다.

"왜 이 사람이 말을 끝내기도 전에 말을 하는 거예요, 파이볼드? 당신네 세계에서는 두 명이 넘는 사람들이 자주 모일 텐데 어떻게 그렇게 하지요? 돌아가면서 말하지 않나요? 아니면 다 같이 말을 해도 이해하는 기술이라도 있나요? 난 그것을 알 만큼 늙지 않아서요."

랜섬이 말했다.

"저 사람 말을 듣지 않으면 좋겠어요. 그는……."

랜섬은 머뭇거렸다. '나쁜 사람', '거짓말쟁이', '원수' 같은 말은 그녀에게 아무 의미도 없을 터였다. 그는 머리를 짜내다가, 좋은 옛것을 고수하고 새것을 거부한 위대한 엘딜에 대해 대화를 나누었다는 걸 떠올렸다. 그랬다, 그녀가 나쁘다는 개념에 접근할 수 있는 유일한 방법이 그것일 터였다. 그러나 한발 늦었다. 웨스턴의 목소리가 먼저 선수 쳤다.

그것이 말했다.

"이 파이볼드는 당신이 내 말을 듣는 것을 꺼립니다. 당신이 계속 어리기를 바라기 때문이지요. 그는 이전에 맛본 적 없는 새 과일들에 당신이 다가가는 것을 싫어합니다."

"하지만 어떻게 내가 계속 더 어리기를 바랄 수 있지요?"

"파이볼드는 파도가 우리에게 다가올 때마다 움츠러드는 사람이란 걸 아직도 모르겠습니까? 그는 할 수 있다면 지나간 파도를 되돌리고 싶어 하는 사람이지요. 당신과 대화할 때 곧 이런 점을 내보이지 않았습니까? 그는 말렐딜이 인간이 된 이후 모든 게 새롭다는 것을 알지 못합니다. 이제 이성을 가진 모든 피조물이 인간이 되리라는 것을 모르지요. 당신이 이것을 가르쳐야 했습니다. 또 그런 사실을 배워도 그는 못마땅해했지요. 그는 이제 털북숭이 늙은이들이 없는 것을 아쉬워했지요. 할 수만 있다면 예전 세상을 되돌려 놓을 겁니다. 그리고 당신이 죽음을 가르쳐 달라고 해도 안 가르쳐 줄 겁니다. 그는 당신이 계속 어리기를, 죽음을 배우지 않기를 바라지요. 말렐딜이 우리를 향해 굴리는 파도를 갈망하지 않을 수 있다고 당신 머리에 처음 심어 준 사람이 그가 아니었습니까? 잔뜩 움츠러든 나머지, 파도가 오는 것을 막기 위해 팔다리를 자를 수 있다는 생각을 심어 주었지요?"

"그가 너무 어리다는 뜻인가요?"

웨스턴의 신체가 말했다.

"우리 세상에서 그는 '나쁜' 사람입니다. 기대한 과일이나 지난번에 찾아낸 과일 때문에 주어진 과일을 거부하는 사람이지요."

"그러면 우리가 그를 더 늙게 만들어 줘야겠네요."

여인이 말했다. 그녀는 랜섬을 쳐다보지 않았지만, 왕비이자 어머니의 면모가 분명히 보였다. 그와 모든 것이 잘되기를 바란다는 것도 알 수 있었다. 그런데 랜섬은 아무것도 할 수 없었다. 무장 해제되어 버렸다.

여인이 그녀를 굽어보는 웨스턴의 형체에게 말했다.

"그러면 당신이 우리에게 죽음을 가르쳐 주실래요?"

그것이 대답했다.

"그러지요. 바로 그것 때문에 내가 여기 온 겁니다. 죽음을 풍성히 얻게 하려고 말이지요. 하지만 당신은 대단히 용감해져야 합니다."

"용감하다…… 그게 뭔가요?"

"물살이 엄청나게 높고 빠른 날, 당신의 내면은 육지에 있으라고 말하지만 당신을 헤엄치게 만드는 게 용감한 것이지요."

"알아요. 그런 날이 수영하기에 가장 좋지요."

"그렇습니다. 하지만 죽음을 찾으려면, 죽음과 진짜 오래된 것과 강한 아름다움과 궁극적인 확장을 찾으려면 파도보다 더 큰 것들에 뛰어들어야 합니다."

"계속해 봐요. 당신의 말은 지금껏 들어 본 말들과 달라요. 나무에서 터지는 거품 같아요. 당신의 말은 나를 생각하게 만들어요……. 그게 무엇을 생각하게 만드는지는, 음, 몰라요."

"이것보다 더 멋진 말들이 있지만 당신이 더 나이 들 때까지 기다려야 합니다."

"나를 더 나이 들게 만들어 줘요."

랜섬이 끼어들었다.

"여인이여, 말렐딜이 정한 때에 그의 방식으로 당신을 더 나이 들게 만들지 않을까요? 그게 훨씬 낫지 않겠습니까?"

웨스턴의 얼굴은 대화 중에 한 번도 랜섬 쪽으로 향하지 않았다.

하지만 랜섬이 끼어들자 완전히 여인에게만 말하던 목소리가 반응을 보였다.

그것이 말했다.

"알겠습니까? 그는 그럴 의향도 없고 그러고 싶지도 않으면서 며칠 전 당신에게 일깨워 주었지요. 말렐딜이 손을 잡아 주지 않고 혼자 걷도록 당신을 가르치기 시작한다는 걸 말입니다. 그것이 최초의 확장이었습니다. 당신은 그걸 알게 되자 진짜로 나이 들게 되었지요. 그 후로 말렐딜은 당신이 많은 것을 배우게―말렐딜의 목소리가 아니라 내 목소리를 통해―만들고 있습니다. 당신은 자기 자신이 되고 있어요. 말렐딜은 당신이 바로 그러기를 바랍니다. 당신이 왕과, 어찌보면 말렐딜 자신과 떨어지게 하는 이유가 바로 그거지요. 당신을 더나이 들게 하는 그의 방식은 당신 스스로 더 나이 들게 만드는 것입니다. 그런데 이 파이볼드는 당신이 가만히 앉아 말렐딜이 그 모든것을 해주기를 기다리게 만들려 합니다."

"파이볼드가 더 나이 들게 하려면 우리가 어떻게 해줘야 하나요?"

여인이 물었다.

"당신 자신이 더 나이 들 때까지는 그를 돕지 못할 것 같군요. 당신은 아직 아무도 도울 수가 없어요. 당신은 열매가 달리지 않은 나무와 같습니다."

웨스턴의 목소리가 말했다.

여인이 대답했다.

"그건 사실이에요. 계속하세요."

웨스턴의 신체가 말했다.

"그러면 들어 보십시오. 말렐딜은 당신이 스스로 걷기를 바라는데 그의 목소리를 기다리면 일종의 불순종이 된다는 점은 이해되나요?"

"그런 것 같네요."

"잘못된 순종 자체가 불순종이 될 수 있습니다."

여인은 잠시 생각에 잠겼다가 손뼉을 치며 말했다.

"알겠어요. 알겠네요! 아, 당신이 나를 정말 나이 들게 만드네요. 지금까지 나는 재미 삼아 동물을 쫓아다녔어요. 그러면 동물은 그걸 알아차리고 나한테서 달아나지요. 동물이 가만히 서서 붙잡힌다면 그것은 일종의 순종이었겠지만, 가장 좋은 부류의 순종은 아니었을 거예요."

"정말 잘 이해하는군요. 당신은 완전히 성장하면 내 세계의 여인들보다도 훨씬 현명하고 더 아름다울 겁니다. 또 말렐딜의 명령들에 대해서도 그럴 거고요."

"무슨 말인지 잘 모르겠네요."

"말렐딜이 진정으로 항상 순종받기를 원한다고 확신합니까?"

"어떻게 우리가 사랑하는 분께 순종하지 않을 수 있나요?"

"달아난 동물은 당신을 사랑한 겁니다."

여인이 말했다.

"그게 서로 같은 건지 궁금하군요. 동물은 내가 달아나라고 하는 때와 내게 와주기를 바라는 때를 잘 알아요. 하지만 말렐딜은 그가 만든 것이나 말이 장난이라고 말씀하신 적이 없어요. 우리가 사랑하는 분도 우리처럼 농담이나 장난이 필요한지 어떻게 알 수 있지요? 그는 타오르는 기쁨이고 힘이에요. 그러니 그에게 장난이 필요하다는 것은 잠이나 음식이 필요하다는 것과 똑같지요."

"아닙니다, 그것은 장난이 아닐 겁니다. 비슷한 것일 뿐이지 정확히 그것은 아닙니다. 하지만 한 번이라도 당신이 그에게 불순종하는 것처럼 보이지 않았다면, 당신이 그의 손을 놓는 것이, 완전히 성장하여 당신의 방식으로 걷는 것이 완벽할 수 있겠습니까?"

"어떻게 불순종하는 것처럼 보일 수 있죠?"

"그가 금하는 것처럼 보였던 일을 하면 되지요. 그가 당신이 어기기를 바라는 명령이 있을 겁니다."

"하지만 그가 명령을 어겨야 된다고 말한다면 그것은 명령이 아닐 거예요. 또 그가 말씀하시지 않는다면, 우리가 어떻게 그걸 아나요?"

웨스턴의 입이 말했다.

"당신은 정말 똑똑해지고 있군요, 아름다운 이여. 그렇습니다. 당신이 파악한 대로 그가 당신에게 명령한 것을 어기라고 말한다면, 그것은 진짜 명령이 아닐 겁니다. 당신이 옳습니다. 그는 장난을 하지 않아요. 진짜 불복종, 진짜 확장…… 그것이 그가 은밀히 바라는 것입니다. 당신에게 말하면 모든 게 망쳐지기 때문에 은밀히 바라는 거지요."

한참 후 여인이 말했다.

"당신이 나보다 훨씬 나이 들었는지 궁금해지기 시작하는군요. 정말이지 당신이 하는 말은 아무 맛도 없는 과일 같네요! 어떻게 그분의 의지에서 빠져나와 바랄 수 없는 것에 빠져들 수가 있지요? 내가 그분을, 아니면 왕이나 동물들을 사랑하지 않으려고 하기 시작해야 하나요? 그것은 물 위를 걷거나 섬들 사이를 헤엄치려는 것과 같을 거예요. 내가 자거나 마시거나 웃지 않으려고 해야 되나요? 나는 당신의 말이 의미가 있는 줄 알았어요. 그런데 이제 보니 아무 의미가 없는 것 같네요. 그의 뜻에서 벗어나는 것은 허공 속으로 들어가는 것과 마찬가지예요."

"맞는 말입니다. 그의 한 가지 명령을 제외하면요."

"하지만 그 한 가지 명령이 다를 수가 있나요?"

"네, 그게 다르다는 것은 당신 스스로 압니다. 말렐딜의 다른 명령들—사랑하는 것, 자는 것, 이 세상을 당신의 자녀들로 채우는 것—은 좋은 명령들이라는 것을 당신 스스로 알지요. 그리고 그 명령들은 어느 세상에서나 똑같습니다. 하지만 고정된 섬에 살지 말라는 명령은 그렇지가 않아요. 내가 사는 세상에는 그가 그렇게 명령하지 않았다는 사실을 당신도 이미 압니다. 그리고 그 명령이 뭐가 좋은지 당신은 알 수 없지요. 물론입니다. 그것이 진짜 좋다면 모든 세상에 똑같이 명하지 않았을까요? 어떻게 그가 좋은 것을 명하지 않을 수 있겠습니까? 그 명령에는 좋은 게 없습니다. 이 순간 말렐딜 스스로 당신의 납득을 통해 그것을 가르쳐 주고 있습니다. 그것은 단지 명령에 불과합니다. 단지 금지를 위한 금지일 뿐이지요."

"하지만 어째서……?"

"당신이 그 명령을 어기게 하기 위해서지요. 무슨 다른 이유가 있

을 수 있겠습니까? 그것은 좋은 명령이 아닙니다. 다른 세상들에는
그 명령이 내려지지 않았습니다. 정착된 삶, 당신의 시간을 통제하는
것과 당신 사이에 그 명령이 놓여 있어요. 그것이 시험—당신이 넘어
야 할 큰 파도로서—이라는 것을 말렐딜이 최대한 단순하게 가르쳐
주지 않나요? 그러면 당신이 진정으로 나이 들 거라고, 정말로 그에
게서 떨어질 거라고 말입니다."

"하지만 이것이 나와 그렇게 깊은 연관이 있다면, 어째서 그는 내
마음속에 이런 생각을 넣어 주지 않지요? 모든 게 당신에게서 나오
고 있어요, 이방인이여. 당신의 말에 대해 '그렇다' 고 속삭이는 목소
리조차 없는걸요."

"하지만 그럴 수가 없다는 것을 모르겠습니까? 말렐딜은 그의 창
조물이 온전히 그 자체가 되기를, 스스로 납득하고 그에게까지 맞서
는 용기로 당당히 서기를 바랍니다. 아, 얼마나 간절히 바라는지요.
하지만 그가 어떻게 이런 말을 할 수 있겠습니까? 그러면 모든 게 망
쳐지는데요. 창조물이 무슨 일을 하든 그 후에는 그와 함께 진일보한
결과가 될 것입니다. 말렐딜이 관여할 수 없고 또 바라는 모든 일들
중 한 가지가 바로 이것입니다. 자기가 만든 모든 것에서 자기만을
본다면 지루하지 않겠습니까? 거기에 만족한다면 왜 그가 창조하겠
습니까? 다른 것—그의 의지와는 다른 의지를 가진 것—을 찾는 것,
그게 말렐딜이 바라는 일입니다."

"내가 이것을 알았다면……."

"그는 당신에게 말해 주면 안 됩니다. 말렐딜은 당신에게 말해 줄

수 없습니다. 그가 당신에게 말하는 것과 가장 비슷하게 할 수 있는 것은, 다른 피조물이 대신 그 말을 하는 것이지요. 보십시오, 그는 그렇게 했습니다. 그가 당신에게 말하고 싶지만 직접 가르치면 안 되는 것을 내가 깊은 하늘을 뚫고 와서 당신에게 가르치는 것이 아무 의미가 없습니까? 그의 의지가 아닐까요?"

랜섬이 입을 열었다.

"여인이여, 내가 말한다면 내 말을 들어 주겠습니까?"

"기꺼이 듣겠어요, 파이볼드."

"이 사람은 고정된 섬에 살면 안 되는 법이 다른 법들과 다르다고 말했습니다. 모든 세상에 내려진 명령이 아니고, 우리가 그 명령에서 좋은 점을 볼 수 없기 때문이라고 말입니다. 여기까지 그는 잘 말합니다. 그런데 그게 다른 것은 당신이 그것을 따르지 않을 수 있기 위해서라고 말합니다. 하지만 다른 이유가 있을 겁니다."

"말해 보세요, 파이볼드."

"말렐딜은 순종하라고 그런 법을 만들었다고 생각합니다. 모든 문제에서 그에게 순종한다는 것은 당신의 눈에도 좋아 보이는 일을 하는 것입니다. 사랑은 만족을 주지요? 당신이 그 일들을 하는 것은 말렐딜의 뜻이기 때문이지만, 그의 의지여서만은 아닙니다. 그가 그의 명령이라는 이유로 어떤 일을 하라고 명령하나요? 지난번 대화에서 당신은 동물들에게 물구나무서서 걸으라고 하면 그들이 기꺼이 그럴 거라고 했습니다. 그러므로 내가 무슨 말을 하는지 당신은 잘 알 겁니다."

초록 여인이 말했다.

"아, 용감한 파이볼드. 당신이 지금껏 한 말 중 가장 훌륭하네요. 이 말이 나를 더 나이 들게 만듭니다. 하지만 이 다른 분이 내게 주는 나이 드는 느낌은 아니군요. 아, 정말 알겠어요! 우리는 말렐딜의 뜻에서 벗어나 걸을 수 없지만, 그는 우리에게 우리의 뜻을 벗어나 걸을 방법을 주셨어요. 그리고 이런 명령 외에는 그런 길은 있을 수가 없지요. 우리 자신의 뜻에서 벗어나는 겁니다. 그것은 세상의 지붕을 뚫고 나가 깊은 하늘을 지나가는 것과 비슷하지요. 그 뒤에는 사랑이신 그가 있어요. 고정된 섬을 바라보면서 그곳에서 살 생각을 포기하는 데 기쁨이 있었다는 것을 알았지요. 하지만 지금까지는 이해하지 못했던 거예요."

빛나는 얼굴로 말하던 그녀의 얼굴에 당황한 빛이 스치고 지나갔다. 그녀가 덧붙였다.

"파이볼드, 당신이 이 사람이 말하는 것처럼 어리다면 어떻게 이런 것들을 알지요?"

"저자는 내가 어리다고 하지만 그렇지 않습니다."

웨스턴의 얼굴을 가진 그것이 갑자기 입을 열었다. 전보다 크고 굵은 목소리여서 웨스턴의 목소리 같지가 않았다.

"내가 그보다 더 나이 들었다는 걸 그도 감히 부인하지 못합니다. 그의 어머니의 어머니들의 어머니들이 잉태되기 전, 나는 이미 그가 짐작할 수 없을 정도로 늙었습니다. 나는 그가 가보지 못한 깊은 천국에서 말렐딜과 함께 있었고 천상의 회의에 참석했습니다. 또 창조의 질서에서 나는 그보다 위대하고, 내 앞에서 그는 하찮기만 합니다. 그렇지 않은가?"

시체 같은 얼굴은 여전히 랜섬 쪽으로 돌리지 않았지만, 말한 이와 여인은 랜섬의 대답을 기다리는 듯했다. 머리에서 거짓말이 떠올랐지만 입 밖에 내기 전에 사라져 버렸다. 그런 분위기에서 진실이 치명적으로 보이더라도 오직 진실만이 통할 터였다. 그는 입술을 핥고는 메스꺼움을 억누르며 대답했다.

"우리 세상에서는 더 늙었다고 해서 항상 더 현명하지는 않습니다."

웨스턴의 신체가 여인에게 말했다.

"저 사람을 보십시오. 허연 뺨이 어떻게 변했는지, 이마가 얼마나 젖었는지 잘 보십시오. 본 적이 없을 겁니다만 이제부터는 더 자주 보게 될 겁니다. 미천한 것들이 위대한 피조물들과 맞서면 저렇게 됩니다. 이제 시작일 뿐입니다."

오싹한 전율이 랜섬의 등줄기를 타고 흘렀다. 그를 구해 준 것은 여인의 얼굴이었다. 악마와 그렇게 가까이 있는데도 영향을 받지 않은 얼굴, 10년간 파고 들어가도 그녀만의 순수함이 소진되지 않을 것 같았다. 그 순수함이 그녀를 보호하면서도 위험에 빠뜨렸다. 그녀는 우뚝 선 죽음을 올려다보며 의아해했지만, 활기찬 호기심이 더 컸다. 여인이 말했다.

"하지만 이방인이여, 이 금지로 보면 그가 옳았어요. 더 나이 들 필요가 있는 것은 바로 당신이요. 그걸 모르겠어요?"

"나는 언제나 전체를 보지만 그는 절반만 봅니다. 말렐딜이 당신의 의지에서 빠져나올 방도를 주었다는 것은 완벽한 진실입니다. 하지만 당신의 가장 깊은 의지에서도 빠져나와야 됩니다."

"그게 뭔가요?"

"현재 당신의 가장 깊은 의지는 그에게 복종하는 것입니다. 항상 지금처럼 동물 노릇, 어린아이 노릇을 하는 것이지요. 거기서 벗어나기란 어렵습니다. 힘든 일이기 때문에 대단히 훌륭하고 대단히 현명하고 대단히 용기 있는 사람만이 대담하게 걸어 나와 지금 당신이 사는 이 작은 세계를 쭉 지날 수 있습니다. 말렐딜이 명령한 '금지'라는 어두운 파도를 뚫고 나가 진정한 삶, 깊은 삶으로 들어갈 수 있는 겁니다. 환희와 광영과 어려움이 가득한 삶으로 말입니다."

랜섬이 입을 열었다.

"왕비님, 잘 들으십시오. 그가 당신에게 말하지 않는 것이 있습니다. 지금 우리가 나누는 이야기는 전에도 나왔던 이야기입니다. 그가 당신에게 하라고 하는 것은 예전에도 시도된 일입니다. 오래 전 우리 세상이 시작될 때 거기에는 남자 한 명과 여자 한 명만 있었습니다. 지금 이곳에 당신과 왕만 살듯 말입니다. 그리고 그는 지금처럼 그때도 거기 서서 그 여인에게 말을 걸었습니다. 그는 당신이 혼자 있는 걸 발견한 것처럼 혼자 있는 그녀를 찾아냈지요. 그리고 그녀는 그의 말을 듣고, 말렐딜이 그녀에게 금지했던 일을 했습니다. 하지만 거기서 환희와 광영은 나오지 않았습니다. 당신이 마음속으로 상상을 할 수가 없기 때문에 그 일이 어떻게 됐는지 말해 드리기가 어렵습니다.

모든 사랑은 곤란을 겪고 식었으며, 말렐딜의 목소리는 듣기 힘들어
져서 그들 사이에는 지혜가 자라지 않았습니다. 또 여인은 남자와 맞
서고, 어머니는 자녀와 맞섰지요. 그들이 먹으려고 둘러보았을 때 나
무에 과실이 열리지 않아서 항상 먹을 것을 찾으러 다녀야 했기에 그
들의 삶은 더 넓어진 게 아니라 더 좁아졌습니다."

죽은 사람 같은 웨스턴의 입이 말했다.

"그는 일어난 일의 절반을 숨기고 있습니다. 그 일로 어려움이 생
기긴 했지만 광영도 생겼습니다. 그들은 자기 손으로 당신의 고정된
섬보다 높은 산을 만들었습니다. 그들은 어느 새보다도 빨리 그들의
뜻대로 바다를 지나갈 수 있고, 당신의 고정된 섬보다 더 큰 떠다니
는 섬들을 만들었습니다. 언제나 충분한 음식이 있는 것은 아니어서
여인은 하나뿐인 과실을 자식이나 남편에게 주고 죽음을 먹을 수도
있었지요. 놀고 입 맞추고 물고기를 타고 다니는 좁은 세상에서 당신
이 그러듯, 자식과 남편에게 모든 것을 줄 수 있었지요. 지식은 더욱
발견하기 어렵기 때문에, 그것을 찾은 소수의 사람들은 아름다워졌
고 그들의 추종자들보다 월등해졌습니다. 당신이 동물들보다 뛰어나
듯 말입니다. 또 수천 명이 사랑을 얻기 위해……."

느닷없이 여인이 말했다.

"이제 자러 가야 되겠군요."

이때까지 그녀는 입을 헤벌린 채 휘둥그런 눈으로 웨스턴의 신체
가 하는 말에 귀를 기울였다. 하지만 그가 수천 명의 연인이 있는 여
인들에 대해 말을 꺼내자 그녀는 하품을 했다. 어린 고양이가 아무

속셈 없이 내놓고 하는 하품이었다.

웨스턴의 신체가 말했다.

"아직 끝나지 않았는데요. 할 말이 더 있습니다. 그는 말렐딜이 우리 세상에 온 것은 이 명령을 어겼기 때문에 가능했다는 말을 하지 않았습니다. 그 일 때문에 말렐딜은 인간이 되었습니다. 이자는 감히 부인하지 못할 겁니다."

"그런가요, 파이볼드?"

여인이 물었다.

랜섬은 손관절이 하얗게 되도록 손깍지를 꽉 낀 채 앉아 있었다. 이 모든 불공평이 철조망처럼 그를 아프게 했다. 불공평…… 불공평해. 말렐딜은 어떻게 그가 이 일과 맞서 싸우기를 기대하시는 걸까? 무장은 해제되고 거짓말도 금지된 상태로 진실이 치명적인 결과를 낳을 곳으로 보내지다니! 이건 불공평했다! 불현듯 뜨거운 반항심이 몸속에서 솟구쳤다. 잠시 후 커다란 파도처럼 의심이 밀려들었다. 적이 옳으면 어쩐다? '아, 아담의 복된 죄여'(로마가톨릭 성가의 한 구절 '아담의 죄는 얼마나 필요한지! 예수의 죽음으로 그 죄가 사라졌도다'를 바꾸어 씀—옮긴이)란 말도 있지 않은가. 교회조차도 결과적으로 불순종에서 좋은 것이 생겼다고 그에게 말할 터였다. 과연 그랬다. 랜섬 자신이 소심한 피조물이고, 새롭고 힘든 것들로부터 움츠러드는 인간이라는 것은 자명한 사실이었다. 결국 유혹은 어느 편을 들까? 인류의 발달 과정이 그의 눈앞을 휙휙 스쳐갔다. 도시, 군대, 거대한 선박, 도서관, 명성, 웅장한 시들이 인간의 노역과 야망에서 분수처럼 뿜어져 나왔다. 창조적 진화가 가장 깊은 진실이 아니라고 누가 확신할 수 있을까? 그가 존재한다고 의심해 보지 않은 것들이, 거칠고 고집스럽고도 기분 좋은 것들이 마음속 은밀한 틈에서 쏟아져 나와 웨스턴의 형상을 띠었다. 내면의 목소리가 말했다. '그것은 영혼이야, 영혼. 그리고 넌 인간일 뿐이야. 그것은 세기를 넘어서 지속되지. 너는 인간일 뿐이고……'

여인이 재차 물었다.

"그런가요, 파이볼드?"

마법은 깨졌다.

랜섬은 벌떡 일어나서 대답했다.

"나는 이렇게 말하겠습니다. 물론 거기서 좋은 점이 생겼습니다. 말렐딜은 우리가 막을 수 있는 동물인가요? 아니면 우리가 비틀 수 있는 나뭇잎입니까? 당신이 어떻게 하든 그는 거기서 좋은 일을 만들어 낼 겁니다. 하지만 당신이 순종할 때 그가 예비했을 좋은 것은 알지 못합니다. 그것은 영원히 잃게 됩니다. 우리 세계의 첫 왕과 첫 어머니는 금지된 일을 저질렀고, 말렐딜은 결국 그 일에서 좋은 것을 일으켰습니다. 하지만 그들이 저지른 짓은 좋지 않았고, 그들이 무엇을 잃었는지 우리는 모릅니다. 또 어떤 이들에게는 좋은 일이 일어나지 않았고 앞으로도 그럴 겁니다."

랜섬은 웨스턴의 신체를 향해 고개를 돌리고 말했다.

"당신이 그녀에게 다 말하시오. 당신에게 어떤 좋은 일이 생겼소? 말렐딜이 인간이 된 것이 당신은 기쁘오? 당신의 기쁨에 대해 여인에게 말하시오. 말렐딜과 죽음을 알게 되자 당신에게 어떤 유익이 있었는지 말하시오."

말을 끝내는 순간 지구에서의 경험과 전혀 다른 두 가지 일이 벌어졌다. 웨스턴의 것이었던 몸이 고개를 홱 들어 입을 벌리고 개처럼 구슬픈 울음을 길게 토해 냈다. 여인은 무심하게 누워서 눈을 감더니 이내 잠들었다. 그리고 이 두 일이 벌어지는 사이, 여인이 누워 있고 두 남자가 서 있던 땅이 거대한 파도의 경사면을 주르르 내려가기 시작했다.

랜섬은 적에게서 눈을 떼지 않았지만, 상대는 그를 의식하지 않았다. 그것은 살아 있는 사람처럼 눈을 움직였지만 무엇을 바라보는지, 혹은 눈을 사용해 보는 건 맞는지 가늠하기 어려웠다. 동공을 아우르는 힘은 적합한 곳에 고정된 인상을 주는 반면 입은 말을 하긴 해도 나름의 목적 때문에 전혀 다른 방법으로 사용되었다. 그것은 여인을 사이에 두고 랜섬과는 거리를 둔 채 그녀의 머리 가까이에 앉아 있었다. 한데 그것을 '앉아 있다'라고 할 수 있을까? 그 몸은 인간처럼 평범하게 쭈그린 자세에 이르지 못했다. 외부의 힘이 억지로 적당한 자세를 잡게 하다가 풀썩 주저앉은 듯한 자세였다. 인간 같지 않은 동작이라 콕 집어 말할 수는 없었다. 랜섬은 살아 있는 동작을 흉내 내는 모습을 지켜보는 느낌을 받았다. 아주 잘 연구되어 기술적으로는 맞는 움직이었지만, 거장의 손길이 빠져 있었다. 랜섬은 그가 감당해야 되는 일 때문에 형언 못할 공포로 떨렸다. 통제되는 시신, 악령, 인간 아닌 자와 맞서게 생겼으니.

지켜보는 것 외에 달리 할 일이 없었다. 필요하면 영원히 거기 앉아서 여인을 비인간에게서 지켜야 했다. 그 사이 그들의 섬은 번들거리는 물로 된 알프스와 안데스 산맥을 끝없이 타넘었다. 세 사람 모두 가만히 있었다. 동물들과 새들이 자주 와서 그들을 쳐다보았다. 몇 시간 후 비인간이 입을 열기 시작했다. 랜섬 쪽은 쳐다보지도 않았다. 윤활유를 쳐야 돌아가는 기계를 누군가 조종하듯 느릿느릿, 마지못해 입과 입술을 움직여 랜섬의 이름을 내뱉었다.

"랜섬."

그것이 말했다.

"음?"

랜섬이 대꾸했다.

"아무것도 아니오."

비인간이 말했다. 랜섬은 뭐하는 거냐고 묻는 시선을 던졌다. 이것이 미친 건가? 하지만 그것은 미쳤다기보다 조금 전처럼 죽은 듯 보였다. 고개를 숙이고 앉아서 입을 약간 벌리고 있었는데 이끼에서 묻은 노란 먼지가 뺨의 주름 사이사이에 끼었다. 책상다리를 하고서 쇳조각 같은 손톱이 길게 난 손을 바닥에 짚고 있었다. 랜섬의 마음에 사태에 대한 심각함이 사라지고, 다시 불편한 생각들이 찾아왔다.

그것이 다시 말했다.

"랜섬."

"왜 그러는 거요?"

랜섬이 날카롭게 대꾸했다.

"아무것도 아니오."

그것이 대답했다.

다시 침묵이 흘렀다. 1분 후쯤 다시 무시무시한 입이 말했다.

"랜섬!"

랜섬은 대꾸하지 않았다. 다시 1분이 흐르자, 그것이 다시 그의 이름을 중얼댔다. 그러더니 연발총처럼 계속 부르는 것이었다.

"랜섬…… 랜섬…… 랜섬."

백 번쯤 불렀을 것이다.

랜섬은 마침내 고함을 질렀다.

"대체 원하는 게 뭐요?"

"아무것도 아니오."

목소리가 말했다. 랜섬은 다음에는 대답하지 말자고 작정했지만, 그것이 천 번쯤 이름을 불렀을 때 자기도 모르게 대꾸를 해버렸고 다시 "아무것도 아니오"라는 대답을 들었다. 랜섬은 입 다물고 있으라고 스스로 타일렀다. 말하고 싶은 충동을 억누르는 괴로움이 대꾸하는 괴로움보다 덜하지는 않았지만, 결국 무릎 꿇을 거라고 확신하는 상대와 맞서 싸우겠다는 뭔가가 마음속에서 치밀었기 때문이다. 폭력적인 공격이었다면 반항하기가 더 수월했을 터였다. 악과 아이 같은 면이 맞물려 더 오싹하고 겁이 났다. 유혹, 신성모독, 다양한 공포감에 대해서는 어느 정도 준비가 되어 있었다. 하지만 심술쟁이 아이같이 지칠 줄 모르고 졸라 대는 데는 마음의 준비가 되지 않았다. 사실 천천히 시간이 흐르면서 그의 마음속에서 커진 느낌은 어떤 공포보다도 심했다. 인간의 기준으로 볼 때 상대는 안팎이 바뀌었다. 심장이 밖에 있고, 얄팍한 면모가 가슴속에 있는 듯했다. 표면적으로는 대단한 모양새였고, 세상의 운명에 관여하는 천국에 대한 적대감이 있었다. 하지만 모든 베일을 걷고 깊은 곳까지 들어간다면 검은 철부지 같은 면만 있을까? 사랑이 아주 작은 친절도 무시하지 않듯, 아주 사소한 잔혹함에 스스로 만족하는 공허하고 목적 없는 악의만 있을까? 모든 가능성에 대한 생각이 사라진 지 한참이 지났지만 랜섬을 버티게 한 것은 이런 결정이었다. 즉 '랜섬'과 '아무것도 아니오'란 말 중 하나를 백만 번 들어야 한다면 '랜섬'이란 말을 듣는 게 낫다는 것이었다.

내내도록 보석 색깔을 띤 땅이 노란 창공으로 솟아올라 잠시 걸려 있었다. 땅은 숲을 비스듬히 기울인 상태로 계속 내달려, 파도 사이의 빛나고 따스한 밑바닥으로 들어갔다. 여인은 한 팔을 머리 밑에 받치고 입을 살짝 벌린 채 자고 있었다. 눈을 감고 고르게 숨 쉬는 편안한 잠이었지만, 우리 세계에서 자는 모습과는 달랐다. 얼굴에 표정과 지성이 넘쳤고, 팔다리는 언제라도 일어날 준비가 된 것 같았다. 전체적으로 잠이 그녀에게 일어난 일이 아니라 그녀가 연출하는 행위라는 인상을 풍겼다.

그러다 갑자기 밤이 되었다.

"랜섬…… 랜섬…… 랜섬…… 랜섬."

목소리가 계속 중얼댔다. 불현듯 랜섬의 머리를 스치는 게 있었다. 그는 잠시 자야겠지만 비인간은 그렇지 않다고.

10

잠이 심각한 문제인 것으로 밝혀졌다. 랜섬은 그가 느끼기에 아주 긴 시간 동안 갑갑하고 지친 채로, 곧 허기와 갈증까지 느끼며 어둠 속에 가만히 앉아 있었다. 끊이지 않는 '랜섬…… 랜섬…… 랜섬' 소리에 신경 쓰지 않으려고 안간힘을 썼다. 하지만 곧 자기도 모르게 대화 내용을 귀담아듣고 있었는데, 대화의 앞머리를 듣지 못한 걸 보면 자고 있었음이 분명했다. 여인은 거의 말을 하지 않는 듯했다. 웨스턴의 목소리가 상냥하게 끊임없이 말했다. 고정된 땅이나 말렐딜 이야기가 아니었다. 극단적인 아름다움과 애수, 여러 가지 이야기였는데 처음에는 이야기들 사이의 연관성을 파악할 수 없었다. 하나같이 여자들 이야기로, 세계 역사의 각기 다른 시대에 사뭇 다른 환경 속에서 산 사람들이었다. 초록 여인의 대꾸로 볼 때 그녀가 이해하지 못하는 내용이 많이 담긴 듯했다. 하지만 이상하게도 비인간은 아랑곳하지 않았다. 어떤 질문이 대답하기 곤란하면, 그 이야기를 중단하고 곧 다른 이야기를 시작했다. 여주인공들은 하나같이 엄청난 고초를 겪은 듯했다. 아버지에게 속박당하고 남편들에게 쫓겨나고 애인들에게 버림받았다. 자녀들은 반항했고 사회는 그들을 내쫓았다. 하지만 다 어찌 보면 행복하게 끝나는 이야기였다. 생존한 여주인공에게 명예와 칭송이 쏟아지거나 더 많은 경우 여주인공의 사후 뒤늦은 인정과 쓸데없는 눈물이 바쳐졌다. 끝없는 이야기가 이어지면서 여인의 질문은 계속 줄어들었다. 반복의 효과만으로 죽음과 슬픔이란 어휘의 뜻—어떤 종류의 뜻인지 랜섬은 짐작조차 할 수 없었지만—이 그녀의 마음속에서 생겨나는 듯했다.

마침내 그는 이게 다 무슨 이야기인지 알아차렸다. 이 여인들은 자식이나 연인, 동족을 위해 홀로 나아갔고 무시무시한 모험에 용감하게 도전했다. 그들은 오해받고 욕을 먹고 처형당했지만, 한편 그 사건으로 당당하게 존재 가치를 인정받았다는 이야기였는데 세세한 부분들은 따라가기 어려운 경우가 많았다. 랜섬은 이런 숭고한 선각자들 중 지구에서 흔히 마녀나 이단자라고 불리는 이들이 많았다는 느낌이 들었다. 하지만 그런 것은 이야기의 배경이었다. 이야기에서 드러나는 것은 사상보다는 이미지였다. 세상의 무게를 어깨에 짊어진 채, 키 크고 호리호리한 형체가 굽히지 않고, 두려움 없이 친구도 없이 어둠 속으로 나아가, 금지된 일이지만 해야 되는 일을 해내는 그림. 이런 여신상들을 배경으로 웨스턴의 신체는 다른 성의 그림을 계속해서 그려 냈다. 남자를 직접 언급하는 부분은 한마디도 없었다.

그러나 크고 흐리멍덩한 데다 안쓰러울 정도로 유치하고 자기만족에 빠져 오만하다는 느낌을 주고 있었다. 소심하고 깐깐하고, 독창적이지 못하고, 둔하고 소 같은 데다 게을러서 바닥에 딱 달라붙어 있고, 아무것도 할 준비가 되지 않았으며 모험하지 않고, 아무런 노력도 하지 않고, 그저 감사를 모르고 반항적인 여자들의 미덕 덕분에 살아 나가도록 키워진 인간들. 대단한 언변이었다. 남자라는 자긍심이 없는 랜섬은 자기도 모르게 잠시 그 말을 믿을 수밖에 없었다.

그 와중에 갑자기 빛이 번뜩하더니 어둠을 찢어 놓았다. 몇 초 후 천상의 탬버린을 치듯 페렐란드라의 천둥이 울렸고 그 후 따뜻한 비가 내렸다. 랜섬은 별로 개의치 않았다. 번개가 칠 때 보니 비인간은 꼿꼿이 앉아 있었고, 여인은 팔꿈치를 괴고 있었다. 잠에서 깬 용은 그녀의 머리 부근에 누워 있었고, 뒤로는 나무 수풀이, 수평선에는 거대한 파도가 넘실댔다. 랜섬은 방금 본 장면을 생각했다. 여인이 어떻게 그 얼굴을 보고도 사악함을 모를 수 있는지 의아했다. 말을 한다기보다도 음식이라도 씹는 것처럼 단조롭게 움직이는 턱을 보고도 모를까? 물론 그는 이것이 비이성적인 생각임을 알았다. 틀림없이 그녀의 눈에는 랜섬도 세련돼 보이지 않는다. 악마든 그녀를 인도할 평범한 인간의 모습이든 여인이 아무것도 모르기는 매한가지였다.

갑작스런 빛에, 랜섬이 전에 보지 못했던 그녀의 표정이 드러났다. 그녀의 시선은 말하는 사람에게 향해 있지 않았다. 눈길을 보자니 그녀의 생각이 만 리는 떨어진 곳에 가 있었을 거라는 생각이 들었다.

꼭 다문 입술을 살짝 오므린 채 눈썹은 약간 치뜨고 있었다. 그녀가 지구의 우리 여인네와 그렇게 비슷해 보이기는 처음이었다. 하지만 지구에서도 무대에서가 아니라면 보지 못한 표정임을 알자 랜섬은 충격을 받았다. '비극의 여왕처럼'이라는 역겨운 비유가 떠올랐다. 물론 그것은 심한 과장이었다. 그 자신도 용납할 수 없는 모욕적인 표현이었다. 그렇긴 하지만…… 하지만…… 번갯불에 드러난 인상적인 장면이 그의 뇌리에 사진처럼 박혔다. 무슨 일을 해도 그녀의 얼굴에 떠오른 새 표정밖에 생각나지 않았다. 의심할 나위 없이 대단한 비극의 여인이었다. 위대한 비극의 여주인공. 실제로는 착하게 사는 여배우가 기품 있게 연기하는 것 같았다. 지구의 기준으로 볼 때 칭찬받을 만하고 심지어 숭고하다고 해도 좋을 표정이었다. 하지만 그가 전에 그녀의 표정에서 읽어 낸 모든 것, 스스럼없는 빛남, 흥겨운 거룩함을 떠올리니 이 새로운 표정이 무시무시했다. 이전의 표정은 때로는 아기 시절을, 때로는 말년에 가까운 노년을 연상시키는 반면, 지금은 힘든 청년기와 어리지도 않고 늙지도 않은 용맹스런 얼굴과 몸을 떠올리게 했다. 사소하게라도 역할을 추측해서 억지스러운 당당함을 보이고 비애를 즐기는 듯한 파괴적인 분위기가 가증스럽고 저속해 보였다. 어쩌면 이 새로운 이야기나 시의 기술에 순전히 상상력을 발휘해 반응하는 것뿐일 거라고 랜섬은 소망했다. 그러나 맹세코 그러지 않는 게 나았다! 처음으로 그의 마음에 '이렇게 계속 나갈 수는 없어'라는 생각이 자리 잡았다.

"나뭇잎이 비를 가려 줄 만한 곳으로 가겠습니다."

어둠 속에서 그녀가 말했다. 랜섬은 몸이 젖는 줄도 몰랐다. 옷이 없는 세상이니 그건 별로 중요하지 않았다. 그러나 그녀가 움직이는 기척이 들리자 랜섬은 일어나서 소리에 의지해 최대한 따라붙었다. 인간 아닌 존재도 따라붙는 것 같았다. 그들은 칠흑 같은 어둠 속에서 수면처럼 흔들리는 지면 위를 걸었다. 이따금 번득이는 빛 속에서 똑바로 걷는 여인과 곁에서 구부정하게 걷는 비인간이 보였다. 그가 입은 웨스턴의 셔츠와 반바지는 젖어서 몸에 착 달라붙었다. 용이 콧김을 뿜으면서 뒤에서 뒤뚱뒤뚱 따르고 있었다. 마침내 그들은 마른 풀 카펫이 발에 닿는 곳에 이르러 멈춰 섰다. 나뭇잎에 후두둑 떨어지는 빗소리가 요란했다. 그들은 다시 누웠다. 비인간이 말을 이어 갔다.

"또 한때 우리 세계에는 작은 지역을 다스리는 여왕이 있었지요……."

"쉿! 우리 빗소리를 들어요."

여인이 말했다. 잠시 후 그녀가 다시 입을 열었다.

"저 소리는 뭐였죠? 처음 듣는 동물의 소리였는데요."

사실 그들과 가까운 곳에서 낮게 신음하는 듯한 소리가 났다.

"모르겠는데요."

웨스턴의 목소리가 대꾸했다.

"나는 알 것 같아요."

랜섬이 말했다.

"쉿!"

여인이 다시 말했다. 그날 밤 더 이상의 대화는 없었다.

이때를 기점으로 랜섬이 평생 못마땅하게 기억하는 나날이 이어졌다. 적이 자지 않는다는 추측은 딱 들어맞았다. 다행히 여인은 자야했지만, 랜섬보다는 한결 적게 자도 상관없었다. 시간이 흐르면서 그녀는 필요한 만큼보다 훨씬 짧게 자곤 했다. 랜섬이 깜빡 졸다가 깨보면 늘 비인간은 그녀와 대화 중인 것 같았다. 랜섬은 피곤해 죽을지경이었다. 여인이 자주 두 사람을 물러가게 하지 않았다면 견디지못했을 터였다. 물러가 있을 때면 랜섬은 비인간과 바싹 붙어 있었다. 큰 전투에서 쉬는 때인 셈이었지만 불완전한 휴식이었다. 잠깐이라도 적에게서 눈을 뗄 수 없었으니까. 또 하루하루 이 만남은 점점참기 힘들어졌다. 그는 '어둠의 왕자는 신사다'라는 문구(셰익스피어의《리어 왕》에 나오는 구절—옮긴이)가 허위임을 뼈저리게 느꼈다. 더 이상감시하지 않아도 된다면 붉은 망토에 깃 달린 모자를 쓰고 긴 칼을든 간교한 메피스토펠레스(괴테의《파우스트》에 나오는 악마—옮긴이)라도환영할 것 같았다. 차라리《실낙원》(영국 시인 밀턴의 작품—옮긴이)에 나오는 진지하고 비극적인 사탄이 반가울 터였다. 이것은 사악한 정치가를 다루는 것과는 전혀 달랐다. 저능아나 원숭이나 말썽꾸러기 아이를 지키는 일과 아주 비슷했다. 처음 "랜섬…… 랜섬……"이라는말을 들었을 때 느꼈던 경악과 혐오는 매일 매시간 그를 역겹게 했다. 그것은 여인에게 상당히 교묘하고도 지적으로 말했다. 그러나 곧랜섬은 그것이 지성을 단순히 무기로 여긴다는 것을 간파했다. 군인이 휴가 때 총검술 연습을 하지 않는 것처럼 그것은 임무에 임하지 않을 때는 지성을 발휘하려 들지 않았다. 생각은 특별한 목적에 필요한 장치였을 뿐, 그것은 생각 자체에는 흥미가 없었다. 그것은 웨스턴의 육체와 이성을 외적이고 본질과 무관한 것으로 여겼다.

여인이 시야에서 사라지면 그것은 퇴보하는 것 같았다. 그럴 때면 랜섬은 동물들을 지키느라 많은 시간을 보냈다. 그것이 시야에서 사라졌거나 몇 미터 앞에 있거나 하면 늘 동물이든 새든 손에 잡히는 대로 붙잡아서 가죽이나 깃털을 벗기고 있었다. 랜섬은 최대한 그것과 동물 사이에 있으려 했다. 그런 경우 그것과 마주 서는 곤란한 순간이 생겼다. 비인간은 달려들지 않고 그저 빙그레 웃고 침을 뱉으며 조금 물러났다. 하지만 그때까지 랜섬은 늘 끔찍하고 두려운 시간을 견뎌야 했다. 역겨움과 더불어 유령 혹은 기계 같은 시신과 같이 산다는 유치한 공포감을 한동안 떨쳐 낼 수 없었다. 때로 단둘이 있다는 사실이 절망스러운 나머지 이성을 빼앗기고 동반자에 대한 갈망을 억제하기 힘든 때가 있었다. 미친 듯이 섬을 내달려서 여인을 찾아내고, 보호해 달라고 간청하고 싶었다.

비인간은 동물들을 잡지 못할 때면 식물을 괴롭혔다. 그것은 손톱으로 식물의 껍질을 벗겨 내거나 뿌리를 파내는 걸 즐겼다. 또는 이파리를 따거나 풀잎을 한 움큼씩 뜯어내곤 했다. 랜섬을 갖고도 수많은 놀이를 했다. 자기 몸—아니 웨스턴의 몸—으로 온갖 이상한 짓을 벌였다. 엉뚱한 짓이 더러운 짓보다 끔찍했다. 몇 시간이고 앉아서 랜섬에게 인상을 쓰곤 했다. 그러다가 몇 시간 동안 "랜섬…… 랜섬……"을 또 읊조렸다. 찌푸린 얼굴은 랜섬이 지상에서 알고 사랑했던 이들과 때로 겁날 정도로 비슷했다. 하지만 이런 순간들보다도 끔찍한 것은 표정에 웨스턴이 보일 때였다. 늘 웨스턴의 목소리였던 그것의 목소리가 그런 때면 처량하게 우물쭈물 중얼대곤 했다.

"정말 조심하시오, 랜섬. 나는 시커먼 큰 구덩이 바닥에 있소. 아니, 그런 게 아니오. 나는 페렐란드라에 있소. 지금은 생각을 잘 하지는 못하지만 문제가 되지 않지. 그가 나 대신 생각을 다 해주니 말이오. 금방 수월해질 거요. 그 어린 친구가 계속 창문을 닫고 있소. 그건 괜찮소. 그들이 내 머리를 떼내고 다른 사람의 머리를 내 몸에 붙였소. 이제 곧 괜찮아질 거요. 그들은 내 신문 스크랩들을 보지 못하게 하지요. 그래서 나는 그들이 내가 최고의 팀에 드는 걸 원치 않는다면, 나 없이 잘해 볼 수 있을 거라고 그에게 말해 주었소. 우리는 그 젊은 친구에게, 이런 종류의 일을 내보이는 것은 검사관들을 모욕하는 거라고 말할 거요. 왜 1등석 비용을 내고도 이렇게 콩나물시루 같은 데 박혀 있어야 되는지 이유를 알고 싶소. 이건 정당하지 않소. 정당하지 않지. 난 해를 끼칠 의도는 없었소. 당신이 내 가슴에서 이 무거운 것을 치워 줄 수 있다면, 난 이 옷들을 입고 싶지 않소. 날 내버려 두시오. 날 그냥 내버려 두시오. 이건 공평하지 않소. 불공평해. 정말 엄청난 파리 떼군. 그들은 익숙해질 거라 말하지……."

그러다가 개 짖는 소리로 넋두리는 끝나곤 했다. 그것이 속임수인지, 한때 웨스턴이었던 썩어 가는 혼령이 자신의 옆에 앉은 몸에 발작을 일으키듯 뻔뻔스럽게 사는 것인지 랜섬은 가늠할 수 없었다. 한때 웨스턴 교수에게 느꼈던 혐오감이 사라졌다. 하지만 지금 느끼는 감정은 딱히 동정심은 아니었다. 그때까지만 해도 지옥을 떠올릴 때마다 그는 아직 인간이라 할 잃어버린 영혼들을 그렸다. 이제 유령과 인간을 가르는 무시무시한 심연이 앞에서 하품을 했고 공포가 연민을 집어삼켰다. 그의 내면에서 삶에 대한 억누를 수 없는 격변이 일었다. 자연히 소멸하는, 긍정적 죽음이 아니었다. 그런 순간에 웨스턴의 남은 부분이 비인간의 입을 통해 말하는 게 사실이라면 이제 웨스턴은 인간이 아니었다. 오래 전 그의 인간성을 먹어 치우기 시작한 세력들이 이제 일을 마무리했다. 중독성 있는 의지가 지성과 애정에 천천히 독을 주입하더니 마침내 의지마저 독에 취하여 영혼의 유기체를 산산조각 냈다. 유령만 남았다. 끝없이 쉬지 못하는 존재, 파편, 파멸, 썩은 내만 남았다. 랜섬은 생각했다. '그리고 이게 내 운명이거나 그녀의 운명이 될 수도 있겠지.'

하지만 비인간과 단둘이 있자니 뒤편에 물러나 있는 시간처럼 느껴지는 게 당연했다. 진짜 중요한 건 유혹자와 초록 여인의 끝없는 대화였다. 그때그때의 진도는 파악하기 힘들었지만, 며칠이 지나자 랜섬은 전반적인 전개가 적에게 유리하다는 확신을 떨쳐낼 수 없었다. 물론 이럴 때도 있고 저럴 때도 있었다. 예상치 못했을 명료함에 비인간이 얻어맞는 경우도 종종 있었다. 무시무시한 토론에 랜섬이 끼어들어 잠시 승리를 얻은 적도 꽤 있었다. '다행이야! 드디어 우리가 이겼어'라고 생각할 때도 있었다. 하지만 적은 지치지 않았고, 랜섬은 줄곧 기운을 잃어 갔다. 곧 여인도 지쳤다는 징후가 보인다는 생각이 들었다. 랜섬은 그녀를 비난하면서 둘 다 보내 달라고 애원하는 지경에 이르렀다. 하지만 여인은 그를 나무랐고, 그녀의 꾸짖음은 상황이 얼마나 위험해졌는지 여실히 보여 주고 있었다. 그녀가 물었다.

"아직 다 해결되지 않았는데 내가 가서 쉬고 놀아야 된다구요? 안 그럴래요. 우리 자녀들의 자녀들과 왕을 위해 내가 해야 할 위대한 행위가 없다는 확신이 들기 전에는."

적이 일방적으로 수작을 부리는 것은 이런 말이 나올 때였다. 여인은 '의무'라는 말을 몰랐지만, 적은 그녀가 의무라는 측면에서 계속 불복종을 생각해야 한다고 여기게 만들었다. 또 그녀가 그를 밀어 내는 건 비겁한 짓이라는 듯 몰아갔다. 그것은 그녀에게 위대한 행위, 위대한 모험, 일종의 순교라는 개념을 매일 다양한 형태로 제시했다. 왕을 기다렸다가 의견을 결정한다는 생각은 조심스럽게 밀쳐졌다. 그런 '비겁'은 생각해서는 안 될 일이었다. 왕이 모르게 이것을 받아들여야 위대한—심원한—것이다. 왕에게 거절의 부담을 완전히 덜어 주어, 모든 이익은 왕이 누리고 모든 위험은 그녀의 것이 될 터였다. 물론 위험 부담과 함께 모든 너그러움, 비애감, 비극, 창의력은 그녀의 몫이었다. 또 유혹자는 왕에게 물어 봤자 소용없다고 넌지시 알렸다. 그가 허락하지 않을 게 분명하니까, 남자들은 다 그런 식이니까. 왕은 타의에 의해 자유로워져야 했다. 이제 그녀가 혼자일 때, 지금이 아니면 절대 못할 터이므로 숭고한 일을 성취해야 했다. '지금이 아니면 절대 못 한다'며 비인간은 불안을 조장했고, 여인은 지구의 여인들처럼 인생이 낭비될까, 엄청난 기회를 놓칠까 봐 겁을 냈다.

"내가 조롱박을 맺을 수 있었는데도 그러지 않은 나무 같으면 어쩌지요?"

그녀가 말했다. 랜섬은 열매는 자식들로 충분하다고 설득하려 했다. 하지만 비인간은 인류를 애써 두 성으로 만든 데는 자녀 번식 외의 다른 목적이 없을지 질문을 던졌다. 번식이라면 여러 식물이 더 간단히 해낼 수 있지 않느냐고 했다. 그리고 남자 성향이 강하고 늘 새로운 좋은 것 앞에서 위축되어 뒤돌아보는 랜섬 같은 타입의 남자들은 그의 세계에서 여자들에게 그저 출산만 시켜 왔으며 사실 말렐딜이 여자를 창조하면서 부여한 고귀한 운명을 사내들은 무시한다고 말했다. 그것은 초록 여인에게, 그런 사내들은 이미 막대한 해를 입혔다고 말했다. 페렐란드라에서는 그런 일이 벌어지지 않았는지 그녀는 돌아보았다. 이 단계에서 비인간은 그녀에게 '창조', '본능', '영적인' 같은 새 어휘를 많이 가르치기 시작했다. 하지만 그것은 헛발질이기도 했다. 그녀는 '창조'의 뜻을 납득할 무렵 엄청난 위험 부담과 비극적 고독에 대해서는 까맣게 잊고 근 1분간 웃어 댔다. 마침내 웃음을 그친 그녀는 비인간이 파이볼드보다도 어리다면서 둘 다 가보라고 했다.

덕분에 랜섬이 우세해졌지만, 다음 날 분통을 터뜨리는 통에 모든 걸 잃고 말았다. 적은 그녀에게 희생과 헌신의 숭고함을 유난히 열정적으로 채근했다. 그녀의 마음이 매 순간 점점 홀리는 듯하자, 인내심이 바닥난 랜섬은 벌떡 일어나서 그녀에게 바락바락 대들었다. 말은 너무 빨랐고 고함치듯 했으며, 옛 솔라어까지 잊어 영어 단어가 섞여 튀어나왔다. 그는 여인에게 이런 부류의 '이타심'이 발휘되는 것을 봤다고 말하려 했다. 가장이 집에 돌아오기 전에는 배가 고파 죽을 지경이더라도 여인들이 먼저 식사하지 않는다고. 남편이 그걸 정말 바라지 않는다는 것을 잘 알면서도 그런다고. 또 딸이 싫어하는 남자랑 딸을 결혼시키려고 어머니들이 불화를 자초한다고 말해 주려 했다. 아그리피나(네로 황제의 어머니. 남편을 독살했다—옮긴이)와 맥베스의 아내(셰익스피어의 《맥베스》에 나오는 인물. 왕을 죽이고 왕위에 오르라고 남편을 부추겼다—옮긴이)에 대해 들려주려 했다. 랜섬이 소리쳤다.

"저자가 아무 의미도 없는 말을 하게 만드는데 그걸 모르겠습니까? 왕이 가장 싫어할 일인 줄 알면서 왕을 위해 이 일을 하면 뭐가 좋습니까? 왕에게 무엇이 좋은지 결정하다니 그대가 말렐딜이라도 됩니까?"

하지만 그녀는 그의 말 중 극히 일부만 이해했고, 그의 태도에 어리둥절해했다. 비인간은 이 말을 이용해 먹었다.

하지만 이런 공방이 오가고 모든 상황 변화와 반격, 버티기, 퇴각의 와중에 랜섬은 전반적인 전략을 점점 명확히 파악하게 되었다. 위험을 감수하는 사람, 비극적인 선구자가 되라는 제안에 여인은 여전히 왕과 태어나지 않은 자식들, 심지어 어떤 면으로는 바로 말렐딜에 대한 사랑에서 나온 반응을 보였다. 엄밀히 보자면 말렐딜이 복종을 바라지 않을지 모른다는 아이디어가 수문이 되어 그녀의 마음에 홍수처럼 여러 암시가 들어왔다. 한편 이런 반응과 더불어, 비인간이 비극적인 이야기들을 시작한 순간부터 살짝 극적인 분위기가 흘렀다. 그녀의 세계에서 일어나는 드라마에서 엄청난 역할을 맡고 싶은 자기 숭배의 조짐이 처음으로 드러난 것이다. 비인간의 모든 노력은 이런 요소를 확대시키는 것이었다. 그녀의 마음을 바다라고 할 때 이것이 물 한 방울에 불과하다면 비인간이 성공하지는 못할 터였다. 계속 그렇다 할지라도 여인은 실제로 불복종하지는 않을 터였다. 그런 동기가 지배적이 되면 모를까, 이성이 있는 존재라면 유혹자가 더 깊은 삶과 위로 향하는 길 운운해도 그런 모호한 말 때문에 행복을 내팽개칠 리 없었다. 숭고한 반항이라는 개념에 깔린 이기심이 커져야 했다. 그녀가 자주 반발하고 적이 뜻밖의 난관을 겪지만, 이기심은 아주 느리면서도 감지될 정도로 커지고 있다고 랜섬은 생각했다. 물론 이것은 지독히 복잡한 문제였다. 비인간의 말은 늘 대부분 사실이었다. 이 행복한 피조물이 성숙해지고, 점점 자유롭게 선택하게 되고, 어떤 면에서 더 풍요롭게 그들과 함께하는 자리에 있으려면 신과의 거리, 남편과의 거리를 더 두는 것이 신의 계획의 일부임이 분명했다. 사실 랜섬은 그녀를 만난 순간부터 이 과정이 진행되고 있다는 것을 알았고, 무의식적으로 돕기도 했다. 이 현재의 유혹을 잘 다스리면 다음에는 같은 방향으로 가장 큰 발걸음을 떼게 될 터였다. 그녀가 알았던 어떤 것보다 더 자유롭게 복종하며, 더 이성적이고 의식이 뛰어난 상태를 그녀가 누리게 될 터였다. 하지만 바로 그 이유 때문에 치명적인 잘못된 발걸음이 진실인 것처럼 들릴 수도 있었다. 그 헛된 발걸음을 디디면, 그녀는 인류가 너무도 잘 아는 욕망, 증오, 경제, 정부의 끔찍한 노예가 되는 상황에 내던져질 터였다.

그가 여인의 관심에 깔린 위험 요소가 커지고 있다고 느낀 이유는, 문제의 지성적인 골격은 단순한데도 그녀가 그것을 점점 경시하기 때문이었다. 그녀에게 데이터—말렐딜의 명령—를 상기시키기가 점점 어려워졌다. 명령을 어기면 어떤 결과가 생길지 불확실하고, 현재의 행복이 크기 때문에 더 나은 변화는 있을 수 없다는 것을 일깨우기가 힘들었다. 비인간이 일으킨 멋진 뿌연 이미지들이 잔뜩 부풀어 오른 데다 중심 이미지가 너무나 중요해 보여 상황이 이렇게 되었다. 그녀는 여전히 순수했다. 여인의 마음속에서는 어떤 사악한 의도도 형성되지 않았다. 하지만 그녀의 의지가 오염되지 않았다 해도, 그녀가 하는 상상의 절반은 이미 선명하고도 독성이 있는 형태들로 채워져 있었다. 랜섬은 다시 한 번 '이렇게 계속 나가면 안 돼'라고 생각했다. 하지만 입씨름도 결국은 소용이 없었고, 이런 상황이 계속되었다.

밤이 되어 랜섬은 너무 고단해졌고 아침이 되면서 깊은 잠에 빠져 다음 날 늦게까지 잤다. 깨어 보니 혼자였다. 엄청난 공포감이 밀려들었다.

"내가 무얼 할 수 있을까? 내가 무얼 할 수 있단 말인가?"

그는 모든 것을 잃었다는 생각이 들어 절규했다. 심장이 쿵쾅거리고 머리도 아픈 랜섬은 비틀비틀 섬 가장자리로 갔다. 물고기를 타고 두 사람을 쫓아 고정된 땅으로 갈 심산이었다. 그들이 그곳으로 갔다는 데는 의심의 여지가 없었다. 씁쓸하고 혼란스러운 마음에 휩싸인 그는 어느 쪽에 육지가 있는지, 얼마나 멀리 있는지 모른다는 점을 잊었다. 서둘러 숲 속을 지나다가 트인 곳을 만난 그는 문득 혼자가 아님을 알았다. 인간의 형상을 한 두 사람이 랜섬 앞에 있었다. 발끝까지 몸을 가린 채 누런 하늘 아래 조용히 서 있었다. 그들은 보라색과 파란색 옷에, 머리에는 나뭇잎으로 만든 은색 화관을 쓰고 있었다. 맨발 차림이었다. 그가 보기에 한 명은 인간의 자녀들 가운데 가장 추한 모습이었고 다른 한 명은 가장 아름다웠다. 그때 한 사람이 입을 열었는데 랜섬은 한 명은 초록 여인, 다른 사람은 악령에 씌운 웨스턴의 신체임을 알아차렸다. 그들이 입은 옷은 깃털로 만든 것이었고, 페렐란드라의 새들에게서 뽑은 것이 명백했다. 그것을 '짠다'고 할 수 있다면, 그가 이해할 수 없을 정도의 솜씨였다.

여인이 말했다.

"어서 와요, 파이볼드. 오래 잤군요. 나뭇잎을 입은 우리 모습이 어떤가요?"

랜섬이 대답했다.

"새들이…… 새들이 가엾군요! 저자가 새들에게 무슨 짓을 한 겁니까?"

"그는 어딘가에서 깃털을 발견했어요. 새들이 떨어뜨린 거지요."

여인이 아무렇지 않게 대꾸했다.

"왜 이런 짓을 했습니까, 여인이여?"

"그가 나를 다시 나이 들게 해주었어요. 당신은 왜 내게 말해 주지 않았나요, 파이볼드?"

"말하다니 뭘 말입니까?"

"우리는 몰랐어요. 나무들은 나뭇잎이, 동물들은 털이 있다는 것을 이 사람이 가르쳐 줬어요. 그리고 당신네 세계에서는 남자, 여자 모두 아름다운 것들을 걸치고 산다고 했어요. 우리 모습이 어떤지 말해 보지 그래요. 아, 파이볼드. 파이볼드, 당신이 또 이 좋은 것을 모른 체하지 않으면 좋겠어요. 당신네 세계에서 모두 이렇게 한다면 당신도 이걸 모를 리 없겠지요."

"네. 하지만 그곳에서는 다릅니다. 날씨가 춥거든요."

"낯선 이도 그렇게 말하더군요. 하지만 당신네 세상이 전부 다 추운 건 아니지요. 따뜻한 곳에서도 옷을 입는다더군요."

"왜 그들이 옷을 입는지도 말하던가요?"

"아름다워지기 위해서지요. 다른 이유가 있나요?"

여인이 되물었다. 약간 이상하다는 표정이었다.

랜섬은 생각했다. '맙소사, 저자가 여인에게 허영심을 가르치고 있군.' 그가 더 겁내던 것은 다른 것이었다. 옷을 입으면서 정숙함을 배우지 않는 것이, 정숙함이 음탕함을 가르치지 않는 것이 가능할까?

"우리가 더 아름다워 보이나요?"

여인의 물음에 랜섬은 정신을 차렸다.

"아니요."

그는 대답하다가 얼른 고쳐서 다시 말했다.

"모르겠습니다."

사실 대답하기가 쉽지 않았다. 이제 웨스턴의 단순한 셔츠와 반바지에 몸을 숨긴 비인간은 더 이국적으로 보였고, 그래서 비열하고 무시무시하기보다는 더 상상 속의 인물처럼 보였다. 여인은 어떤 면에서 분명히 더 나빠 보였다. 나신에는 '그냥' 빵이라고 할 때의 단순함이 있다. 보라색 옷에는 일종의 풍부, 화려함, 더 수준 낮은 아름다움에로의 양보 같은 게 있었다. 그 순간 그녀는 처음으로 (또 마지막으로) 지구에서 태어난 사내가 사랑의 대상으로 삼을 만한 여자로 보였다. 그리고 이것은 견딜 수 없는 일이었다. 불쾌하고 어처구니없다는 생각이 들자 형형색색의 풍경과 꽃향기에서도 한순간 뭔가를 도둑맞은 느낌이 들었다.

여인이 다시 물었다.

"우리가 더 아름다워 보이나요?"

"그게 뭐 중요합니까?"

랜섬이 시큰둥하게 물었다.

여인이 대답했다.

"누구나 가능한 한 아름답게 보이고 싶으니까요. 또 우리는 자기 모습을 못 보니까요."

"볼 수 있습니다."

웨스턴의 신체가 말했다.

여인은 그쪽으로 몸을 돌렸다.

"어떻게 그럴 수 있죠? 눈을 안으로 굴려도 까맣게만 보이는데요."

비인간이 말했다.

"그렇게 하는 게 아닙니다. 제가 보여 드리죠."

그것은 몇 걸음 옮기더니 웨스턴의 짐이 놓인 누런 잔디밭으로 갔다. 초조하고도 딴생각에 사로잡혔을 때 이따금 특이한 점을 알아차리듯, 랜섬은 적이 갖고 있는 가방의 재질과 문양을 그때 알아보았다. 자신도 가서 가방을 구입한 적이 있는 런던의 상점에서 산 게 분명했다. 그 사실을 알자 문득 웨스턴이 한때 사람이었으며, 그 역시 기쁨과 고통과 인간의 마음을 가졌었다는 생각이 들어 눈에 눈물이 고였다. 웨스턴이 다시는 쓰지 못할 손이 잠금 장치를 풀더니 가방에서 작고 빛나는 물건을 꺼냈다. 3달러 6펜스쯤 하는 영국산 손거울이었다. 비인간은 거울을 초록 여인에게 주었다. 그녀는 거울을 들고 뒤집어 보았다.

그녀가 물었다.

"이게 뭔가요? 이걸로 뭘 어떻게 하죠?"

"들여다보세요."

비인간이 말했다.

"어떻게요?"

"보세요!"

비인간이 말했다. 그러더니 그녀에게서 거울을 빼앗아 그녀의 얼굴 높이로 들었다. 여인은 영문을 모르고 한참 동안 빤히 쳐다보다가 깜짝 놀라 비명을 지르며 손으로 얼굴을 가렸다. 랜섬 역시 화들짝 놀랐다. 랜섬은 그녀가 감정을 수동적으로 받아들이는 모습을 처음 보았다. 그는 형세가 크게 바뀌었다고 느꼈다.

그녀가 외쳤다.

"어머나…… 세상에. 이게 뭐예요? 얼굴을 봤어요."

"당신의 얼굴입니다, 아름다운 얼굴이지요."

비인간이 말했다.

여인이 거울에서 눈을 돌린 채 말했다.

"알아요. 거기서 내 얼굴이 나를 보고 있어요. 내가 점점 더 나이가 드는 건가요? 아니면 다른 건가요? 내 느낌에…… 내 느낌에는…… 심장이 마구 쿵쾅대는 것 같아요. 몸이 따뜻하지 않아요. 이게 뭐지요?"

그녀는 랜섬과 비인간을 번갈아 쳐다보았다. 그녀의 얼굴에서 궁금한 표정이 싹 사라졌다. 폭탄이 터지려는 방공호에 있는 사람처럼 금방 알아챌 것 같은 표정이었다.

그녀가 다시 물었다.

"이게 뭐지요?"

"'두려움'입니다."

웨스턴의 입이 말했다. 그것은 랜섬을 똑바로 보면서 씩 웃었다.

"두려움…… 이게 두려움이군요."

여인이 새로이 알게 된 것을 곱씹으며 말했다. 그러더니 불쑥 단호하게 말했다.

"마음에 안 드네요."

"그 느낌은 없어질 겁니다."

비인간이 말하자 랜섬이 끼어들었다.

"그가 바라는 대로 하면 두려움은 없어지지 않을 겁니다. 그가 당신을 점점 더 큰 두려움으로 몰아갈 겁니다."

비인간이 말했다.

"더 큰 파도들 속으로 들어가, 그것들을 지나서 더 멀리 가는 겁니다. 이제 두려움을 알았으니, 당신의 종족을 대표해서 그것을 맛볼 사람이 당신이어야 한다는 것을 알겠지요. 그럴 사람이 왕이 아니라는 것을 당신은 압니다. 당신은 왕이 그러기를 바라지 않지요. 하지만 이 사소한 일에서는 두려워할 이유가 없습니다. 오히려 기뻐해야 하지요. 여기 두려울 게 뭐가 있습니까?"

여인이 단호하게 대답했다.

"사물이 하나인데 둘인 것이 두렵지요. 저것(그녀가 거울을 가리켰다)은 나이면서 내가 아니에요."

"하지만 거울을 보지 않으면 당신은 얼마나 아름다운지 모를 텐데요."

여인이 대꾸했다.

"과일은 스스로 먹지 않고, 사람은 자신과 같이 있을 수 없다는 말이 떠오르네요."

비인간이 말했다.

"과일이 그러지 못하는 것은 고작 과일이기 때문이지요. 하지만 우리는 그럴 수 있습니다. 우리는 이것을 '거울'이라고 부릅니다. 사람은 자신을 사랑하고 자신과 같이 있을 수 있습니다. 남자나 여자가 자신이 다른 사람인 것처럼 나란히 걸어 다니고, 자신의 미모를 기뻐한다는 게 바로 그것입니다. 거울은 이 기술을 가르쳐 주기 위해 만들어진 겁니다."

"그게 좋은 일인가요?"

여인이 물었다.

"아닙니다."

랜섬이 대답했다.

"시도해 보지 않고 어떻게 알 수 있습니까?"

비인간이 말했다.

"시도해 보고 좋지 않을 경우, 거기서 그만둘 수 있을지 어떻게 알겠습니까?"

랜섬이 말했다.

"나는 이미 나 자신과 나란히 걸어 다니고 있어요. 하지만 아직은 내가 어떻게 생겼는지 몰라요. 내가 둘이 된다면 다른 내가 어떤지 아는 편이 좋겠지요. 파이볼드, 그것을 한번 보면 나는 이 여인의 얼굴을 볼 거예요. 그런데 왜 내가 더 보아야 하지요?"

그녀는 이렇게 말하고 수줍으면서도 단호하게 비인간에게서 거울을 받아, 족히 1분은 말없이 들여다보더니 거울을 옆으로 내리고 서 있었다.

마침내 그녀가 입을 열었다.

"아주 이상하네요."

"아주 아름답지요. 그렇게 생각하지 않으십니까?"

비인간이 말했다.

"맞아요."

"하지만 당신은 발견해야 될 것을 아직 찾지 못했습니다."

"그게 뭐였지요? 잊고 있었네요."

"깃털 옷이 당신을 더 아름답게 보이게 하는지 그렇지 않은지."

"난 얼굴만 본 걸요."

"거울을 더 멀리 들면 여인의 몸 전체가 보일 겁니다. 당신의 다른
모습이지요. 아니, 제가 거울을 들어 드리지요."

그런데 누가 봐도 아주 이상한 광경이 벌어졌다. 그녀는 먼저 옷
입은 모습을 본 다음, 옷을 벗은 모습을 보고 다시 옷을 걸친 모습을
보았다. 마침내 그녀는 입지 않기로 하고 옷을 내던졌다. 비인간이
옷을 주웠다.

그가 말했다.

"옷을 간직하지 않으시렵니까? 하루 종일 입는 건 싫어도, 어떤 날
은 입고 싶을지 모르는데요."

"간직해요?"

여인은 무슨 뜻인지 몰라 물었다.

비인간이 말했다.

"제가 잊고 있었습니다. 당신이 고정된 땅에 살지 않을 테고, 집도
짓지 않으리란 것을 잊었네요. 어떤 면에서 자기 시간의 주인이 아니
란 것을요. '간수'라는 것은 물건을 아는 곳에 두어서 언제라도 다시
찾을 수 있는 것을 말합니다. 비와 동물들과 다른 사람들이 건드리지
못할 곳에 두는 것이지요. 이 거울을 드릴 테니 간직하세요. 이것은
왕비의 거울이 될 겁니다. 깊은 천상에서 이 세상에 온 선물이지요.

다른 여인들은 이 거울을 갖지 못할 겁니다. 하지만 당신을 보면 자꾸 생각이 납니다. 당신이 지금처럼 산다면 선물도, 간수도, 예견도 있을 수 없다는 사실이 떠오릅니다. 그날이 그날같이 동물들처럼 산다면요."

하지만 여인은 그의 말을 귀담아 듣지 않는 것 같았다. 그녀는 백일몽에 빠진 사람처럼 서 있었다. 새 옷을 생각하는 여인 같은 구석이 전혀 없었다. 그녀의 표정에는 품위가 있었다. 무척이나 그랬다. 위대함, 비극, 깊은 감수성에 빠진 기색이 역력했다. 랜섬은 옷과 거울 사건이 표면적으로만 '여자의 허영'을 건드렸음을 간파했다. 그녀의 아름다운 몸의 이미지는 위대한 영혼의 훨씬 더 위험한 이미지를 일깨우는 수단이었을 뿐이었다. 적의 진짜 목적은 말하자면 그녀에게 자신에 대한 외면적인, 말하자면 드라마틱한 개념을 주는 것이었다. 비인간은 그녀의 마음을 극장으로 만들고 있었다. 유령 같은 자아가 그곳의 무대를 장악할 터였다. 그는 이미 각본을 써놓은 셈이었다.

11

랜섬은 그날 늦게까지 잤기 때문에 밤에 깨어 있기가 수월했다. 바다는 잔잔해졌고 비는 오지 않았다. 그는 어둠 속에서 나무에 등을 기대고 반듯하게 앉아 있었다. 다른 두 사람도 가까이 있었다. 숨소리로 봐서 여인은 잠들었고, 비인간은 랜섬이 잠들면 그녀를 깨워서 구슬리기 시작하려고 기회를 엿보는 게 분명했다. 세 번째로 '이렇게 계속 나가면 안 돼'라는 생각이 머리에 떠올랐다. 이번에는 앞서보다 느낌이 강했다.

적은 혹독한 방법들을 동원하고 있었다. 랜섬이 보기에 기적이 일어나지 않으면 여인은 저항하다 결국 무릎을 꿇고 말 것 같았다. 왜 기적이 일어나지 않을까? 아니, 왜 기적은 옳은 편에 일어나지 않을까? 적의 존재 자체가 일종의 기적이었다. 지옥은 경이로운 일을 일으킬 특권이라도 있는 걸까? 왜 천국은 아무 일도 하지 않을까? 그는 신의 정의에 다시금 의구심이 들었다. 적이 저렇게 직접 와 있는데 왜 계속 말렐딜이 임하지 않는지 납득할 수 없었다.

하지만 이런 생각을 하는 사이, 주변의 짙은 어둠이 또렷한 목소리로 말이라도 하는 듯, 불현듯 그는 분명하게 알았다. 말렐딜이 임하지 않는 게 아니라는 것을. 어떤 저항을 극복해야만 받아들일 수 있는 감각이 밀려들었다. 페렐란드라에서 한두 번 경험한 감정이 되살아났다. 어둠이 꽉 차 올랐다. 어둠이 그의 몸을 짓눌러서 거의 숨도 쉬지 못할 것 같았다. 어둠이 너무나 무거운 왕관처럼 머리통을 조여서 사고할 수 있는 공간 따위는 없는 듯했다. 더구나 콕 짚어 말할 수는 없지만 말렐딜이 거기 없던 적이 없었다는 것을 알게 되었다. 다만 지난 며칠간 무의식적으로 그 사실을 무시했던 것뿐이었다.

인간들에게 내면의 침묵은 어려운 일이다. 마음 한구석에서 뭔가가 계속 종알대면서, 가장 성스러운 곳에 와도 지적받을 때까지 수다를 떤다. 랜섬의 일부분은 말하자면 일종의 죽음 비슷한 두려움과 사랑 속에서 잠잠해진 반면, 내면의 다른 부분은 경외심에 전혀 영향을 받지 않고 계속 질문과 반대 의견을 퍼부어 댔다. 이 수다스러운 비평가는 말했다. '참 볼만하구만, 그런 존재라니! 하지만 적은 진짜로 여기 와서, 진짜로 말하고 행동한다구. 말렐딜을 대신하는 자는 어디 있지?'

검객이나 테니스 선수가 되받아치는 것처럼 침묵과 어둠 속에서 바로 질문의 답이 떠오르자 랜섬은 숨이 막혔다. 불경스러워 보였다. 수다스러운 자아가 떠들어 댔다. '어쨌거나 내가 뭘 할 수 있겠어?

난 할 수 있는 걸 다 했다구. 신물이 날 때까지 말했어. 분명히 말하
건대 이건 좋지 않아.' 그는 비인간이 지옥의 사신이지만, 자기는 말
렐딜의 사신일 리 없다고 스스로를 설득하려 했다. 그는 그런 추측
자체가 악마에게 놀아난 것이고, 얼빠진 자만심과 과대망상적 유혹
이라고 주장했다. 어둠이 못 참겠다는 듯이 그의 주장을 면전에 냅다
던지자 랜섬은 겁에 질렸다. 적어도 적이 놀라운 만큼이나 그가 페렐
란드라에 오게 된 것도 경이로운 일이라는 사실을 그때 인지하게 되
었다. 왜 전에는 이런 생각을 못했는지 의아했다. 사실 옳은 쪽에 기
적이 일어나게 해달라는 그의 요구가 이루어진 셈이었다. 그 자신이
기적이었다.

수다스러운 자아가 말했다. '그래. 하지만 이건 말도 안 돼.' 몸은
이상하게 얼룩덜룩한 데다가 열 번이나 맥빠진 주장을 했던 그가, 랜
섬이 어떻게 그런 기적이 될 수 있을까? 탈주로가 있으리라는 희망
을 품고 그의 마음은 골목길을 내달렸다. 과연 그랬다. 그는 기적적
으로 이곳으로 데려와졌다. 그는 신의 손 안에 있었다. 그는 이제껏
최선을 다했고 앞으로도 최선을 다하는 한, 신이 뒷감당을 하실 터였
다. 그는 아직 성공하지 못했다. 하지만 최선은 다했다. 누구도 더 이
상 어쩔 수가 없었다. '성공을 거론하는 것은 인간의 몫이 아니지.'
마지막 결과는 그가 걱정할 필요가 없었다. 말렐딜이 알아서 할 테니
까. 그리고 그가 정말로 애쓴다면 비록 성공하지 못해도 그를 다시
지구로 보내 줄 터였다. 아마도 말렐딜의 진짜 의도는 그가 금성에서
배운 진실들을 인류에게 전하는 것이 아닐까. 금성의 운명에 대해 말

하자면 랜섬이 짊어질 일이 아니었다. 그것은 신의 수중에 있으므로, 거기 두는 데 만족해야 했다. 믿음을 가져야 했다…….

바이올린 현이 퉁 튕기는 소리가 났다. 이런 말로 회피하려 해도 소용이 없었다. 어둠은, 이런 상황의 그림은 완전히 허위라는 사실로 가차 없이 또 분명하게 그를 압박했다. 페렐란드라행은 도덕적인 과제도 아니고 베개 싸움 같은 것도 아니었다. 그 일이 말렐딜의 손에 달려 있다면, 랜섬과 여인이 바로 그 '손'이었다. 앞으로 몇 시간 동안 그들이 어떻게 하느냐에 한 세계의 운명이 달려 있었다. 그것은 축소해서 생각할 수 없는 적나라한 현실이었다. 그들이 맘만 먹으면 이 순수한 신인류의 구제를 거부할 수 있었다. 또 그 거부로 순수함은 구제받지 못할 터였다. 다른 시간이나 공간 속의 인물에게 달린 일이 아니었다. 랜섬은 무슨 일을 할 수 있을지 아직 짐작도 가지 않았지만 이 사실만은 분명했다.

물 위를 달리는 배의 프로펠러처럼 수다스러운 자아가 거칠고도 재빨리 저항했다. 경솔하고, 부조리하고 말도 안 되는 짓이라고! 말렐딜이 세상들을 잃고 싶어 할까? 무슨 생각으로 진짜 중요한 일들을 랜섬처럼 허수아비 같은 인간에게 결정적으로 떠맡긴다는 거야? 그 순간 멀리 지구에서는 인간들이 전쟁 중이라는 사실을 떠올리지 않을 수 없었다. 허연 얼굴의 소위들과 주근깨가 난 상병들이 칠흑처럼 어두운 무서운 협곡에 서 있거나 기어서 전진 중일 터였다. 그들은 랜섬처럼 모든 것이 자기들의 행동에 달려 있다는 터무니없는 진실을 깨달을 터였다. 다리에 서 있는 먼 옛날의 호라티우스(로마의 전

설적인 영웅—옮긴이). 새로운 종교를 포용하느냐 아니냐를 두고 마음을 정하는 콘스탄티누스 대제. 금단의 열매를 바라보며 서 있는 이브, 그녀의 결정을 기다리는 천상 중의 천상. 랜섬은 몸부림치며 이를 갈았지만 모르는 체할 수가 없었다. 세상은 다름 아니라 그렇게 돌아가게 되어 있다. 어떤 일이 일어나거나, 아무 일도 안 일어나는 것이 개인의 선택에 좌우되기 마련이다. 어떤 일이 일어난다면 누가 그 일을 감당할 수 있을까? 돌 하나가 강의 흐름을 결정할 수도 있었다. 온 우주의 중심이 되어 버린 이 무서운 순간 그가 그 '돌'이었다. 죄 없는 영원한 빛의 덩어리인 모든 세상들의 엘딜들은 깊은 천상에서 숨죽이며, 케임브리지의 엘윈 랜섬이 어떻게 할지 지켜보았다.

그때 축복이 담긴 안도감이 밀려왔다. 그는 자신이 뭘 할 수 있을지 모른다는 사실을 문득 깨달았다. 즐거워서 하마터면 웃음을 터뜨릴 뻔했다. 모든 공포감은 기우에 불과했다. 어떤 결정적인 임무도 그의 앞에 놓여 있지 않았다. 그가 요구받은 것은, 상황에 따라 바람직한 방식으로 적과 맞서겠다는 일반적이고 기본적인 각오였다. 그는 엄마 품에 뛰어드는 아이처럼 위로를 주는 말들을 떠올렸다. 사실 '최선을 다하는' 것, 아니 계속 최선을 다하는 것으로 말하자면 지금껏 내내 해온 일이었다.

"불필요한 걱정을 자기가 만든다니까!"

랜섬은 중얼대면서 약간 편한 자세로 고쳐 앉았다. 유쾌하면서도 합리적으로 느껴지는 경건심이 밀려와서 그를 감쌌다.

이것 봐라! 이게 뭐지? 랜섬은 다시 똑바로 앉았다. 심장이 마구 뛰었다. 그의 생각들이 한 가지 아이디어와 충돌했다. 뜨거운 부지깽이를 만지고 놀라듯, 그의 생각들은 화들짝 놀랐다. 하지만 이번에는 아이디어가 유치해서 재미있어 할 수도 없었다. 그것은 그의 마음에서 생겨난 기만임에 틀림없다. 악마와의 싸움이 '영적인' 싸움을 의미한다는 것은 지당한 얘기다……. 육체적인 싸움의 개념은 야만인들에게나 어울린다고. 그게 그렇게 간단하다면야……. 하지만 여기서 수다스러운 자아는 이미 치명적인 실수를 저질렀다. 랜섬은 상상 속에서 정직하게 구는 습관이 든 나머지, 잠시도 비인간과의 몸싸움이 겁나지 않는 척할 수 없었다. 생생한 이미지들이 그를 짓눌렀다. 소름 끼치도록 차가운 손들(몇 시간 전 그는 우연히 그것의 손을 스친 적이 있었다)…… 긴 쇠 손톱…… 손톱이 살을 찢고 힘줄을 들어내면…… 그러면 천천히 죽음을 맞겠지. 잔인한 그것은 마지막 순간까지 상대의 얼굴을 보며 웃음 지을 터였다. 그러면 죽음이 찾아오기 한참 전에 항복하겠지. 자비를 구하면서 도움을 주든 숭배를 하든 뭐든지 하겠다고 약속하리라.

그렇게 무서운 일은 없을 테니 다행이었다. 랜섬은 침묵과 어둠이 무슨 말을 하든 말렐딜이 진짜로 그런 천하고 물리적인 싸움을 의도했을 리 없다고 믿었다. 완전히 믿은 건 아니지만 대략은 그렇게 생각했다. 그 반대 예상은 랜섬 자신의 병적인 공상 속에만 있음이 분명했다. 그것은 영적인 전쟁을 단순한 신화 상태로 추락시킬 터였다. 하지만 여기서 다른 복병을 만났다. 화성에 다녀온 후 오랫동안, 또 페렐란드라에 온 후로 더욱 강하게 인식한 것은 진실과 신화, 또 그

둘을 사실과 구분하는 것은 순전히 지구적인 시각이라는 점이었다. 그것은 타락에서 비롯되었는데 불행히도 육체와 영혼을 구분하는 행태의 일환이었다. 지구에서도 성례전은 그 구분이 건전하지도, 궁극적인 것도 아님을 늘 일깨우기 위해 존재했다. 성육신은 그런 구분이 사라지는 첫걸음이었다. 그런 구분은 페렐란드라에서라면 아무 의미도 없을 것이다. 이곳에서는 무슨 일이 벌어지든 워낙 자연스러워서 지구인들은 '신화적'이라고 부를 것이다. 랜섬은 이 모든 것을 전에도 생각한 적이 있지만 이제는 그것을 알았다. 전에는 그리 무섭지 않았던 어둠 속의 존재가 엄청난 보석과 같은 이런 진실들을 그의 손에 쥐어 주었다.

수다스러운 자아는 입씨름하는 태도를 내던지다시피 하더니 잠시 놓아 달라고, 집에 보내 달라고 칭얼대는 아이 같은 말투가 되었다. 그러다가 다시 소리를 높였다. 그것은 비인간과의 몸싸움이 말이 안 되는 부분이 정확이 어디인지 설명했다. 그런 싸움은 영적인 문제에는 부적절할 것이다. 유혹자를 강압적으로 제거만 하면 여인이 계속 순종한다고 해서 소용이 있을까? 그것으로 무엇이 증명될까? 또 유혹자가 증명이나 시험이 아니라면, 왜 신은 이런 일이 벌어지게 할까? 이브가 넘어가는 순간 우연히 코끼리가 뱀을 밟았다면, 우리 세계가 구원받았을 거라고 말렐딜은 생각할까? 결단코 말도 안 되는 소리지!

무시무시한 침묵이 이어졌다. 그것은 점점 더 얼굴의 형태를 띠었다. 내가 거짓말을 하는데 상대가 말참견을 하지 않고 서글픈 표정으로 쳐다보지만, 거짓말임을 상대가 안다는 것을 나도 점점 알아 가는, 그래서 쭈뼛대고, 앞뒤가 안 맞는 말을 하다가 결국 침묵에 잠길 때와 비슷했다. 수다스러운 자아는 결국 용두사미로 끝났다. 어둠이 랜섬에게 말하는 것 같았다. '그대는 시간을 낭비하고 있을 뿐이라는 것을 안다.' 에덴과 페렐란드라를 수평 비교하려는 그의 노력이 저속하고 불완전하다는 것이 시시각각 더 분명해졌다. 말렐딜이 베들레헴에서 인간으로 태어났을 때 지구에서 벌어진 일은 우주를 영원토록 바꾸어 버렸다. 신세계 페렐란드라는 구세계인 지구의 단순한 반복이 아니었다. 말렐딜은 스스로 반복하지 않았다. 여인이 말했듯이 같은 파도는 두 번 오지 않았다. 하와가 타락했을 때 신은 인간이 아니었다. 하나님은 아직 인간들을 그의 지체로 만들지 않았다. 그 후 그는 인간들을 그의 지체로 만들었고, 이후 그들을 통해 신은 구원하며 또 고초를 겪을 터였다.

이 모든 일의 목적 중 하나는, 자신을 통해서가 아니라 랜섬 안의 자신을 통해 페렐란드라를 구원하는 것이었다. 랜섬이 거부했다면 지금까지 계획은 이행되지 않았다. 그런 면에서 그가 예상한 것보다 이야기는 훨씬 복잡해졌는데, 선택받은 것은 바로 그였다. 랜섬은 '자신에게서 떨어져 나가는, 사라지는 듯한' 이상한 감정을 느끼며 페렐란드라—지구, 즉 텔루스가 아닌—를 중심이라고 부르는 게 마땅하다고 느꼈다. 페렐란드라의 이야기를 단지 지구에서 일어난 성육신의 간접적인 결과로 볼 수도 있었다. 혹은 지구 이야기를 페렐란드라부터 시작되는 신세계들의 준비에 불과하다고 볼 수도 있었다.

전자도 후자도 진실성이 더하거나 덜하지 않았다. 어느 쪽이 더 중요한 것도 아니었다. 어느 쪽이 모사본이거나 모델인 것도 아니었다.

동시에 그는 수다스러운 자아가 질문을 던졌다는 것을 알았다. 이 시점까지 여인은 공격을 물리쳐 왔다. 그녀는 흔들렸고 연약했으며 상상 속에 약간의 오점이 있었겠지만, 버텨 냈다. 그런 면에서 이야기는 이미 랜섬이 아는 인류의 어머니 이야기와는 달랐다. 반항을 했는지, 그랬다면 얼마나 버텼는지 그는 알지 못했다. 그랬다면 이야기가 어떻게 끝났을지는 더더욱 몰랐다. '뱀'이 퇴짜를 맞아 다음 날 다시 왔다면, 그다음 날 또 왔다면…… 그러면 어떻게 됐을까? 그 시도는 영원토록 지속됐을까? 말렐딜은 그것을 어떻게 멈추었을까? 이곳 페렐란드라에서 그의 육감은, 유혹이 일어나면 안 되는 것이 아니라 '이렇게 계속 나가면 안 된다'는 것이었다. 이미 한 차례 거절당한 이 엄청난 유혹을 막는 일은 지구의 타락에서는 실마리를 구할 수 없는 문제였다. 새로운 과제였고, 그 새 과제를 위해 드라마에서 새로운 등장인물이 필요했다. 그리고 (불행하기 짝이 없게도) 그 인물은 바로 랜섬 자신인 듯했다. 몇 번이고 그의 마음은 창세기를 되새기며 '어떤 일이 벌어졌을까?'라고 자문했지만 소용없었다. 이 질문에는 어둠도 그에게 대답하지 않았다. 어둠은 참을성 있게 그리고 가차없이 그를 '여기'와 '지금'으로 다시 데려왔다. 지금 여기서 요구되는 것이 뭘까 확신이 점점 커졌다. 랜섬은 '어떻게 됐을까'라는 말이 무의미하다고 느꼈다. 그런 생각을 해봤자 여인이 현실성이 없는 '세상 옆쪽'이라고 표현했을 상황에서 헤맬 뿐이었다. 실질적인 것만이 현실이었고, 모든 실질적인 상황은 새로웠다. 여기 페렐란드라에서 유혹은 랜섬이 막거나 막지 못하거나 둘 중 하나일 터였다. 지금 그가 겨루고 있는 목소리는 이 선택 주변에 무한한 허공을 만드는 것 같았다. 우주의 이야기에서 이 장, 이 쪽, 바로 이 구절은 온전히 그리고 영원히 그 자체로 존재했다. 이미 일어났거나 앞으로 일어날 다른 구절이 이 구절을 대신할 수 없었다.

그는 다른 방어선으로 후퇴했다. 불멸의 적과 어떻게 싸울 수 있단 말인가? 백면서생이요 눈이 나쁜 학자에다 지난 번 싸움에서 상처를 입은 사람이지만 그게 아니라 투사라 해도, 비인간과 싸움에서 무슨 소용이 있을까? 적은 죽여도 죽지 않는 존재가 아닌가? 하지만 답은 즉시 분명해졌다. 웨스턴의 몸은 파괴시킬 수 있을 테고, 페렐란드라에서 적의 기반은 그 몸뿐일 것이다. 그 몸으로 인해 적은 새로운 세상에 들어왔다. 몸이 여전히 인간의 의지에 따른다면, 거기서 쫓겨나면 다른 살 곳을 얻지 못할 게 분명했다. 웨스턴의 자청으로 그것이 그 몸으로 들어왔으니, 그런 초대가 없으면 다른 데 들어가지 못했을 터였다. 랜섬은 성경에 나오는 더러운 영들이 '깊은' 데로 쫓겨날까 겁내는 대목을 기억했다. 이런 생각을 하니 마침내 가슴이 철렁하면서, 물리적인 행동이 요구된다면 보통 기준으로 볼 때 불가능하거나 가망이 없는 것은 아님을 깨달았다. 실질적인 수준으로 보면 중년의 나이에 늘 앉아만 있는 몸이 그런 몸과 싸우는 것이었고, 둘 다 무기라곤 주먹과 이와 손톱뿐이었다. 이런 세세한 점까지 생각하자 공포감과 불쾌감이 엄습해 왔다. 그런 무기들로 적을 죽이는 것은 (랜섬은 웨스턴이 개구리를 죽인 일을 떠올렸다) 악몽 같은 일일 것이다. 죽임을 당하는 것은 그로서는 감당 못할 일이었다. 그는 죽임을 당할 거라고 확신했다. '내가 평생 싸움에서 이겨 본 적이 있던가?'라고 자문하기도 했다.

이제는 해야 될 일에 대한 확신을 두고 실랑이하지는 않았다. 온갖 애를 쓰느라 기진맥진했다. 어떤 핑계도 대지 못할 만큼 대답은 명료했다. 반박 못할 말소리가 밤을 꿰뚫고 들려왔기에, 소리는 나지 않았지만 가까이서 잠든 여인을 깨울 것 같았다. 랜섬은 불가능한 일에 맞닥뜨렸다. 그는 이 일을 해야 했는데 할 수가 없었다. 이 순간 지구에서 확신 없는 청년들이 더 작은 사명 때문에 수행 중인 일들을 떠올리려 했지만 소용없었다. 그의 의지는 그 계곡에 있었다. 여기서는 수치심에 호소해도 소용없고, 아니 계곡을 더 어둡고 깊게 만들기만 했다. 총기가 있으면 비인간과 대적할 수 있다고 믿었다. 심지어 적이 웨스턴의 권총을 갖고 있다면 그는 무기 없이 서서 죽음을 맞이할 수 있을 것 같았다. 하지만 적과 맞붙어 싸우는 것은, 죽었지만 살아 있는 품에 달려들고, 맨 가슴과 맨 가슴을 맞대고 씨름을 벌이는 일은…… 끔찍하고 어리석은 생각들이 마음속으로 파고들었다. 그는 그분의 음성에 순종하지 못할 테지만, 나중에 지구에 돌아간 뒤에나 후회가 될 테니 상관없었다. 베드로가 그랬듯이 겁낼 테고, 베드로처럼 용서받을 테지. 물론 이성적으로는 이런 유혹들에 대한 답을 분명히 알았다. 하지만 지금은 이성적인 소리가 지겨운 잔소리로 들리는 순간이었다. 문득 마음에 역풍 같은 게 불면서 기분이 바뀌었다. 아마도 싸워서 이길 것이고, 심하게 맞지도 않을 터였다. 하지만 어둠 쪽에서는 그 방향으로 어떠한 보장도 다가오지 않았다. 미래가 밤 자체처럼 어두웠다.

그 음성이 말했다.

"그대의 이름이 랜섬Ransom('몸값', '그리스도의 속죄'라는 뜻―옮긴이)인 것은 괜히 그런 게 아니니라."

랜섬은 이 음성이 그의 상상이 아니라는 것을 알았다. 아주 묘한 이유에서였는데 '랜섬'이라는 성이 '몸값'이라는 어휘가 아니라 '랜돌프의 아들Randolf's son'에서 나왔다는 것을 오래 전부터 알았기 때문이었다. 그러니 그의 성과 '몸값'이란 단어를 연관 지을 생각은 하지도 않았을 것이었다. 랜섬을 몸값을 내는 행위와 연결시킨다면 그에게는 그저 말장난이었을 것이다. 하지만 그의 수다스러운 자아까지도 그 음성이 말장난을 한다고 반박할 엄두를 내지 못했다. 그 순간 그는 우연히 발음이 비슷한 것은 언어학자들에게 실은 우연이 아니라는 점을 알아차렸다. 우연인 것들과 계획된 것들의 구분은, 사실과 신화의 구분처럼 순전히 지구에서나 있는 일이었다. 패턴이 워낙 방대하여, 지구에서의 경험이라는 작은 틀 속에서는 우리가 연관 지을 수 없는 것들과 연관 지을 수 있는 것들이 구분되는 듯 보인다. 그래서 편의상 우연한 일과 필수불가결한 일을 구분한다. 하지만 그 틀에서 한 걸음만 나오면 구분은 허공에 빠져 쓸모없어진 날개를 퍼덕이게 된다. 랜섬은 그 틀에서 밀려 나와 더 큰 패턴에 휩싸인 셈이었다. 이제 그는 옛 철학자들이 터무니없는 우연이나 행운 따위는 없다고 말한 이유를 알았다. 어머니가 그를 잉태하기 전, 그의 조상들이 '랜섬'으로 불리기 전, '랜섬ransome'이 '몸값'이란 명사로 쓰이기 전부터 이 모든 것이 영원에서 어우러져 이 시점에서 중요한 패턴이 이런 식으로 생기게 된 것이었다. 그는 머리를 숙이고 신음하며 운명을 한탄했다. 여전히 인간임에도 은유의 세계로 끌려 들어온 것을, 철학에서나 다룰 일을 떠맡은 것을.

"내 이름 역시 랜섬이니라."

음성이 말했다.

이 말의 뜻을 알아듣는 데 시간이 걸렸다. 다른 세계들이 '말렐딜'이라고 부르는 그가 세상의 몸값이요, 랜섬 자신의 몸값임을 잘 알고 있었다. 하지만 무슨 목적으로 지금 그 말을 한 것일까? 대답이 떠오르기도 전에 랜섬은 그 음성이 다가오는 것을 느끼고 견디지 못한 나머지 마음의 문을 못 열게 막으려 하듯 양손을 앞으로 뻗었다. 하지만 그것은 다가왔다. 그러니 그게 진짜 핵심이었다. 그가 실패하더라도 이 세계는 구원받을 것이다. 그가 몸값이 아니라면 다른 이가 몸값이 될 터였다. 하지만 아무것도 반복되지 않았다. 제2의 십자가에 달림은 없을 것이다. 제2의 성육신도 없을지 누가 알까……. 훨씬 더 소름끼치는 사랑의 행위가, 더 큰 수치를 당하는 영광이 있을지도. 패턴이 어떻게 커지는지, 어떻게 각각의 세상에서 다른 차원을 통해 다음 세상으로 번져 가는지 랜섬은 이미 잘 알았다. 사탄이 말라칸드라에서 저지른 외적인 악은 선線에 불과한 셈이었다. 그가 지구에서 저지른 더 깊은 악은 사각형이라 할 수 있었다. 금성이 타락하면 사탄의 악은 입방체인 셈이었고, 금성의 구원은 알 수가 없었다. 하지만 금성은 구원받을 터였다. 그는 엄청난 문제들이 그의 선택에 달려 있음을 오래 전에 알았지만, 지금 그의 손에 있는 무서운 자유의 진짜 넓이는 이제야 깨닫게 되었다. 그 넓이에 비하면 공간적인 무한함은 좁아 보였다. 이제 그는 뻥 뚫린 하늘 아래, 절벽 끝으로 끌려온 사람 같았다. 북극에서 부는, 으르렁대는 바람 속에 있는 기분이었다. 지금까지는 베드로처럼 주님 앞에 선 자신을 상상했다. 하지만 이것은 더 나쁜 상황이었다. 그는 그분 앞에 빌라도처럼 앉아 있었다. 풀어 주든지 피를 보든지 빌라도 마음이었다. 세상의 토대 위에서 벌인 처단으로 빨개진 모든 인간의 손과 마찬가지로 그의 손도 빨갰다. 이제 그가 선택한다면 그는 다시 같은 피에 손을 담글 터였다.

"자비를."

랜섬은 탄식했다.

"주여, 왜 하필 저를?"

하지만 대답이 없었다.

그 일은 여전히 불가능해 보였다. 그런데 평생 딱 두 번 겪은 일이 차츰 그에게 일어났다. 한 번은 지난 번 전쟁에서 매우 위험한 일을 결행하려 했을 때였고, 또 한 번은 런던으로 가서 어떤 사람을 만나, 정의가 요구되는 몹시 당혹스러운 고백을 해야 한다고 자신을 다그칠 때였다. 두 사건 모두 전혀 불가능해 보였다. 그는 자신이 어떤 사람인지 알기에 그 일을 하는 것은 심리적으로 불가능하다는 것을—그저 생각한 정도가 아니라—알았다. 그런데 의지가 바뀐 것도 아닌

데, 다이얼의 숫자를 읽듯 객관적이고 무덤덤하게 '내일 이맘때쯤 그 불가능한 일을 다 해냈을 것'임을 확실히 알게 되었다. 같은 일이 지금 벌어졌다. 두려움, 수치, 사랑, 모든 입씨름은 전혀 바뀌지 않았다. 그 일은 전보다 더도 덜도 아니게 똑같이 두려웠다. 다만 그 일이 완수되리란 것을 그가 안다는, 역사적인 문제처럼 분명히 안다는 점이 달랐다. 그는 간청하거나 울거나 반발하고, 저주하거나 찬양할 터였다. 순교자처럼 노래하거나 악마처럼 신성모독을 할지도 몰랐다. 그래도 조금도 달라지지 않았다. 그 일은 완수될 터였다. 시간의 흐름 중에 그가 그 일을 해낸 때가 올 터였다. 장래의 행동이 마치 이미 그것을 다 해내기라도 한 듯이 꼼짝 않고, 변화도 없이 거기 서 있었다. 과거 대신 미래라 부르는 자리를 차지한 것은 부적절한 세부 사항뿐이었다. 전체적인 싸움은 끝났지만 승리의 순간은 없었던 것 같았다. 선택의 힘은 옆으로 밀려나고, 정해진 운명이 그 자리를 차지했다고 할 수도 있겠다. 한편 랜섬이 장황한 고생담에서 벗어나 의심의 여지 없는 자유로 접어들었다고도 할 수 있겠다. 랜섬은 이 두 말의 차이를 결코 알 수 없었다. 숙명과 자유는 분명히 하나였다. 이제 그는 이 주제에 대해 들었던 다양한 논쟁의 의미를 더 이상 알 수 없었다.

그가 내일 비인간을 죽이려 할 것이라는 사실을 알자마자, 그 일이 생각보다 작은 문제로 보였다. 처음 이 생각이 떠올랐을 때 왜 자신을 과대망상증이라고 자책했는지는 기억나지 않았다. 그가 그 일을 하지 않으면 말렐딜이 대신 더 위대한 일을 하리라는 것은 자명했다.

그런 면에서 랜섬은 말렐딜 편이었다. 하와가 사과를 먹지만 않았다면 말렐딜의 편이었을 것인데, 이는 어떤 사람이 선행을 해서 말렐딜의 편인 것과 마찬가지였다. 개인을 서로 비교할 수 없는 것처럼 고난도 비교할 수 없었다. 굳이 비교하자면, 불씨를 끄다가 손가락을 덴 사람과 그 불씨가 꺼지지 않아서 일어난 화재를 진압하다가 목숨을 잃은 소방관의 차이였다. 랜섬은 더 이상 '왜 하필 나인가'라고 묻지 않았다. 랜섬이든 다른 사람이든 마찬가지일 터였다. 이 결정이든 다른 결정이든 마찬가지일 것이다. 그가 결정한 순간 보았던 강렬한 빛이 현실 속에서 빛났다.

음성이 말했다.

"내가 그대의 적에게 잠을 드리웠다. 그는 아침까지 깨지 않을 것이다. 일어나라. 20보 걸어서 숲 속으로 들어가 거기서 자거라. 그대의 자매 역시 자고 있다."

12

끔찍한 아침이 올 때는 보통 그 생각에 휩싸여 순식간에 깨기 마련이다. 꿈을 꾸지 않고 자던 랜섬은 중간 단계를 거치지 않고, 할 일을 의식하며 퍼뜩 깼다. 잔잔하지도, 폭풍우가 치지도 않는 바다 위에 떠서 가만히 흔들리는 섬에 랜섬 혼자 있었다. 황금색 빛이 쪽빛 나무줄기들 사이로 비쳐 들어, 어느 방향에 물이 있는지 알 수 있었다. 그는 물가로 가서 몸을 담갔다. 그런 다음 다시 올라와서 몸을 숙여 물을 마셨다. 한동안 서서 젖은 머리를 손으로 넘기고 팔다리를 쓰다 듬었다. 그는 몸을 내려다보다가, 한쪽은 햇볕에 심하게 타고 다른 쪽은 창백했던 피부가 많이 가라앉았음을 알았다. 여인이 이 모습을 처음 봤다면 얼룩덜룩하다는 뜻의 '파이볼드' 라는 이름을 지어 주지 않았을 것이다. 피부 빛깔은 상아색에 가까웠다. 몇 날 며칠을 알몸으로 다니자 부츠 때문에 쭈그러들었던 흉한 발가락 모양이 돌아오기 시작했다. 전반적으로 인간이라는 동물의 관점에서 볼 때 전보다 낮다는 생각이 들었다. 더 위대한 아침이 우주 전체에 오기 전까지 다시는 이처럼 온전한 몸을 휘두르지 못할 거라고 확신했다. 연주를 포기하기 전에 조율이 된 셈이니 다행스러웠다. 그는 "깰 때에 주의 형상으로 만족하리다"(시편 17편 15절—옮긴이)라고 중얼댔다.

이윽고 그는 숲으로 들어갔다. 먹을 것을 찾을 작정이었는데 우연히도 구름 같은 거품이 매달린 나무 수풀로 접어들었다. 처음 맛보았을 때처럼 얼얼한 쾌감이 밀려들었고, 거기서 나올 때는 걸음걸이도 달라졌다. 이것이 마지막 식사가 될 테지만, 좋아하는 과일을 찾는 것은 적절하지 않은 것 같았다. 하지만 조롱박이 나왔다. '사형 집행일 아침에 훌륭한 아침 식사를 하는군.' 랜섬은 비아냥대듯 중얼대며, 빈 껍질을 버렸다. 순간적으로 온 세상이 춤을 출 것 같은 기쁨이 차올랐다. 그는 생각했다. '그러니까 그럴 만한 가치가 있어. 난 시간을 누렸어. 파라다이스에서 살아 봤고.'

안쪽으로 더 들어가니, 나무들이 더 빽빽하게 우거졌다. 하마터면 잠든 여인의 몸에 걸려 넘어질 뻔했다. 그녀가 이 시간까지 자는 것은 예사롭지 않은 일이라서, 말렐딜이 한 일이라는 짐작이 갔다. 그는 생각했다. '다시는 그녀를 못 볼 거야. 다시는 이런 눈으로 여인의 몸을 바라보지 못할 거야.' 그녀를 내려다보면서 주로 느낀 감정은 강렬하고 쓸쓸한 열망이었다. '단 한 번이라도 그녀의 순수함과 광채 속에서 인류의 위대한 어머니를 본다면……'

그는 중얼댔다.

"다른 것들, 다른 축복들, 다른 영광들은 봤을지 몰라. 하지만 그건 못 봤지. 어떤 세상에도 그것은 없지. 신은 일어나는 모든 일을 선하게 만들 수 있겠지. 하지만 잃어버린 것은 현실이야."

그는 다시 한 번 초록 여인을 바라보고 나서 그녀가 누운 곳을 휙 지나쳤다. 랜섬은 생각했다. '내가 옳았어. 계속 그렇게 내버려 둘 수는 없었어. 멈추게 할 때가 됐어.'

적을 찾기까지, 어둡지만 색깔을 띤 나무 수풀을 한참 동안 드나들어야 했다. 오랜 친구인 용도 만났다. 용은 처음 봤을 때처럼 나무줄기에 몸을 휘감은 채 자고 있었다. 랜섬은 잠에서 깬 뒤 새들의 지저귐을 못 들었다는 것을 그제야 알았다. 날렵하게 바스락대거나, 노란 눈으로 나뭇잎 사이를 내다보던 새들이 한 마리도 눈에 띄지 않았다. 물소리 외에는 아무 소리도 없었다. 신이 섬 전체, 아니 온 세상을 깊은 잠에 빠뜨린 듯했다. 잠시 그는 외톨이가 된 기분을 느꼈지만, 이 행복한 마음들에 피와 분노의 기억이 새겨지지 않는 것이 기뻤다.

한 시간쯤 지나, 거품이 달린 작은 수풀을 빙 돌던 랜섬은 문득 비인간과 마주쳤다. 적의 가슴에 핏자국이 있는 걸 보자 '벌써 다친 거야?'라는 생각이 들었다. 물론 비인간의 피가 아니라는 것을 곧 알았다. 반쯤 털을 뽑힌 새가 주둥이를 벌리고 소리 없는 비명을 질렀다. 비인간이 길고 날렵한 손가락으로 목을 조르자 새는 맥없이 바동댔다. 랜섬은 상황을 파악할 새도 없이 자기도 모르게 몸이 움직였다. 고교 시절 복싱을 했던 기억이 일깨워졌는지, 자기도 모르게 있는 힘을 다해 왼손 스트레이트를 날렸다. 하지만 글러브를 끼지 않았다는 사실을 잊었다. 주먹이 턱뼈를 칠 때 심한 통증이 일자 그제야 기억이 났다. 얼얼한 느낌이 팔을 타고 올라왔다. 랜섬은 그 충격을 느끼며 잠시 멈칫했고, 비인간은 이때를 틈타 여섯 걸음쯤 물러섰다. 상대 역시 첫 타격이 기분 나쁜 모양이었다. 혀를 깨물었는지, 말을 하려 하자 입에서 피가 뚝뚝 흘렀다. 손에는 여전히 새를 쥐고 있었다.

"그러니까 힘을 써보시겠다 이거군."

걸쭉한 목소리였다. 영어였다.

"새를 내려놓으시지."

"정말 어리석은 짓이야. 내가 누군지 모르는 건가?"

"당신이 뭔지 잘 알지. 그건 중요치 않아."

"그러니까 나랑 싸울 수 있다고 생각하는 건가? 그가 당신을 도울 거라고 생각하겠지? 많은 사람들이 그렇게 생각했지. 나는 당신보다 그에 대해 잘 알아, 작은 이여. 그들 모두 그가 도와주러 올 거라고 생각하지. 그러다 불 속에서, 집단 수용소에서 시달리면서, 톱 아래서 몸부림치면서, 정신병원에서 중얼대거나 십자가에 못 박히면서 제정신을 차리지만 이미 늦지. 그 사람이 자신을 도울 수 있었을까?"

비인간은 갑자기 머리를 젖히고 외쳤다. 소리가 너무 커서 황금색 하늘이 갈라지는 것 같았다.

"엘리 엘리 라마 사박다니."("나의 하나님, 나의 하나님, 어찌하여 나를 버리셨나이까"라는 뜻으로 마태복음 27장 46절에 나온다―옮긴이)

순간, 랜섬은 그가 1세기의 아람어(예수 당시에 사용되던 언어―옮긴이)를 완벽하게 구사했다고 확신했다. 비인간은 성서 구절을 인용한 것이 아니라 기억을 말했다. 십자가에서 예수가 했던 바로 그 말이었다. 그 말을 들었던 이들의 생생한 기억 속에서 고이 간직된 말이었다. 이제 그 말이 오싹하게 패러디되었고, 순간적인 공포감에 랜섬은 속이 울렁거렸다. 미처 진정하기도 전에 비인간이 강풍처럼 울부짖으며 랜섬을 덮쳤다. 눈을 크게 떠서 눈꺼풀이 없는 것 같았고, 머리가 쭈뼛쭈뼛 곤두서 있었다. 그것은 랜섬을 양팔로 감싸 가슴에 끌어안았다. 등을 파고든 손톱에 그의 등이 마구 찢겼다. 양손이 비인간의 가슴팍에 갇히자, 랜섬은 마구 팔을 흔들었지만 적을 때리지 못했다. 랜섬은 고개를 돌려 비인간의 오른팔을 깨물었다. 제대로 깨물지 못해 한 번 더 깊숙이 물었다. 적은 울부짖으면서도 랜섬을 잡고 있으려다 갑자기 팔을 풀었다. 한순간 방어를 못 하는 틈을 타 랜섬은 상대의 가슴팍을 마구 때렸다. 예상보다 주먹질이 더 빠르고 힘찼다. 비인간은 몹시 헐떡거리면서 숨을 제대로 쉬지 못했다. 그러다가 비인간이 양손을 다시 치켜들었다. 손가락을 새 발톱처럼 굽히고 있었다. 그것은 주먹질이 아니라 맞붙어 싸우고 싶어 했다. 랜섬은 그것의 오른팔을 아래로 내리고 턱살에 주먹을 날렸는데 뼈가 서로 부딪치는 무시무시한 충격을 느꼈다. 그와 동시에 그것의 손톱이 랜섬의 오른팔을 찢었다. 그는 비인간의 양팔을 움켜잡았다. 싸움 기술보다는 운이 좋아서 양쪽 팔목을 붙잡은 것이다.

다음 1분은 누가 봐도 싸움 같지 않았다. 비인간은 웨스턴의 몸에 있는 온 힘을 짜내서 랜섬의 손아귀에서 손을 빼려고 버둥댔다. 랜섬은 젖 먹던 힘까지 내서 적의 손목을 붙잡고 있으려고 버텼다. 하지만 둘 다 땀을 줄줄 흘리게 한 이런 노력은 점차 한가로워 보일 정도였고 심지어 목적도 없는 팔들의 움직임으로 끝났다. 한동안 누구도 상대에게 상처를 입히지 못했다. 비인간은 머리를 숙여 물려고 했지만, 랜섬은 양팔을 쭉 뻗어서 다가오지 못하게 막았다. 이 상황이 끝나야 되는 이유가 없는 것 같았다.

그때 갑자기 비인간이 다리를 뻗어 랜섬의 무릎 뒤쪽을 걸어 잡아당겼다. 랜섬은 넘어질 뻔했다. 양쪽 다 동작이 빠르고 허둥댔다. 이번에는 랜섬이 적의 발을 걸려고 했지만 실패했다. 그는 팔을 부러뜨리거나 적어도 골절상이라도 입히려고 있는 힘껏 비인간의 왼팔을 꺾기 시작했다. 하지만 거기에 신경을 쓰다가 다른 팔목을 쥔 힘이 약해진 모양이었다. 비인간의 오른손이 풀려났다. 적이 손톱으로 뺨을 거칠게 할퀴자 상대의 갈비뼈를 때리던 랜섬은 왼손의 동작을 멈추었다. 어떻게 이렇게 되었는지 정신이 없었지만 잠시 후, 둘은 떨어져 서서, 서로 노려보면서 가슴을 들먹이며 숨을 몰아쉬고 있었다.

둘 다 가관이었다. 랜섬은 자기 상처를 보지 못했지만 피범벅이 된 것 같았다. 적은 눈을 감다시피 했고, 셔츠가 찢겨서 곧 시퍼래질 타박상 자국이 고스란히 드러났다. 상처, 적의 가쁜 호흡, 격투를 벌일 때 상대의 힘이 랜섬의 마음 상태를 완전히 바꾸어 놓았다. 그는 비인간이 더 강하지 않다는 것을 알고 화들짝 놀랐다. 이성적으로는 그렇지 않다는 것을 알면서도, 적이 초인적이고 악마 같은 힘을 지녔다고 예상했었다. 비행기의 프로펠러 날을 붙잡을 수 없듯 적의 팔을 잡는다는 건 불가능하다고 짐작했었다. 하지만 이제 실제 경험을 통해 적의 육체적인 힘은 웨스턴이 지닌 힘에 불과하다는 것을 알았다. 신체적인 면에서 보면 중년의 학자 둘이 싸우는 셈이었다. 체격은 웨스턴이 더 좋았지만 살집이 많았다. 그의 몸은 강타를 잘 견디지 못할 터였다. 랜섬은 더 민첩하고 수월하게 호흡했다. 죽을 수도 있다는 생각을 한 것이 어처구니없어 보였다. 막상막하의 싸움이었다. 싸움에서 이겨 목숨을 건지지 못할 이유가 없었다.

이번에 공격한 사람은 랜섬이었고, 두 번째 타격은 첫 번째와 거의 비슷했다. 랜섬은 주먹질에서 우위였고 이와 손톱 공격에서는 당했다. 생각이 많았지만 이제 정신은 또렷했다. 그는 그날의 핵심은 아주 간단한 문제라는 것을 알았다. 적의 심장과 콩팥에 강타를 날려 무너뜨리느냐, 그전에 자신이 출혈로 쓰러지느냐였다.

그들 주변에서는 풍요로운 세계가 잠들어 있었다. 규칙도, 심판도, 구경꾼도 없었다. 하지만 그들은 지쳐서 계속 나가떨어졌고, 기이한 결투는 꼭 필요한 만큼의 라운드로 나뉘어졌다. 몇 라운드나 싸웠는지 랜섬은 기억할 수 없었다. 미친 듯한 환각 상태가 반복되는 듯했고, 적이 가할 수 있는 어떤 고통보다 갈증이 더 참기 힘들었다. 둘다 나란히 쓰러지는 경우도 있었다. 한번은 적의 가슴에 올라타 양손으로 목을 조르면서 자기도 모르게 '말돈의 전투'(10세기 무렵 영시―옮긴이)의 한 구절을 외치는 것을 알고 깜짝 놀랐다. 하지만 비인간이 손톱으로 양팔을 찢고, 무릎으로 등을 걷어차는 바람에 랜섬은 나가떨어졌다.

그는 비인간과 맞서려고 천 번쯤 앞으로 나아갔고, 그러면서도 더 이상은 싸우지 못하리란 것을 분명히 알았다고 기억한다. 긴 최면에 빠진 사람이 무의식 상태를 기억하듯이. 한순간 적이 웨스턴이 아닌 만드릴(아프리카산 큰 비버—옮긴이)처럼 보였고 거의 동시에 이것이 환각 상태임을 깨달았다고 기억한다. 랜섬은 동요했다. 그때 우리 세계에서 착한 사람은 결코 할 수 없는 경험이 그에게 밀려들었다. 그것은 순수하고 합법적인 증오심의 회오리였다. 전에는 증오심을 느낄 때마다 죄인과 죄를 구분하지 못한다는 사실에 죄책감을 느꼈는데, 지금은 그 증오심이 그의 사지에 솟구쳐 피가 끓는 큰 기둥처럼 느껴졌다. 앞에 있는 것이 이제는 타락한 의지를 가진 피조물로 보이지 않았다. 그것은 타락 자체였다. 거기에 의지가 도구처럼 달려 있을 뿐이었다. 오래 전 그것은 한 개인이었지만, 이제는 타락한 자아가 되어 그 안에서 양심의 가책을 못 느끼는 무기로 살아남았다. 이런 생각을 하자 왜 공포감이 아닌 일종의 환희가 차올랐는지 이해하기 힘들 것이다. 마침내 증오가 무엇으로 이루어져 있는지 알아냈다는 환희였다. 도끼를 든 소년이 나무를 발견할 때 환희를 느끼듯, 혹은 색분필 상자를 가진 소년이 흰 도화지를 발견할 때 환희를 느끼듯 랜섬은 감정과 그 대상이 완벽하게 일치하는 것에 기뻐했다. 출혈로 기운이 빠져 몸이 떨렸지만, 그는 어떤 것도 능력 밖으로 느끼지 않았다. 랜섬은 우주를 수학으로 본다면 영원한 무리수라 할, 살아 있는 죽음에게 몸을 날렸다. 자신의 힘이 전혀 놀랍지 않았다. 양팔은 생각보다 빨리 움직이는 것 같았다. 손은 무서운 일을 해냈다. 그는 적의 갈비뼈가 부러지는 것을 느꼈고, 턱뼈가 우지끈 부러지는 소리를 들었다. 그의 주먹에 적의 몸 전체가 갈라지고 쪼개지는 것 같았다. 비인간이 살을 찢는 바람에 통증이 있었지만 왠지 그것은 중요하지 않았다. 1년 내내 싸우고 완벽한 증오심으로 미워하는 것도 가능하다고 느꼈다.

순간 랜섬은 허공에 주먹을 날리고 있음을 알았다. 처음에는 무슨 일이 벌어지는지 알아차리지 못했다. 비인간이 달아났다. 도저히 믿을 수가 없었다. 랜섬은 순간 멍청해진 것 같아 흠칫 놀랐다. 정신을 차리고 보니, 비인간이 다리를 절뚝이며 숲으로 사라지는 모습이 보였다. 한쪽 팔을 볼품없이 늘어뜨리고 개같이 울부짖으면서. 랜섬은 쫓아갔다. 순간 나무줄기에 가려 보이지 않다가 다시 시야에 들어왔다. 랜섬은 있는 힘을 다해 달리기 시작했지만, 비인간은 따라잡히지 않았다.

환상적인 추적이었다. 빛과 그림자 속을 드나들고, 느릿느릿 움직이는 비탈과 계곡을 오르내렸다. 그들은 잠든 용을 지나갔다. 얼굴에 미소를 띠고 자는 여인도 지나쳤다. 비인간은 그녀 옆을 지날 때 몸을 숙이고 왼손가락을 구부려 상처를 내려 했다. 용기를 냈다면 그녀의 살을 찢었을 테지만, 랜섬이 바싹 따라붙는 통에 지체할 엄두를 내지 못했다. 그들은 큰 오렌지색 새 떼를 지나갔다. 한쪽 다리로 서서 머리를 날개 밑에 파묻고 자는 모습이, 평범한 꽃을 피운 관목 수풀처럼 보였다. 비인간과 랜섬은 작고 노란 캥거루 가족 앞을 지나면서 속도를 냈다. 캥거루들은 묘비에 조각된 십자군들처럼 작은 앞발을 포개 가슴에 얹고서 자고 있었다. 랜섬과 비인간은 늘어진 나뭇가지 밑에서는 몸을 숙였다. 늘어진 나뭇가지에서 나무 돼지들이 아기들이 코를 골 때처럼 느긋한 소리를 냈다. 그들은 거품 나무 수풀을 지나면서 지친 것도 잠시 잊어버렸다. 섬은 넓었다. 그들은 숲에서 빠져나와 노란색과 은색의 너른 들판을 내달렸다. 서늘한, 때론 진한 향기를 풍기며 때로 발목까지, 어떤 때는 허리까지 풀이 자라 있었다. 그들은 다른 숲으로 들어갔다. 다가갈 때는 은밀한 계곡에만 수풀이 보였지만, 가보면 외딴 언덕의 꼭대기까지 치솟은 숲이었다. 랜섬은 적을 붙잡지 못했다. 제대로 못 걷는 것처럼 보이는 동물이 그런 속도를 유지할 수 있다는 것이 경이로웠다. 짐작대로 발목이 삐었다면 걸음을 옮길 때마다 이루 말할 수 없이 고통스러울 것이다. 그때 그의 마음에 무시무시한 생각이 떠올랐다. 그것이 아직 몸에 붙어 있는 웨스턴의 남은 의식에게 통증을 넘겨주는 걸까. 한때 동족이었고 인간의 젖을 먹고 자란 것이 지금은 그가 쫓는 것 속에 갇혀 있다는 생각을 하자 증오심이 두 배로 커졌다. 그 증오심은 지금껏 알았던 감정들과 전혀 달랐다. 증오심으로 인해 더 힘이 났다.

그들이 네 번째 숲에서 나왔을 때, 랜섬은 10미터도 떨어지지 않은 곳에 펼쳐진 바다를 보았다. 비인간은 육지와 물을 구분 못하는 듯 바다로 달려가 풍덩 뛰어들었다. 구릿빛 바다에서 헤엄치는 적의 검은 머리가 보였다. 랜섬은 쾌재를 불렀다. 그가 유일하게 뛰어난 실력을 보이는 스포츠가 수영이었다. 물에 들어가자 잠시 비인간이 보이지 않았다. 추적하느라 얼굴에 머리카락이 달라붙어(이즈음 머리가 무척 길었다) 고개를 흔들던 랜섬은 적이 허리를 세우고 수면 위에 앉아 있는 것 같은 광경을 보았다. 다시 힐끗 보니 물고기를 타고 앉아 있었다. 잠의 마법은 섬에만 걸린 듯 비인간이 탄 물고기는 빠른 속도로 달리고 있었다. 비인간이 몸을 굽히고 물고기에게 무슨 동작을 취했지만, 랜섬은 그게 뭔지 파악할 수 없었다. 틀림없이 속도를 내도록 다그치는 동작이었을 터였다.

잠시 그는 절망에 사로잡혔다. 하지만 이들 물고기 떼가 인간을 좋아하는 성향이 있다는 사실을 잊고 있었다. 순간 주변에서 물고기 떼가 그의 관심을 끌려고 폴짝폴짝 뛰고 까불대는 것을 알아차렸다. 동물들의 선의에도 불구하고, 처음 잡힌 물고기의 등이 미끄러워서 올라타기가 쉽지 않았다. 랜섬이 물고기의 등에 타려고 버둥대는 사이, 그와 도망자의 거리는 더욱 멀어졌다. 마침내 그는 물고기의 등에 올랐다. 랜섬은 왕방울만 한 눈이 달린 큰 머리통 뒤에 앉아서, 무릎으로 물고기를 건드리며 발꿈치로 걷어찼다. 귓속말로 칭찬과 격려를 해주면서 물고기의 본성을 일깨우기 위해 할 수 있는 일을 다했다. 물고기는 앞으로 나아가기 시작했다. 하지만 비인간의 자취를 찾을 수 없었다. 그를 향해 밀려오는 파도의 텅 빈 물마루만 보일 뿐이었다. 비인간은 그 물마루 너머에 있음이 분명했다.

그때 방향을 신경 쓸 이유가 없음을 랜섬은 알았다. 물의 경사면에 커다란 물고기들이 점처럼 박혀 있었다. 하나하나가 노란 거품 덩어리 같았고, 일부는 물을 내뿜기도 했다. 인간이 탄 물고기를 대장으로 알고 쫓아가는 본성이 있음을 비인간은 몰랐던 것이다. 그들은 집으로 돌아가는 까마귀 떼나 냄새를 쫓는 사냥개 떼처럼 방향을 모르고 무조건 앞으로 달렸다. 물고기를 타고 파도의 꼭대기까지 올라간 랜섬은 고향의 계곡과 똑같이 생긴 넓고 수심이 얕은 물마루 사이의 골을 보았다. 멀리 다가오는 맞은쪽 경사면에 검은 인형 같은 비인간의 형체가 보였다. 그것과 랜섬 사이에서 수많은 물고기들이 세 줄, 네 줄로 퍼져 있었다. 자취를 놓칠 위험은 결코 없었다. 랜섬은 물고기들과 함께 비인간을 추적했다. 그들은 멈추지 않을 기세였다. 그는 큰소리로 웃으며 소리쳤다.

"내 사냥개들은 스파르타 종으로 개량되어 저렇게 모래를 일으키며 달리는구나."(셰익스피어의 희극《한여름 밤의 꿈》의 한 대목 ─옮긴이)

이제 처음으로 싸우지도 않고 서 있지도 않다는 행복한 사실에 관심이 쏠렸다. 좀더 느긋한 자세를 취하는데 등에서 엄청난 통증이 느껴졌다. 그는 어리석게도 손을 뒤로 돌려서 어깨를 만지다가 그만 비명을 지를 뻔했다. 등이 갈갈이 찢겼고, 찢긴 상처들이 달라붙어 한 덩어리가 된 것 같았다. 이가 한 대 사라졌고, 손 관절 주변의 피부가 전부 찢겼다는 것도 알았다. 콕콕 쑤시는 살갗 속에서 더 깊고 무서운 통증이 머리에서 발끝까지 솟구쳤다. 그는 이렇게까지 얻어터진 줄 모르고 있었다.

그제야 목이 마르다는 생각이 들었다. 이제 몸이 차고 뻣뻣해져서 물을 떠먹기가 극도로 어려웠다. 처음 떠오른 생각은, 고꾸라질 정도로 고개를 숙여서 물에 얼굴을 파묻자는 것이었다. 하지만 단 한 번 시도해 보고는 그 방법은 포기했다. 결국 양손을 모아서 물을 떠먹기로 했지만, 몸이 점점 굳어서 극도로 조심하며 시도해야 했다. 신음이 나오면서 숨이 가빴다. 입술을 적시는 데 몇 분이나 걸렸고, 갈증이 더 심해지기만 했다. 반 시간 동안 랜섬은 갈증을 해소하는 데 정신이 팔렸다. 격렬한 통증과 정신을 못 차릴 정도의 쾌락으로 얼룩진 시간이었다. 세상에 그렇게 맛 좋은 것은 없었다. 물을 충분히 마신 후에도 그는 계속 물을 떠서 몸에 끼었었다. 이 순간이 평생 제일 행복한 때로 꼽힐 터였다. 등의 통증만 점점 심해지지 않는다면. 상처에 독이 퍼질까 걱정되지만 않는다면……. 랜섬은 통증과 걱정을 덜려고 계속 다리로 물고기를 찔러 댔다. 이따금 까만 어둠에 휩싸일 듯한 위협을 느꼈다. 기절할 것 같았지만 '그런 일은 없을 거야'라고 생각하며 가까이 있는 물체들에 시선을 고정시켰다. 단순한 생각들을 떠올리면서 의식을 놓지 않으려고 했다.

그 사이 비인간이 앞쪽에서 파도를 타고 오르내렸고, 물고기 떼가 뒤따랐다. 랜섬은 물고기 떼를 쫓아갔다. 다른 물고기 떼가 합류해서 눈덩이 커지듯 수가 많아지는 것 같았다. 색깔이 구분되지 않지만 파란 하늘 아래서 검게 보이는, 백조처럼 목이 긴 새들도 왔다. 새들은 처음에는 머리 위에서 빙빙 돌다가 길게 한 줄로 비인간을 따라갔다. 새들의 울음소리가 자주 들렸다. 랜섬이 들어 본 가운데 가장 거칠고 외롭고, 또 인간과는 거리가 먼 소리였다. 육지가 몇 시간이나 보이지 않았다. 그는 페렐란드라의 높은 바다, 황무지 같은 곳에 있었다. 처음 와보는 지역이었다. 바다 소리가 계속 귀를 울렸다. 지구의 바다에서처럼 바다 냄새가 분명하게 코끝에 감돌면서 또 다른 따스함과 황금빛 달콤함이 머리를 파고들었다. 냄새는 야생적이고 묘했다.

적대적이지 않았다. 만일 적대적이었다면 야생적이고 묘한 면은 덜했을 것이다. '적대적인' 것은 관계이고 적은 완전히 모르는 자가 아니니까. 이 세상에 대해 아무것도 모른다는 생각이 머리속을 파고들었다. 언젠가 이곳에는 왕과 왕비의 후손들이 넘쳐나겠지. 하지만 사람이 없었던 과거 수백만 년, 쓸쓸한 현재에 웃음을 터뜨리는 기나긴 물……. 그들은 오로지 그것을 위해 존재할까? 이상한 일이었다. 지구의 숲, 지구의 아침을 종종 평범하게 받아들였던 그가 자연이 확산된 의미이며 파악하기 힘든 특징임을 깨닫기 위해 다른 행성에 와야 했다니. 지구와 페렐란드라는 태양에서 갈라진 후 쭉 그랬고, 어떤 면에서는 왕 같은 이의 출현으로 없어질 것이다. 하지만 달리 보면 그것은 없어지는 게 아니라, 사방에서 그를 에워싸 그 자체 안으로 감싸 안을 것이다.

13

병에서 물이 쏟아지기라도 한 듯 갑작스럽게 어둠이 물 위로 내려 앉았다. 빛깔과 거리감이 사라지기 무섭게 소리와 통증은 더 또렷해 졌다. 무겁게 내리누르는 듯한 아픔과 갑작스레 찔리는 느낌, 물고기 들의 지느러미 소리, 단조롭지만 무궁무진하게 다양한 물소리만 세 상에 남았다. 랜섬은 물고기 위에서 떨어질 뻔했다가 어렵사리 제자 리에 앉았다. 아마도 몇 시간은 잤을 것이다. 이런 위험이 계속 되풀 이되리라 예상했다. 그는 잠시 고민하다가 물고기의 머리통 뒤쪽에 걸터앉은 자세를 바꾸어 힘겹게 몸을 펴고 물고기의 등에 반듯하게 누웠다. 다리를 벌려 최대한 물고기의 몸통을 휘감고, 양팔도 그렇게 했다. 그러면 잠이 들어도 물고기 등에서 떨어지지 않을 것이었다. 그것이 그가 할 수 있는 최선이었다. 물고기의 근육이 움직이자 소통 한다는 묘한 전율감이 밀려들었다. 랜섬은 물고기의 강렬한 생명력을 나누는 환상을 보았다. 마치 물고기가 된 것 같았다.

한참 후 그는 자기도 모르는 사이 인간의 얼굴 같은 것을 응시하고 있었다. 꿈에서 가끔 그러듯 오싹한 기분이 들 것 같지만 사실은 그렇지 않았다. 스스로 빛을 발하는 푸르스름한 얼굴이었다. 눈은 인간보다 훨씬 컸고 유령처럼 보였다. 양옆으로 물결치는 갈기는 구레나룻인 듯했다. 랜섬은 꿈을 꾸는 게 아니라 깨어 있다는 사실을 알고 충격을 받았다. 현실이었다. 그는 아프고 지친 몸으로 물고기의 등에 누워 있었는데, 이 얼굴은 옆에서 헤엄치는 존재의 얼굴이었다. 전에 본 적이 있는 헤엄치는 인어가 기억났다. 랜섬은 하나도 두렵지 않았다. 이 생물이 그에게 보인 반응이나 그가 그것에게 보인 반응이 흡사하다고 생각했다. 적대적이지는 않지만 불편함과 당황스러움. 각자 상대와 무관했다. 바람이 불어서 각각 다른 나무 가지가 뒤엉킨 것과 마찬가지였다.

랜섬은 몸을 일으켜 다시 앉은 자세를 취했다. 이제 보니 완전히 어둡지는 않았다. 그가 탄 물고기는 인광 속에서 헤엄쳤고, 옆에 있는 낯선 동물도 마찬가지였다. 동그란 덩어리와 단검 같은 파란 빛이 사방에서 빛났다. 그는 어느 형체가 물고기들이고 어느 형체가 물 인간들인지 어렴풋이 분간할 수 있었다. 그들의 움직임으로 파도의 윤곽이 드러났고, 밤이 깊어지는 기미를 느낄 수 있었다. 바로 옆에 있는 물 인간 몇 명이 뭔가 먹는 것 같았다. 그들은 개구리 물갈퀴 모양의 손으로 물에서 검은 덩어리를 뜯어내서 게걸스럽게 먹어댔다. 우적우적 씹자 입가에 콧수염처럼 생긴 찢긴 덩어리가 흘러내렸다. 페렐란드라의 다른 동물들과 달리 그가 이것들과 접촉해 보려 하지 않았고, 그들도 그와 관계를 맺으려 하지 않았다는 것은 특이한 일이다. 그들은 다른 피조물과 달리 인간에게 자연의 대상이 아닌 것 같았다. 랜섬은 양과 말이 들판에 같이 있지만 서로 아랑곳하지 않는 종들이듯, 그들이 단지 같은 행성에 있을 뿐이라는 인상을 받았다. 나중에는 이 점이 고민이 되었지만, 이 당시에는 더 현실적인 문제에 사로잡혔다. 그들이 먹는 것을 보자 배가 고프다는 생각이 들었고, 그들이 먹는 것이 그가 먹을 만한 것인지 궁금해졌다. 마침내 그것을 먹어 본 랜섬은 작은 해초와 똑같은 구조라는 것을 알수 있었다. 작은 물집들이 달려 있어서 누르면 톡톡 터졌다. 질기고 미끄러웠지만, 지구의 해초들처럼 짜지는 않았다. 그 맛에 대해 랜섬은 적절히 설명할 수가 없었다. 이 이야기 전편을 통해 그가 페렐란드라에 있는 동안 미각이 지구에서보다 더 예민해졌음이 분명하다. 말로 표현할 수 없는 지식이기는 해도 그것은 쾌감보다는 지식을 주었다. 해초를 몇 입 먹자 랜섬은 이상하게 기분이 변하는 것을 느꼈다. 바다의 수면이 세상의 꼭대기인 듯 느껴졌다. 떠다니는 섬이 우리가 생각하는 구름 같았다. 그는 밑에서 떠오르는 상상을 하며 섬들을 보았다. 돗자리 밑에 긴 리본들이 늘어진 것 같았고, 기적이나 신화처럼 놀랍게도 그 위에서 걷는 경험을 하는 듯했다. 초록 여인과 장차 생길 그녀의 후손들, 그가 페렐란드라에 온 이후 겪은 모든 일들의 기억이 급히 머리에서 사라지는 기분이었다. 잠에서 깰 때 꿈이 사라지듯, 이름 붙일 수 없는 흥미와 감정의 세계가 그 기억을 밀쳐 내는 것 같았다. 랜섬은 겁에 질렸다. 배가 고팠지만 남은 해초를 내던졌다.

다시 잠든 게 분명했다. 그가 기억하는 다음 장면은 대낮이었다. 저 앞에 여전히 비인간이 보였고, 그 사이에 물고기 떼가 흩어져 있었다. 새들은 추적을 포기했다. 마침내 그가 처한 상황이 전체적으로 덤덤하게 느껴졌다. 랜섬의 경험으로 보건대 사람이 낯선 행성에 가면 처음에는 그 크기를 잊는다는 게 묘한 논리적 결점이다. 그가 여행한 공간과 비교하면 행성 전체는 너무 작아서, 그 안에서 거리감을 잊는다. 화성이나 금성에서 다른 두 장소에 있더라도 그에게는 같은 곳에 있는 것같이 보인다. 하지만 이제 다시 한 번 주위를 둘러보니, 금빛 하늘과 흔들리는 파도 말고는 사방에 아무것도 없었고 그것이 어처구니없는 환각이었음을 퍼뜩 알게 되었다. 페렐란드라에 대륙들이 있다 해도, 그가 있는 대륙과 또 다른 대륙은 태평양 정도의 넓이를 두고 떨어져 있었을 터였다. 하지만 그런 대륙이 있다고 믿을 이유가 없었다. 떠다니는 섬이 아주 많다거나 페렐란드라의 수면 위에 섬들이 고르게 퍼져 있다고 믿을 근거도 없었다. 섬들이 성기게 퍼져 있다 해도, 인간 세상 크기의 구 주위를 넘실대는 망망대해에 흩어진 작은 섬들에 불과하지 않을까?

그가 탄 물고기는 곧 지칠 터였다. 랜섬은 물고기가 이미 느려졌다고 짐작했다. 비인간은 물고기가 죽을 때까지 헤엄치도록 괴롭힐 게 뻔했다. 하지만 그는 그런 짓을 할 수 없었다. 이런 것들을 생각하며 앞을 바라보니, 마음을 싸늘하게 하는 것이 눈에 들어왔다. 물고기한 마리가 일부러 대오를 벗어나서, 물거품 기둥을 뿜으며 물에 들어 갔다가 몇 미터쯤 떨어진 데서 다시 나타나 떠다녔다. 잠시 후 그것 은 시야에서 사라졌다. 그만하면 충분하다고 느낀 것이었다.

이제 지난 하루의 경험이 랜섬의 신념을 직접적으로 뒤흔들기 시 작했다. 고독한 바다와 해초를 맛본 이후, 이 세계가 자신들을 왕과 왕비라고 부르는 이들의 것이 맞는지 의구심이 생겨 났다. 사실상 그 들이 살 수 없는 곳이 대부분인 마당에 어떻게 이게 그들을 위해 만 들어졌단 말인가? 그것은 극도로 순진하고 의인화된 개념이 아닐 까? 대단히 중요해 보이는 금지 명령이 정말로 중요할까? 이 노란 거 품을 일으키며 포효하는 바다와 그 안에 사는 이상한 인간들은 지금 멀리 있는 작은 피조물들이 어느 특정한 바위에서 살든 말든 무슨 상 관을 할까? 그가 최근 목격한 장면들과 창세기에 기록된 내용들, 지 금껏 다른 인간들은 단지 믿을 뿐이지만 자신은 경험으로 안다는 느 낌을 준 감정이 그리 중요하지 않게 여겨졌다. 서로 다른 두 세계에 서 이성이 싹틀 때 비합리적인 금기들이 수반된다는 것 이상의 뭔가 를 증명할 필요가 있을까? 말렐딜에 대해 많이 말하지만 지금 말렐 딜은 어디 있나? 이 망망대해가 뭔가 말한다면 그것은 아주 다른 이 야기였다. 모든 고독한 것들처럼 이 바다는 뭔가에 씌었다. 의인화된 신에게가 아니라, 영원히 상관없는 남자와 그의 남은 인생에 대해 완 전히 불가해한 무언가에 씐 것 같다. 그리고 이 바다 너머에 우주 자 체가 있었다. 랜섬은 '우주'에 있었다고 기억해 내려 했지만 소용없 었다. 그 공간이 무한 자체를 손톱만 하게 만드는 온전한 생명력이 넘치는 천국이었다고 기억해 보려 애썼다. 모든 게 꿈같았다. '경험주의 유령'이라고 부르며 조롱했던 정반대의 사고방식이, 기체와 은하계, 광년과 진화, 정신에 중요할 수 있는 모든 것이 본질적으로 무질서의 부산물에 불과해지는 간단한 산술법을 지닌 금세기의 대단한 신화가 되어 머리에 떠올랐다. 지금까지 랜섬은 항상 그것을 경시했다. 단순하고 과장된 표현, 서로 다른 것들은 각각 크기가 달라야 한다는 놀랄 만치 우스꽝스런 생각, 넘쳐나는 암호를 경멸조로 대했다. 지금도 마음은 이성에 귀 기울이려 하지 않지만 그는 이성을 포기하지 않았다. 그의 마음 한구석에서 사물의 크기는 전혀 중요한 특징이 아님을 알고 있었다. 물리적인 우주는 자기 안에서 비교하고 신화를 만드는 힘에서 나온다는 것도 알았다. 그 장엄함 앞에서 그는 자신을 낮추게 되는 것이다. 또 단순한 숫자는 우리가 가진 것에서 빌려주지 않는 한, 은행 계좌의 숫자만큼도 우리를 위협하지 못한다는 것도 알았다. 그러나 이런 지식은 추상적인 개념으로 남아 있었다. 오직 거대함과 고독함이 그를 압도했다.

이런 생각들을 하는 데 서너 시간은 걸렸고, 관심이 온통 거기 쏠려 있었던 듯했다. 랜섬은 전혀 예상치 못했던 일 때문에 정신을 차렸다. 바로 인간의 목소리였다. 몽상에서 빠져나오자 물고기 떼가 사라졌다는 것을 알았다. 그가 탄 물고기는 힘없이 헤엄치고 있었고, 비인간이 이제는 도망치지 않고 몇 미터 앞에서 천천히 다가오고 있었다. 그것은 제 몸을 감싸고 앉아서 멍든 눈을 감고 있었다. 살빛은 간 색깔과 비슷했고 다리는 부러졌음이 분명했다. 통증으로 입술은 비틀려 있었다.

"랜섬."

그것이 힘없이 말했다.

랜섬은 조용히 있었다. 적이 다시 게임을 시작할까 봐 부추기지 않
을 셈이었다.

"랜섬. 제발 말 좀 해보시오."

그것이 갈라진 목소리로 다시 말했다.

랜섬은 놀라서 힐끗 쳐다보았다. 비인간의 뺨에 눈물이 흘러내렸다.

"랜섬, 나를 냉대하지 마시오. 무슨 일이 있었는지 말해 봐요. 그
들이 내게 무슨 짓을 한 거요? 당신…… 당신은 피투성이구료. 난 다
리가 부러지고……."

목소리가 흐느낄 듯이 잦아들었다.

"당신은 누구요?"

랜섬이 날카롭게 물었다.

상대는 웨스턴의 목소리로 중얼댔다.

"아, 제발 나를 모르는 체하지 마시오. 나는 웨스턴이오. 당신은
랜섬이고……. 케임브리지의 엘윈 랜섬, 언어학자. 우리가 싸움을 벌
였다는 것은 나도 아오. 미안하게 됐소. 내가 잘못했다고 고백하오.
랜섬, 설마 이 끔찍한 곳에서 나를 죽게 내버려 두고 혼자 가지는 않
겠지요?"

"아람어는 어디서 배웠소?"

랜섬이 계속 상대를 노려보며 물었다.

"아람어라니? 도대체 무슨 말을 하는지 모르겠소. 죽어 가는 사람을 놀리는 건 재미난 일이 아니오."

웨스턴의 목소리가 대꾸했다.

"그러면 진짜로 웨스턴입니까?"

랜섬이 물었다. 웨스턴이 정말로 돌아왔다는 생각이 들기 시작했다.

"그럼 달리 누구겠소?"

웨스턴은 눈물이 그렁그렁해서 살짝 화를 내며 쏘아붙였다.

"지금까지 어디 있었지요?"

랜섬이 물었다.

웨스턴은—웨스턴이 맞다면—몸을 떨었다. 그가 물었다.

"지금 우리는 어디에 있소?"

"페렐란드라…… 아시다시피 금성에 있소."

랜섬이 대답했다.

웨스턴이 물었다.

"우주선을 찾았소?"

랜섬이 대답했다.

"멀리서 말고는 못 봤어요. 지금은 어디 있는지 모릅니다. 3백 킬로미터쯤 떨어진 곳에 있다는 것 빼고는."

"우리가 갇혔다는 뜻이오?"

웨스턴이 비명을 지르다시피 말했다. 랜섬이 아무 말도 하지 않자, 상대방은 고개를 푹 숙이고 애처럼 울기 시작했다.

마침내 랜섬이 입을 열었다.

"자, 그렇게 받아들여 봤자 좋을 게 없어요. 꿋꿋이 버텨 봐요. 지구에 있다 해도 더 나을 게 없으니까. 지구에서 전쟁을 벌이고 있다는 것을 기억하겠지요. 이 순간 독일군이 런던에 폭탄을 투하하고 있을지도 모르지요!"

웨스턴이 울음을 그치지 않자 그는 덧붙였다.

"진정해요, 웨스턴. 이런들 저런들 다 죽는 것 아닙니까. 사람은 언젠가 죽기 마련인 것을……. 우린 탈수 현상으로 죽지는 않을 겁니다. 배고픈 건…… 갈증만 없다면 그리 나쁘지 않지요. 익사로 말하자면…… 총검에 찔리거나 암에 걸려 죽는 게 더 나쁘겠지요."

"나를 버리고 갈 거라는 말이로군."

"그러고 싶다 해도 그럴 수가 없어요. 나도 당신과 똑같은 처지라는 걸 모르겠습니까?"

"나를 이 곤경 속에 버려 두고 가지 않겠다고 약속해 주겠소?"

"좋습니다, 약속하지요. 내가 어디로 갈 수 있겠습니까?"

웨스턴은 천천히 주위를 돌아보다가 물고기를 몰아서 랜섬에게 가까이 다가왔다.

그가 속삭이는 소리로 물었다.

"그것…… 어디 있소? 알잖소."

웨스턴은 아무 뜻도 없는 몸짓을 했다.

"나도 당신에게 똑같이 묻고 싶습니다만."

"나한테?"

웨스턴이 반문했다. 얼굴이 망가질 대로 망가져서 이리저리 살펴도 표정을 가늠할 수 없었다.

랜섬이 물었다.

"지난 며칠간 당신에게 무슨 일이 있었는지 아는 게 있습니까?"

웨스턴은 불편한듯 다시 한 번 주변을 둘러보았다.

마침내 그가 말했다.

"알다시피 모든 게 진실이오."

"뭐가 모두 진실입니까?"

랜섬이 물었다.

웨스턴은 갑자기 분노한 표정을 짓더니 입을 열었다.

"당신한테는 다 괜찮다는 둥, 익사하면 아프지 않고 어차피 죽음은 오기 마련이라는 둥, 또 모든 헛소리. 죽음에 대해 뭘 아시오? 내 분명히 말하는데, 모두 다 진실이오."

"무슨 말을 하는 겁니까?"

"평생토록 수많은 헛소리를 내 안에 꾸역꾸역 넣으면서 살아왔소. 인류에게 무슨 일이 일어나는지가 중요하다고 나 자신을 설득하려 하면서 말이오……. 내가 할 수 있는 일이 무엇이든 우주를 견딜 만하게 만들 거라고 믿으려 했소. 다 허튼소리지, 알겠소?"

"그리고 다른 게 더 진실하다는 거군요!"

"그렇소."

웨스턴은 대답하더니 오랫동안 침묵을 지켰다.

랜섬이 바다를 바라보면서 말했다.

"우리 물고기들의 머리를 이쪽으로 돌리는 게 좋겠습니다. 안 그러면 멀어질 겁니다."

웨스턴은 뭘 하는지 모르는 기색이었지만 고분고분 따랐다. 한동안 두 사람은 나란히 앉은 자세로 천천히 움직였다.

웨스턴이 입을 열었다.

"무엇이 진실인지 말해 주겠소."

"뭔데요?"

"아무도 안 볼 때 어린아이가 살그머니 위층으로 올라가서, 문고리를 아주 살짝 돌려 방 안을 들여다보는 거요. 거기 할머니의 시신이 안치되어 있소. 아이는 달려가고 악몽을 꾸오. 꿈에 거대한 할머니가 나오는 거지."

"더 진실하다는 말은 무슨 뜻인가요?"

"어린아이는 모든 과학과 종교가 숨기려고 애쓰는 우주의 비밀을 알고 있다는 뜻이오."

랜섬은 잠자코 있었다.

얼마 지나지 않아 웨스턴이 또 말했다.

"많은 것들을. 밤에 교회 묘지를 지나는 것을 두려워하는 아이들에게 어른들은 바보같이 굴지 말라고 말하오. 하지만 그 아이들은 어른들보다 더 잘 알고 있소. 중부 아프리카에서는 사람들이 한밤중에 가면을 쓰고 야수 같은 짓을 하오. 선교사들과 공무원들은 그게 다 미신이라고 치부하오. 흑인들은 백인들보다 우주에 대해 더 많이 알고 있소. 더블린의 뒷골목에서는 더러운 사제들이 그런 이야기로 순진한 아이들을 무서워 죽게 만들고 있지. 당신은 그들이 계몽되지 못했다고 말할 거요. 그렇지 않소. 그들은 달아날 길이 있다고 생각하는 거요. 그런 길은 없지만 그게 진짜 우주요. 지금껏 늘 그랬고, 앞으로도 늘 그럴 거요. 모든 게 의미하는 게 바로 그것이오."

"명확히 알아듣지 못하겠군요."

랜섬의 말을 웨스턴이 다시 끊었다.

"그래서 가능한 한 오래오래 사는 게 중요한 거요. 모든 선한 것들은 지금 우리가 생명이라 부르는 보이는 것의 얇은 껍질과 영원한 진짜 우주요. 그 껍질을 1센티만 두껍게 하는 것, 즉 1주일이나 하루, 반 시간 더 사는 것이 유일하게 중요한 것이오. 물론 당신은 모를 테지만, 처형을 기다리는 사람은 누구나 그걸 알지. 당신은 '형 집행을 잠시 연기한다고 무슨 차이가 있나? 뭐가 달라져!'라고 말할 테지."

"하지만 아무도 거기 갈 필요가 없지요."

"당신이 그렇게 믿는다는 걸 알고 있소. 하지만 당신이 틀렸소. 그런 생각을 하는 것은 아주 소수의 문명인들뿐이오. 전반적으로 인류는 그보다 잘 알고 있소. 죽은 자들이 안쪽의 어둠 속으로, 그 껍질 밑으로 떨어진다는 것을 누구나 알고 그 옛날 호메로스도 알았소. 다들 아둔하고, 떠들어 대고 횡설수설하며 썩어 가지. 유령들이 되는 거요. 야만인들은 모든 귀신이 여전히 그 껍질을 만끽하는 산 자들을 미워한다는 것을 알고 있소. 노파들이 여전히 미모를 간직한 아가씨들을 미워하듯 말이오. 귀신을 무서워하는 것은 당연하오. 당신도 마찬가지가 될 거외다."

"당신은 신의 존재를 믿지 않는군요."

"아, 그건 다른 관점이오. 어린 시절 나는 당신만큼 교회에 잘 다녔소. 성경에는 당신네 독실한 자들이 아는 것보다 납득이 되는 대목들이 많소. 그분은 죽은 자들이 아닌 산 자들의 신이라 하지 않소? 그게 바로 그거요. 아마도 당신네 신은 존재하지만, 그가 존재하든 그렇지 않든 달라질 게 없소. 아니, 물론 지금은 모르겠지만 언젠가는 알게 될 거요. 당신은 우리가 생명이라 부르는 것의 얇은 겉껍질을 명확히 몰랐던 것 같소. 아주 얇은 껍질로 둘러싸인 무한한 공을 우주라고 상상해 보시오. 하지만 그 두께는 시간의 두께임을 명심하시오. 잘해 봤자 70년이오. 우리는 그 표면에서 태어나서 평생 동안 그 안으로 파고들고 있는 거요. 그것을 쭉 지나면 그 속에 빠지는 거요. 우리는 안쪽의 어두운 부분으로 들어가오. 진짜 공 속으로 말이오. 당신의 신이 존재한다 해도 그는 그 공 속에 있지 않소. 그는 달처럼 바깥에 있소. 그 길을 다 지나가면 그때 우리는 '죽었다'라는 상태가 되오. 안쪽으로 지나가면 우리는 신의 시야에서 사라지는 거요. 신은 우리를 따라 들어오지 않소. 당신은 그것을 '신은 시간에 있지 않다'라고 말하고 싶을 거고, 그게 편안하다고 생각할 테지! 달리 표현하자면 신은 제자리에, 빛과 공기 중에, 바깥에 머무는 거요. 하지만 우리는 시간 속에 있소. 우리는 시간과 함께 움직이오. 그것은 신의 관점에서 보자면 우리가 떨어져 나가 그가 '실재하지 않는 곳'으로 간주하는 곳, 그가 따라오지 않는 곳으로 가는 거요. 거기에는 우리만 있소, 이전에도 늘 그랬지. 신은 당신이 '생명'이라 부르는 것 속에 있거나 아니겠지. 그게 무슨 차이가 있소? 우리는 오랫동안 거기 있지 않을 텐데!"

"그것은 온전한 이야기가 될 수 없어요. 우주 전체가 그러면 그 일부인 우리는 그런 우주 속에서 편안함을 느낄 겁니다. 괴물처럼 느껴진다는 사실만으로도……."

"그렇소, 그것도 그럴 것이오. 껍질에 머무는 동안만 그 논리가 적용되는 것이 아니라면! 이건 진짜 우주와는 아무 관계가 없소. 예전의 나처럼 평범한 과학자들도 그걸 알아차리기 시작했소. 외삽법(과거와 현재의 추세를 분석해서 미래의 경향을 추정하는 것—옮긴이), 굽은 공간, 불안정한 원자의 위험성에 대한 현대 이론의 진짜 의미를 모르겠소? 물론 그들은 많은 어휘를 동원하지는 않지만, 그들이 다다르는 곳은 모든 인류가 죽어서 닿게 되는 영역이오. 요즘은 죽기도 전에 그곳에 이르는 거외다. 즉 현실은 합리적이지도 않고 일관성도 없고, 그 외에 아무것도 아니라는 지식이 그것이오. 어떤 면으로 현실이 거기 없다고 할 수도 있소. '현실'과 '비현실', '진실'과 '거짓'은 모두 표면에만 있소. 우리가 누르는 순간 그것들은 무너져 버리는 거요."

"이 모든 얘기가 사실이라 해도 그런 말을 하는 요점이 뭡니까?"

"혹은 그 밖의 다른 게 있느냐고? 어떤 것의 유일한 핵심은 핵심이 없다는 것이오. 귀신들이 왜 겁을 주고 싶겠소? 귀신이기 때문이지. 달리 뭐 할 일이 있겠소?"

"그건 알겠네요. 우주나 다른 곳에 대한 인간의 설명은 그가 서 있는 곳에 따라 상당히 좌우된다는 거군요."

"특히 그가 안에 있느냐, 밖에 있느냐에 좌우되오. 그대가 살고 싶은 곳은 모두 바깥이지. 예를 들어 우리 지구나 페렐란드라 같은 행성이 그렇소. 혹은 아름다운 인간의 몸도 그렇고. 모든 색깔과 보기 좋은 형태들은 단지 그것이 끝나는 곳, 존재하기를 멈추는 곳에 있소. 내부에는 뭐가 들어 있겠소? 어둠, 벌레 떼, 열기, 압력, 소금, 질식, 악취."

그들은 몇 분간 말없이 파도를 타넘었다. 파도가 점점 커졌다. 물고기들은 그다지 앞으로 나가는 것 같지 않았다.

웨스턴이 말했다.

"물론 당신들은 상관하지 않소. 껍질에 있는 당신네 사람들이 우리한테 무슨 신경을 쓰겠소? 당신들은 아직 끌어 내려지지 않은 것을. 그것은 한때 내가 꾸던 꿈과 비슷하오. 당시는 그것이 얼마나 진실한지 몰랐지만 말이오. 나는 죽어서 누워 있는 꿈을 꾸었소. 요양원의 방에 얌전히 안치되어 있었소. 장의사가 얼굴을 만져 주었고 방에는 큼직한 백합들이 있었소. 그런데 사람 같은 것이 다가와 내 발치에 서서 날 증오했소. 산산이 무너지는 인간이었는데, 부랑자 같았지만 사실 갈가리 찢어지는 것은 옷이 아니라 그 사람 자신이오. 그가 내게 말했소. '알았소, 알았어. 그대는 깨끗한 시트와 반짝이는 관이 준비되어 괜찮다고 생각하는군. 나도 그렇게 시작했지. 우리 모두 그랬지. 그대가 결국 어떻게 떨어지는지 기다려 보시오.'"

"정말이지 그만 입을 다무는 게 좋겠군요."

그러나 웨스턴은 그의 말을 무시하고 말을 이어갔다.

"그런데 심령술이란 게 있소. 난 예전에는 그런 걸 헛소리로 여겼소. 하지만 그게 아니오. 모두 진실이오. 죽는 것에 대한 듣기 좋은 설명들은 하나같이 전통적이거나 철학적이란 점을 그대는 눈치 챘소? 실제 실험 결과는 아주 다르다오. 영매靈媒의 배에서 나오는 얇은 막인 심령체는 크고 혼란스럽고 황폐한 얼굴들을 만든다오. 저절로 글을 써서 무수한 쓰레기를 만들어 내는 거요."

"당신, 웨스턴입니까?"

랜섬은 옆에 있는 사람에게 몸을 홱 돌리며 물었다. 워낙 또렷해서 들을 수밖에 없으면서도 너무 발음이 흐려 그의 말을 따르려면 귀를 세울 수밖에 없는, 계속 중얼대는 목소리 때문에 부아가 나기 시작했다.

목소리가 대답했다.

"성내지 마시오. 나한테 화내 봤자 아무 소용없소. 난 당신이 안타까워할 거라고 짐작했소. 맙소사, 랜섬. 이건 끔찍한 일이오. 당신은 이해하지 못하오. 그 겹겹이 쌓인 곳 바로 아래…… 산 채로 묻힌 것. 당신은 사물들을 연관 지으려 애쓰지만 그러지 못하오. 그들이 당신의 머리를 가져가서…… 당신은 껍질에서 삶이 어떤지 뒤돌아보는 것조차 못하오. 애초에 그게 아무 의미도 없었다는 것을 알기 때문이지."

랜섬은 빽 소리를 질렀다.

"당신, 뭐요? 죽음이 어떤지 어떻게 알지요? 맙소사, 할 수 있다면 당신을 돕고 싶어요. 하지만 나한테 제대로 밝혀요. 요 며칠간 어디 있었습니까?"

갑자기 상대가 말했다.

"쉿. 저게 뭐지?"

랜섬은 귀를 기울였다. 그들을 에워쌌던 엄청난 소음 중에 틀림없이 새로운 요소가 섞인 것 같았다. 정체를 바로 짚을 수가 없었다. 이제 바다가 넘실댔고 바람이 강했다. 옆에 있던 자가 갑자기 손을 내밀어 랜섬의 팔을 잡았다.

그가 외쳤다.

"아, 이런! 랜섬, 랜섬! 우리는 죽임을 당할 거요. 죽어서 껍질 밑으로 다시 끌려갈 거요. 랜섬, 당신은 나를 돕겠다고 약속했소. 그들이 날 다시 데려가게 하지 마시오."

"닥쳐요."

랜섬이 못마땅하게 쏘아붙였다. 상대가 울면서 중얼대는 통에 다른 소리를 전혀 들을 수 없었다. 랜섬은 바람 소리와 출렁대는 물소리에 섞인 더 깊은 음색을 알아내고 싶은 마음이 간절했다.

웨스턴이 말했다.

"침입자들. 침입자들이라구, 이 멍청아! 안 들려? 저쪽에 나라가 있다구! 바위가 많은 해안이 있다니까. 저기를 봐……. 아니, 당신 오른쪽. 우린 묵사발이 될 거야. 보라구……. 맙소사, 여기 어둠이 온다!"

과연 어둠이 왔다. 그가 모르던 죽음의 공포, 옆에 있는 겁먹은 존재의 공포감이 랜섬을 덮쳤다. 이윽고 명확한 대상이 없는 공포감이 밀려들었다. 몇 분 후 그는 칠흑 같은 밤 틈새로 빛나는 물방울 구름을 볼 수 있었다. 랜섬은 그것이 가파르게 솟구쳤다가 절벽에 부딪쳤다고 판단했다. 보이지 않는 새들이 비명을 지르고 소란을 떨면서 저공비행으로 지나갔다.

랜섬이 소리쳤다.

"거기 있습니까, 웨스턴? 괜찮아요? 정신 차려요. 당신이 한 말은 다 미친 소리예요. 어른처럼 기도를 못하겠다면 아이처럼 기도해 보도록 해요. 죄를 회개하십시오. 내 손을 잡아요. 지금 이 순간 지구에서는 아직 소년티를 못 벗은 수 많은 사람이 죽음과 대면하고 있어요. 우리는 아주 잘해 낼 겁니다."

어둠 속에서 랜섬의 손이 꽉 잡혔다. 예상보다 더 억센 손길이었다.

웨스턴의 목소리가 들렸다.

"난 참을 수 없소, 견딜 수가 없소."

웨스턴이 갑자기 양손으로 그의 팔을 움켜잡자 랜섬은 고함을 질렀다.

"진정해요. 아무것도 아니니까."

"난 참을 수 없소."

목소리가 다시 말했다.

랜섬이 말했다.

"이봐요! 놔줘요. 대체 무슨 짓을 하는 겁니까?"

말이 채 끝나기 전에 강한 두 팔이 그를 앉은 자리에서 낚아채더니, 허벅지 바로 밑에서 몸을 힘껏 안았다. 랜섬은 물고기를 움켜잡아 보았지만, 매끄러워서 소용이 없었다. 결국 그는 끌려 내려갔다. 머리 위로 물이 밀려들었고, 적은 그를 따뜻한 물속으로 끌고 갔다. 거기서 더 내려가니 물은 더 이상 따뜻하지 않았다.

14

'더 이상 숨을 못 참겠어. 못 참아, 못 참아.' 랜섬은 속으로 중얼
댔다. 차고 매끈한 것들이 아픈 몸을 타고 미끄러져 올라갔다. 그는
죽기로 작정하고, 입을 벌려 참았던 호흡을 시작하려 했지만 의지가
따라 주지 않았다. 가슴뿐 아니라 관자놀이가 터져 버릴 것 같았다.
버둥거려도 소용없었다. 양팔이 적에게 닿지 않았고 다리는 옴짝달
싹 못했다. 위로 움직이고 있다는 것은 의식했지만 그렇다고 희망이
있는 것은 아니었다. 수면이 저 멀리 있어서, 물 밖으로 나올 때까지
버틸 수가 없었다. 죽음을 목전에 두니 사후에 대한 생각은 마음에서
사라져 버렸다. '이것은 죽어 가는 사람이다'라는 추상적인 생각이
그의 앞에서 무덤덤하게 떠다녔다.

갑자기 굉음이 귓전을 때렸다. 웅웅대는 소리와 덜그럭대는 소리
가 너무나 귀에 거슬렸다. 랜섬의 입이 자동적으로 벌어졌다. 그는

다시 호흡하고 있었다. 메아리로 가득한 칠흑 같은 어둠 속에서 그는 자갈처럼 보이는 것을 움켜쥔 채, 다리를 붙든 손길을 뿌리치려고 거칠게 발길질을 했다. 순간 다리가 풀리면서 랜섬은 다시 한 번 정신없이 버둥대며, 자갈 해변 같은 곳에서 물속에 들어갔다 나왔다 하며 싸움을 벌였다. 여기저기 흩어진 날카로운 돌 때문에 발과 팔꿈치에 생채기가 났다. 어둠 속에서 헐떡거리는 욕설이 난무했다. 랜섬 자신의 목소리인 때도, 웨스턴의 소리인 때도 있었다. 고통스러운 비명, 쿵쿵 울리는 소리, 가쁜 호흡. 드디어 랜섬은 적의 몸에 올라탔다. 무릎으로 옆구리를 꽉 누르자 적의 갈비뼈에서 우지끈 소리가 났다. 랜섬은 두 손으로 적의 목을 졸랐다. 상대가 팔을 마구 할퀴었지만 몸으로 계속 누르며 견딜 수 있었다. 전에도 이렇게 상대방을 누른 적이 있었지만, 그때는 죽일 목적이 아니라 목숨을 구하기 위해 동맥을 누른 거였다. 시간이 꽤 흐른 것 같았다. 상대의 몸부림이 멎었지만 그는 힘을 풀지 않았다. 적이 숨을 쉬지 않는다는 확신이 드는데도 가슴팍에 앉아서, 지친 양손으로 느슨하게나마 목을 쥐고 있었다. 랜섬 자신도 기절할 것 같았지만 1,000까지 헤아린 후에야 자세를 바꾸었다. 그 후에도 그는 계속 적의 몸에 걸터앉아 있었다.

지난 몇 시간 동안 그에게 말을 한 것이 진짜 웨스턴의 영혼이었는지 혹은 웨스턴이 계략의 희생자가 된 것인지 알 수가 없었다. 사실 어느 쪽이든 달라질 것은 없었다. 분명, 저주받은 인간들에 대한 오해가 있었다. 즉 범신론자들이 천국에 대해 바란 것은 나쁜 자들을 지옥이 실제로 받아들이는 것인데 그것은 오해였다. 납으로 된 병정이 가스불 위의 국자 속에 들어가 모양을 잃는 것처럼 나쁜 사람들은 그들의 주인에게로 녹아들어 갔다. 사탄이나 사탄으로 동화된 자가 어떤 경우에 활동하느냐는 문제는 결국 별 의미가 없었다. 어쨌거나 이제 다시는 속지 않는다는 것이 중요했다.

아침이 오기를 기다리는 것밖에 할 일이 없었다. 사방에서 아우성치는 메아리로 볼 때 절벽 사이의 좁은 협곡에 있다고 랜섬은 결론지었다. 어떻게 여기까지 왔는지는 미스터리였다. 아침이 되려면 틀림없이 몇 시간은 남아 있었다. 랜섬은 그게 몹시 맘에 걸렸다. 그는 햇빛 아래에서 확인하고, 그것이 다시 살아날 수 없도록 조치를 단단히 취할 때까지는 시신 옆을 떠나지 않을 작정이었다. 그때까지 가급적 시간을 잘 보내야 했다. 자갈 해변은 그리 편안하지 않아 등을 기댈 거친 벽을 찾아냈다. 너무 고단해서 잠깐 앉아 있는 것만으로도 만족스러웠다. 하지만 그 순간도 지나갔다.

랜섬은 시간을 잘 보내려고 노력했다. 시간이 얼마나 지났는지 짐작하는 것은 단념한 채 생각했다. '유일하게 안전한 답은 짐작할 수 있는 가장 이른 시간을 생각하는 거야. 그러면 실제 시간은 그보다 두 시간 전이거든.' 그는 페렐란드라에서의 모험담 전체를 되새겨 보며 시간을 보냈다. 《일리아드》(현존하는 가장 오래된 그리스 문학의 서사시—옮긴이), 《오디세이》(호메로스가 기원전 8세기에 지은 그리스 장편—옮긴이), 《아이네이스》(로마 시인 베르길리우스의 시—옮긴이), 《롤랑의 노래》(고대 프랑스의 서사시—옮긴이), 《실낙원》(밀턴이 17세기에 지은 서사시—옮긴이),

《칼레발라》(핀란드의 민족 서사시—옮긴이), 《스나크 사냥》(루이스 캐럴이 쓴 괴상한 동물 스나크 이야기—옮긴이)을 비롯해 그가 대학 신입생 때 지은 독일어 음운법에 대한 운율(루이스는 실제로 옥스퍼드에서 강의할 때 그런 글을 지었다—옮긴이)에서 기억할 수 있는 구절들을 암송했다. 기억나지 않는 구절들을 가능한 한 오래 시간을 끌면서 떠올리려 애썼다. 체스 문제도 내보았다. 집필 중인 책 한 장의 개략을 쓰려고 노력하기도 했다. 하지만 모든 게 헛수고였다.

그 사이사이 지독히 무료한 시간이 찾아왔고, 결국 그날 밤 이전의 시간을 기억하지 못할 것 같았다. 따분하고 잠이 없는 사람에게도 열두 시간이 이렇게 길게 느껴지다니 도저히 믿을 수가 없었다. 또 그 소음, 모래투성이 슬리퍼를 신은 것 같은 불편함이란! 이제 생각해 보니 정말 미심쩍은 상황이었다. 페렐란드라 어디에서나 접할 수 있던 상큼한 밤바람이 이 지역에는 전혀 없었던 것이다(몇 시간이 지났다고 생각됐을 때 이 생각이 떠올랐지만). 눈길을 줄 만한 인광을 발하는 파도 꼭대기조차 보이지 않으니 그것도 이상했다. 두 가지 사실을 설명할 수 있는 이유가 아주 천천히 떠올랐다. 어둠이 왜 그렇게 오래 지속되는지도 설명해 줄 터였다. 너무나 무서운 이유였기에 랜섬은 공포감에 빠질 여유조차 없었다.

그는 마음을 진정하면서 뻣뻣하게 일어나서 해변을 걷기 시작했다. 아주 느릿느릿 앞으로 나아가서 양팔을 쭉 뻗으니 수직으로 선 바위가 만져졌다. 발끝으로 서서 팔을 최대한 높이 뻗었다. 바위 말고는 손에 잡히는 게 없었다. '너무 놀라지 마.' 랜섬은 자신에게 말했다. 다시 길을 더듬어 원래 자리로 향했다. 비인간의 시신에 이르자 그 앞을 지나서 맞은편 해안으로 갔다. 해안은 급커브를 이루고 있었고, 스무 걸음도 옮기기 전에 머리 위로 뻗은 양손에 벽이 아닌 바위로 된 지붕이 걸렸다. 몇 걸음 더 가니 지붕이 더 낮았다. 허리를 굽혀야 했다. 잠시 후에는 양손과 무릎을 바닥에 대고 기어야 했다. 지붕이 낮아지면서 결국 해변과 만나는 것이 틀림없었다.

절망감이 밀려온 랜섬은 더듬거리며 시신이 있는 곳으로 돌아가서 앉았다. 이제 의심의 여지가 없었다. 아침을 기다리는 것은 소용없는 짓이었다. 세상이 끝날 때까지 이곳에 아침은 오지 않을 것이다. 벌써 하루 밤낮이 지났을 터였다. 쩌렁쩌렁 울리는 메아리, 바람한 점 없는 공기, 주변의 냄새가 하나같이 그 사실을 확인해 주었다. 둘은 물에 빠지면서, 실낱같은 우연으로 수심 깊은 곳의 절벽에 난 구멍으로 들어갔다. 거기서 동굴 속 물가로 떠오른 것이었다. 되돌아갈 수 있을까? 랜섬은 물가로 내려갔다. 아니, 앞을 더듬으며 걷다가 자갈이 젖은 곳에서 물을 만났다. 물이 머리 위로 쏟아져 멀리 뒤쪽으로 밀려갔다가 거세게 앞으로 나왔다. 그는 해변에 엎드려 돌들을 꽉 붙들며 물길에 맞섰다. 뛰어들어 봤자 소용없을 터였다. 맞은편 동굴 벽에 부딪쳐 갈비뼈만 부러질 테니까. 빛이 있고 뛰어내릴 만한 높은 곳이 있다면, 바닥으로 내려가서 출구를 찾아볼 수도 있겠지만…… 가망이 없는 일이었다. 아무튼 빛이 전혀 없었다.

공기는 텁텁했지만, 어디선가 이 감옥 같은 곳으로 공기가 들어온다는 생각이 들었다. 그러나 그곳에 갈 수 있느냐는 다른 문제였다.

랜섬은 몸을 돌려 해변 뒤쪽의 바위를 살피기 시작했다. 처음에는 가망이 없는 듯했지만, 동굴들이 어딘가로 연결된다는 믿음은 쉽사리 가시지 않았다. 더듬대던 그는 얼마 후 높이가 1미터쯤 되는 선반 모양의 바위를 발견하고 그 위에 올라섰다. 폭이 얼마 안 될 걸로 예상했지만 앞으로 손을 뻗으니 벽이 만져지지 않았다. 그는 아주 조심스럽게 몇 발걸음 내딛었다. 오른쪽 발에 뭔가 날카로운 것이 걸렸다. 랜섬은 발의 통증에 신음하면서 한층 더 조심스럽게 움직였다. 그때 수직으로 선 바위가 나타났다. 올라갈 수 있는 높이였고 매끄러웠다. 오른쪽으로 몸을 돌리니 앞에 바위벽이 없었다. 왼쪽으로 몸을 돌려 다시 앞으로 나아가려는 찰나, 발가락이 돌에 찔렸다. 잠시 발가락을 만지고는 손과 무릎을 대고 기어 보았다. 바위 같은 돌들 사이에 있는 것 같았지만 앞으로 나아갈 만했다. 10분쯤 지났을까, 그는 제법 잘 나아가고 있었다. 꽤 가파른 경사면을 올라가다가 이따금 미끄러운 자갈을 지나고 때로는 큰 돌들의 꼭대기도 지나갔다. 드디어 다른 절벽에 다다랐다. 이 절벽에 붙은 선반 같은 바위는 높이가 1.2미터쯤 됐지만 이번에는 폭이 아주 좁았다. 어렵사리 올라가서 벽에 얼굴을 딱 붙이고 좌우로 움직이며 손을 짚을 만한 곳을 찾았다.

마침내 손을 짚을 곳을 찾은 랜섬은 이제 진짜 암벽 타기를 할 때라는 것을 알자, 망설여졌다. 머리 위에 있는 것은 절벽이며, 한낮에 복장을 제대로 갖추고 탄다 해도 감히 엄두를 내지 못할 일이었다. 겨우 2미터 남짓일 거라고 희망이 속삭였다. 몇 분간 차가운 데 있으면 산들바람이 부는 길을 지나 산의 심장부에 접어들 거라고. 이때쯤 그의 상상 속에서는 산의 한가운데라는 생각이 굳게 자리 잡았다. 랜섬은 계속 가보기로 했다. 사실 걱정스러운 것은 추락에 대한 공포가 아니라 물이 없는 곳에 가는 것이었다. 허기는 견딜 수 있지만 갈증은 참기 힘들었다. 하지만 계속 나아갔다. 지구에서는 해본 적이 없는 일들을 몇 분간 하면서. 어찌 보면 분명히 어둠의 도움을 받고 있었다. 높이 감각이 없어서 현기증이 나지 않았으니까. 그러나 더듬거리기만 하면서 산을 타는 것은 미칠 일이었다. 누군가 봤다면 한순간에는 미친 위험한 일을 하다가 이내 지나치게 조심하는 사람으로 보였을 터였다. 랜섬은 고작 지붕을 향해 바위를 탄 꼴이 되지 않을까 하는 생각을 떨쳐 내려고 했다.

15분쯤 지나자 그는 어딘가 넓은 표면에 있게 되었다. 폭이 훨씬 넓은 튀어나온 바위이거나 절벽 꼭대기였다. 그는 한동안 쉬면서 상처를 핥은 다음 일어나서 길을 더듬어 나아갔다. 다른 암벽을 만나기를 매순간 고대했다. 30보쯤 나아간 후에도 바위 벽이 나타나지 않자 고함을 질러 보았다. 소리로 짐작건대 상당히 트인 공간에 있었다. 그는 계속 나아갔다. 작은 자갈이 깔린 바닥은 제법 가팔랐다. 더 큰 돌도 있었지만, 그는 발가락을 잔뜩 구부려서 발 디딜 곳을 찾는 법을 터득했다. 이제는 자갈돌에 발이 찔리는 일이 없었다. 칠흑 같은 어둠 속에서도 자꾸만 앞을 보려고 눈을 가늘게 뜨는 게 작은 문젯거리였는데 그 바람에 두통이 났고, 빛과 색깔의 착시 현상을 느꼈다.

어둠 속에서 천천히 위로 올라가는 시간이 너무나 길어서, 원을 그리며 도는 게 아닌지 겁이 났고, 행성의 지면 아래서 위로 쭉 뻗은 돌기둥 같은 것을 만난 것이 아닐까 염려도 되었다. 어떤 각도로 꾸준히 올라간다는 사실이 위안을 주었다. 빛이 아쉬웠고 무척 고통스러웠다. 랜섬은 배고픈 사람이 음식을 생각하듯 자기도 모르게 빛을 생각했다. 파란 하늘에 뭉게구름이 떠가는 4월의 산등성이. 책과 파이프 담배가 느긋하게 흩어진 책상 위에서 고요하게 둥그런 빛을 발하는 램프. 이상하게 마음이 혼란스러운 나머지 지금 걷고 있는 경사면이 어두운 것이 어둠 때문인지, 그 자체가 숯처럼 까만지 가늠할 수 없었다. 손발이 까맣게 변했을 것 같았다. 빛이 비치는 곳에 다다르는 광경을 그려 볼 때마다 숯 검댕이 세상이 드러나는 순간도 그려졌다.

뭔가에 머리를 세게 부딪힌 랜섬은 놀라서 주저앉았다. 마음을 진정하고 손으로 만져 보니, 자갈 깔린 경사면이 위로 올라가면서 매끄러운 바위 천장이 되었다. 어떻게 된 영문인지 곱씹으며 앉아 있으려니 가슴이 철렁했다. 저 밑에서 애잔한 파도 소리가 희미하게 들리는 것을 보니, 이제 상당히 높은 데 있음을 알 수 있었다. 희망은 없었지만, 이윽고 랜섬은 양팔을 들어 천장을 계속 더듬으면서 오른쪽으로 걷기 시작했다. 곧 손이 천장에 닿지 않았다. 한참 후 물소리가 들렸다. 랜섬은 폭포를 만날까 몹시 두려워서 더 천천히 걸음을 옮겼다. 자갈이 젖기 시작했고 마침내 그는 작은 웅덩이에 발을 담그고 섰다. 왼쪽으로 몸을 돌리니 정말로 폭포가 있었지만, 위협적인 물살이 아닌 실개천과 비슷했다. 그는 출렁이는 웅덩이에 무릎을 꿇고 폭포에서 떨어지는 물을 마셨다. 지끈거리는 머리와 힘없는 어깨를 물속에 담갔다. 기분이 한결 좋아진 랜섬은 다시 올라가기 시작했다.

이끼 같은 게 자라서 돌들이 미끄럽고 수심이 깊은 웅덩이들이 많았지만, 그리 위험하지는 않았다. 20분쯤 후 랜섬은 꼭대기에 다다랐다. 고함을 질러 메아리를 들어 보니 이제 아주 큰 동굴에 온 것 같았다. 그는 개천을 길잡이 삼아 물길을 따라 올라갔다. 아무것도 보이지 않는 어둠 속에서 개천이 그의 동반자였다. 절망적인 상황에 빠진 인간들이 위안을 얻고자 으레 붙잡는 희망이 아닌 진정한 희망이 마음속에 자리 잡기 시작했다.

얼마 지나지 않아 랜섬은 소리 때문에 걱정되기 시작했다. 몇 시간 전 출발했던 작은 구멍에서 나는 희미하게 웅웅대는 바다 소리는 잦아들고 졸졸 흐르는 물소리만 들려오는데 그 소리에 소음이 섞여 있다는 생각이 들기 시작했다. 가끔 뒤쪽에 있는 웅덩이에 뭔가 풍덩 미끄러져 들어가는 소리가 났다. 돌바닥 위에 금속이 끌리듯 덜컹대는 소리는 더 이상스러웠다. 한두 번 멈춰 서서 귀를 기울이면 아무 소리도 들리지 않다가 걸음을 옮기면 다시 소음이 들려왔다. 랜섬은 한 번 더 걸음을 멈추었다. 틀림없이 그 소리가 들렸다. 비인간이 다시 살아나서 그를 쫓아오는 걸까? 그럴 리는 없었다. 그것의 계획은 도망치는 것이었으니까. 이런 동굴들에 뭔가 살고 있으리라는 가능성은 떨쳐 버리기 쉽지 않았다. 경험으로 볼 때 뭔가 살고 있어도 해를 끼치지 않을 테니 안심해도 될 것 같았지만 어쩐지 이런 데 사는 것들이 얌전할 거라는 믿음은 가지 않았다.

비인간의—혹은 웨스턴일까—말소리가 랜섬에게 작게 메아리쳤다. '모든 것은 표면적으로 보면 아름답지만 안쪽 깊숙이는 어둠과 열기, 무서움, 악취가 있소.' 뭔가가 물줄기를 따라서 그를 쫓아오고 있다면, 물가에서 벗어나 그것이 지나갈 때까지 기다리는 게 좋겠다는 생각이 문득 들었다. 하지만 정말 추적한다면 아마도 체취를 따라올 터였고 어쨌든 개천을 놓쳐 모험을 하고 싶지는 않았다. 결국 그는 계속 걸음을 옮겼다.

정말 허기져서 기운이 없어선지, 뒤에서 나는 소음들이 걸음을 재촉했는지 불쾌할 정도로 더웠다. 개천에 발을 담갔는데도 물이 별로 상쾌하지 않았다. 추적을 당하든 말든 잠깐 쉬어야 된다는 생각이 들었다. 그런데 그 순간 빛이 보였다. 지금까지 너무 자주 눈속임을 당해서 처음에는 믿고 싶지 않았다. 눈을 감고 100까지 헤아린 후 다시 쳐다봤다. 한동안 몸을 돌려 앉은 뒤 그것이 환각이 아니기를 기도한 다음 다시 쳐다보았다.

"이런. 이게 환각이라면 꽤 오래가는군."

랜섬은 혼잣말로 중얼댔다. 어둑어둑하고 약간 붉은 기를 띤 빛이 랜섬 앞에서 파르르 떨렸다. 어찌나 약한 빛인지 다른 것은 비추지 못했다. 빛이 1미터 앞에 있는지, 10킬로미터쯤 앞에 있는지 어두운 곳에서는 가늠이 되지 않았다. 랜섬은 쿵쾅대는 가슴으로 다시 출발했다. 다행스럽게도 개천이 그를 빛 쪽으로 인도하는 것 같았다.

빛이 아직도 멀리 있다고 생각했는데 그는 거의 빛 속으로 들어왔음을 알았다. 수면 위에 둥근 빛이 비치면서 마구 출렁대는 웅덩이가 보였다. 빛은 위에서 나왔다. 랜섬은 웅덩이로 들어가서 위를 올려다보았다. 눈에 띄게 붉은, 불규칙한 모양의 빛 조각이 바로 쏟아졌다. 이번에는 빛이 강해서 주변의 사물이 다 눈에 들어왔다. 랜섬은 눈이 적응되자, 깔때기랄까 갈라진 틈을 올려다보고 있다는 것을 알아차렸다. 깔때기처럼 뚫린 곳의 아래쪽은 그가 있는 동굴의 천장에 나 있었다. 그의 머리 위로 천장까지 1미터 남짓밖에 되지 않았다. 깔때기 위쪽은 더 높이 있는 다른 방이었고 거기서 빛이 나왔다. 희미하게 빛이 들어 깔때기의 울퉁불퉁한 쪽을 볼 수 있었다. 해파리처럼 생긴 불쾌한 식물이 겹겹이 쌓여 있었다. 머리와 어깨에 따뜻한 물방울이 비처럼 뚝뚝 떨어졌다. 물의 온기에 빛의 붉은색이 더해져서 위쪽 동굴을 밝히는 빛은 땅속의 불에서 나온다고 생각됐다. 가능하다면 위쪽 동굴로 가겠다고 왜 그가 결심했는지 독자들은 명확히 모를 것이고, 랜섬 자신도 나중에 생각해 봤지만 이유가 분명치 않았다. 그는 단순히 빛에 주렸기 때문에 마음이 동했다고 생각한다. 처음 깔때기를 힐끗 보았을 때 그가 처한 세상의 모양과 상황이 파악되었고, 그 자체로 감옥에서 나온 것 같았다. 빛은 실제 주위 환경보다 더 많은 것을 말해 주는 것 같았다. 공간에서의 전체적인 방향 감각의 틀을 복구해 주었다. 사람은 방향 감각이 없으면 몸을 자기 것이라고 말할 수가 없다. 그 후로 지금껏 그가 헤맨 무시무시한 어두운 허공으로, 숯과 그을음의 세계로, 크기나 거리가 없는 곳으로 돌아가는 것은 못할 노릇이었다. 또 뭐가 쫓아오든 환한 동굴로 들어갈 수 있다면 더 이상 따라오지 않을 거라고 생각했다.

하지만 쉬운 일이 아니었다. 깔때기의 뚫린 부분에 들어갈 수가 없었다. 풀쩍 뛰어 봤지만 거기 덮인 식물 끝만 건드릴 뿐이었다. 마침내 그는 그럴듯하지는 않아도 생각해 낼 수 있는 최선의 방법을 떠올렸다. 자갈돌 사이에서 큼직한 돌멩이를 골라 낼 만큼은 환했다. 그는 웅덩이 한가운데에 돌탑을 쌓기 시작했다. 정신없이 움직였고 가끔은 쌓은 돌탑을 무너뜨려야 했다. 몇 번이나 재도전한 끝에 필요한 높이가 됐다. 마침내 돌탑이 완성되자 그는 땀을 뻘뻘 흘리며, 몸을 떨면서 탑 꼭대기에 올라섰다. 진짜 위험이 남아 있었다. 머리 위로 양쪽에 난 식물을 움켜잡아야 했다. 운이 좋아 식물이 뽑히지 않을 거라고 믿은 그는 점프를 하면서 최대한 재빨리 몸을 당겼다. 식물이 끊어지지 않는다 해도 오래 버티지 못할 게 분명했기 때문이었다. 어찌어찌 해서 겨우 구멍으로 들어갈 수 있었다. 산악인들이 '침니'라 부르는 곳을 오를 때처럼, 갈라진 틈새에 등을 대고 다리로 반대 쪽을 받쳤다. 푹신한 식물이 살갗이 벗겨지지 않게 보호해 주었고, 몇 번 위쪽으로 몸을 당긴 끝에 통로의 벽을 찾아냈다. 벽은 울퉁불퉁해서 평범한 방법으로 타오를 수 있었다. 열기가 급격히 강해졌다.

"여기 올라오다니 내가 바보지."

하지만 그 말을 하는 순간 랜섬은 꼭대기에 있었다.

처음에는 빛 때문에 앞이 보이지 않았다. 마침내 눈이 적응되자, 그는 거대한 방에 있다는 것을 알았다. 불빛이 가득 차 있어서 마치 붉은 진흙을 움푹 파내 꺼진 듯한 인상이 들었다. 방의 길이를 죽 살폈다. 바닥은 왼쪽으로 기울어져 있었다. 오른쪽으로는 절벽 끝으로 보이는 곳까지 오르막이었고, 그 뒤쪽은 보이지 않는 밝은 심연이었다. 동굴 가운데에는 폭은 넓지만 수심은 얕은 강이 흘렀다. 지붕이 보이지 않을 만큼 높았지만, 벽들이 자작나무 뿌리처럼 굴곡지게 어둠 속으로 솟아 있었다.

랜섬은 비척비척 일어나서 강을 건너 (몸에 닿으니 물이 뜨거웠다) 절벽 끝으로 다가갔다. 수천 길 밑에 불이 있는 것 같았다. 불길이 넘실대고 포효하며 용틀임하는 구멍의 다른 쪽 끝은 보이지 않았다. 1초나 봤을까, 더 볼 수 없어서 고개를 돌리자 동굴의 나머지 부분이 어두워 보였다. 몸의 열기가 고통스러웠다. 그는 절벽 끝에서 물러나와 불을 등지고 앉아서 생각을 정리했다.

생각은 예상치 못한 방식으로 모아졌다. 웨스턴—그게 웨스턴이라면—이 최근 열변을 토한 관점이 갑자기 랜섬의 마음을 사로잡았다. 탱크 공격처럼 거부할 수 없었다. 그는 환각의 세계에서 평생토록 살아온 것 같았다. 유령들, 저주받은 유령들이 옳았다. 페렐란드라의 아름다움, 초록 여인의 순수함, 성자들의 고통, 인간들의 친절한 애정은 모두 겉모습이고 겉치레일 뿐이었다. 그가 세상이라고 한 것들은 그저 세상의 표피였다. 표면에서 400미터만 파고들어 가 어둠과 침묵과 지옥불을 수천 킬로미터쯤 지나면 각각의 심장부가 나오고 거기 현실이 살고 있었다. 무의미하고, 길들여지지 않고, 모든 영혼이 어울리지 않고 그 앞에서는 모든 노력이 허사인 순전한 어리석음이 있었다. 그를 따라오는 것은 무엇이든 그 축축하고 어두운 구멍으로 올라와, 무시무시한 통로로 쫓겨날 터였다. 그런 다음 그는 죽겠지. 랜섬은 그가 막 비집고 올라온 어두운 구멍에서 눈을 떼지 않으면서 중얼댔다.

"내 생각은 그랬다구."

인간과 흡사한 형체가 천천히, 몸을 떨면서 동굴 바닥으로 기어 나왔다. 부자연스럽고 인간 같지 않은 동작이었다. 예상대로 비인간이었다. 부러진 다리를 질질 끌면서 시체같이 턱을 늘어뜨린 그는 몸을 일으켜 섰다. 그때 비인간의 뒤쪽에서 다른 것이 구멍을 빠져나왔다. 처음에는 나뭇가지들 같더니, 예닐곱 개의 점 같은 빛이 별무리처럼 덩어리를 이루었다. 그 후 통 모양의 덩어리는 광이라도 낸 것처럼 붉은 빛을 반사했다. 가지 같은 것들이 불쑥 움직여 길고 뻣뻣한 촉수로 변하자 랜섬의 심장이 쿵 내려앉았다. 점점이 박힌 빛들이 딱딱한 헬멧을 쓴 것 같은 머리통에 박힌 눈으로 변했고, 그 뒤를 따르는 덩어리는 커다란 원통형 몸이 되었다. 무서운 일이 일어났다. 관절이 있는 앙상한 다리들이 보였고, 몸통 전체를 봤다고 생각한 순간 제2의 몸이 따라 나왔다. 그다음에는 세 번째 몸이 나타났다. 그것은 세 부분으로 이루어졌으며 말벌의 허리통 같은 것으로만 연결되어 있었다. 몸의 세 부분은 가지런히 연결된 것처럼 보이지 않았고, 크고 다리가 많으며 몸을 떠는, 마치 짓밟힌 듯한 괴상한 형체가 보였다. 괴상한 형체는 비인간의 바로 뒤에 서 있었고, 뒤쪽 바위벽에서 으스스한 두 그림자가 위협적으로 너울댔다.

'저들은 내가 겁먹기를 원해.'

랜섬의 머릿속에서 뭔가가 그렇게 말했고, 그와 동시에 그는 비인간이 이 거대한 땅에서 기는 것을 불러냈다고, 또 적이 등장하기 전에 떠올린 악한 생각들은 적의 의지에 의해 그의 마음에 쏟아져 들어왔던 거라고 믿었다. 그의 생각이 외부에서 조종될 수 있음을 알자 공포 아닌 분노가 솟구쳤다. 랜섬은 자신도 모르게 일어나서 비인간에게 다가가 영어로, 아마도 엉뚱한 말을 하는 것을 알아차렸다.

랜섬은 소리쳤다.

"내가 이걸 참을 거라고 생각해? 내 머리에서 나가. 분명히 말하는데 이건 당신의 머리가 아니야! 나가라구."

그는 냇가에서 크고 뾰족한 돌을 집어 들고 윽박질렀다.

비인간이 쉰 목소리로 말했다.

"랜섬, 잠깐만! 우리 둘 다 덫에 걸렸소……."

하지만 랜섬은 이미 돌을 쳐들고 있었다.

"성부와 성자와 성령의 이름으로 행하노니…… 아멘."

랜섬은 그렇게 말하며 비인간의 얼굴에 있는 힘껏 돌을 던졌다. 비인간은 연필이 쓰러지듯 고꾸라졌고, 얼굴은 알아보기 힘들 만큼 짓뭉개졌다. 랜섬은 그것에 눈길도 주지 않고 몸을 홱 돌려, 공포감을 주던 다른 것과 마주했다. 그런데 공포감은 어디로 갔을까? 형체는 거기 있었다. 이상스러운 모양새인 것은 의심의 여지가 없었지만, 모든 혐오감이 그의 마음에서 싹 사라져 버렸다. 그래서 그때나 다른 때나 그것을 기억하지 못했고, 자기보다 다리나 눈이 더 많은 동물들과 다투는 이유를 다시는 이해할 수 없었다. 어릴 때부터 곤충과 파충류에 대해 느낀 감정이 그 순간 없어져 버렸다. 라디오를 끄면 으

스스한 음악이 싹 잦아들 듯 완전히 사라져 버린 것이다. 애초부터 이 모든 것이 적의 검은 마법이었음이 분명했다.

케임브리지에서, 열린 창문 옆에 앉아서 글을 쓰던 중 고개를 들었다가, 딱정벌레가 종이 위를 기어가는 것을 보고 흠칫했던 기억이 있었다. 유독 끔찍한 모양에 여러 색깔이 뒤섞인 벌레였다. 그런데 다시 보니 딱정벌레가 아니라, 바람결에 날아온 낙엽이었다. 흉하게 보였던 곡선과 움푹 들어간 면이 그 순간 아름다워 보였다. 이때 느낀 감정도 거의 비슷했다. 그것이 그에게 해를 가할 의사가 없다는 것을 알아차렸다. 그것은 아예 어떤 의도도 없었다. 비인간에게 끌려서 여기까지 왔으며, 이제 가만히 서서 촉수를 조심스레 움직일 뿐이었다. 그러더니 주변 환경이 내키지 않는지, 힘겹게 몸을 돌려서 나왔던 구멍 속으로 내려가기 시작했다. 몸통의 세 부분 중 마지막 부분이 뒤뚱대며 구멍 가장자리로 들어가고 마침내 회오리 모양의 꼬리가 공중에 곤추 서자, 랜섬은 웃음을 터뜨릴 뻔했다.

"움직이는 열차 같군."

랜섬은 비인간에게 몸을 돌렸다. 머리통이라고 할 만한 것이 남아 있지 않았지만, 위험을 감수하지 않는 편이 좋았다. 그는 비인간의 발목을 잡고 절벽 끝으로 끌고 간 후 잠시 쉬었다가 벼랑 밖으로 떠밀었다. 불의 바다 위로 몇 초간 검은 형체가 보이더니 그것으로 끝이었다.

랜섬은 긴다기보다 구르다시피 해서 냇가로 가 벌컥벌컥 물을 들이켰다. 그는 속으로 중얼댔다. '이게 끝일지도 몰라, 아닐지도 모르고. 이 동굴에서 나가는 길이 있을지 없을지 몰라. 하지만 오늘은 한

걸음도 더 못 가겠어. 계속 가면 목숨을 구할 수 있다 해도…… 목숨
이 달려 있다 해도 안 갈래. 그럴 거야. 하나님께 영광을! 피곤하군.'

곧 잠이 들었다.

15

불이 밝혀진 동굴에서 긴 잠을 잔 후, 지하 세계를 여기저기 돌아다닌 랜섬은 허기와 피로감으로 현기증을 느꼈다. 그는 잠에서 깬 후에도 근 몇 시간을 가만히 누워서, 계속 걸어갈 가치가 있는지 가늠해 보았던 것으로 기억한다. 결정을 내린 순간은 그의 마음에서 지워지고 없다. 기억이 뒤섞여 장면 장면이 혼란스럽게 떠오른다. 불구덩이와 구름 같은 김이 계속 나오는 무시무시한 곳으로 연결되는 긴 회랑이 한쪽에 있었다. 옆에서 솟구치는 급류 중 하나가 여기서 깊은 불구덩이로 떨어지는 것이 확실했다. 그 뒤쪽의 거대한 홀들은 여전히 어두침침했다. 알 수 없는 광물들이 채워져 빛 속에서 불꽃이 튀고 너울댔는데 마치, 거울 방을 손전등을 비추며 살펴보는 것처럼 눈속임을 일으켰다.

넋이 나간 상태였을지도 모르지만, 랜섬은 자연이 만든 게 아닌,

인간이 만든 작품 같은 성당 안을 지나게 되었다. 한쪽 끝에는 두 개의 왕좌가, 다른 쪽 끝에는 인간이 앉기에 너무 큰 의자 두 개가 놓여 있었다. 사물들이 현실이라면 그는 그것들을 설명할 도리가 없었다. 어두운 터널로 천상의 바람이 그의 얼굴에 모래를 날렸다. 그가 어둠 속에서 걸어 다니는 공간도 있었다. 저 밑으로 보이는 튀어나온 바위들, 자연이 만든 아치 형상들, 구불구불한 심연 아래로 싸늘한 초록색 빛을 발하는 매끄러운 바닥이 내려다보였다.

　서서 밑을 내려다보는데, 거리감 때문에 모기만 하게 보이는 큼직한 딱정벌레 네 마리가 둘씩 기어서 오는 것 같았다. 놈들은 평평한 수레를 끌고 있었고, 수레에는 망토를 걸친 형체가 흔들림 없이 꼿꼿이 서 있었다. 늠름하고 침착하며 늘씬한 형체였다. 그것은 이상한 무리를 이끌고 거만하게 앞을 지나 시야에서 사라졌다. 이 세계의 안쪽은 인간들이 살 세상이 아니었다. 다른 것들의 세계였다. 찾을 수만 있다면, 알려지지 않은 곳들의 토착 신들을 달래는 이교도들의 옛 의식을 새롭게 할 수 있는 방법이 있을 것 같았다. 신을 화나게 하지 않으면서, 침입에 대해 신중하고 예의 바르게 사죄할 방도가 있을 듯 했다. 전차에 탄 형체는 틀림없이 그의 동료 생명체였다. 지하 세계에서 그들은 동등한 존재가 아니었고 평등권을 가진 것도 아니었다. 한참 시간이 지나 칠흑 같은 어둠 속에서 둥둥둥 북소리가 났다. 멀리서 들려오기 시작해 랜섬의 주위를 휘감았다가, 검은 미궁 속에서 끝없이 길게 메아리 친 후 사라졌다. 차가운 빛이 나타났다. 물기둥으로 보이는 것이 빛을 발하며 번쩍이더니 고동쳤다. 빛의 기둥은 그가 가도 가도 가까워지지 않았고 결국 불쑥 잦아들었다. 랜섬은 그것의 정체를 알아 내지 못했다. 표현하기 힘들 정도로 기이한 모습으로 크게 요동친 후, 한순간 그는 숨 돌릴 틈도 없이 진흙탕에서 발이 미끄러졌다. 공포에 질려 숨도 못 쉰 채 그는 물살이 빠른 깊은 물속에서 푸푸 소리를 내며 버둥댔다. 수로 양면에 부딪쳐 죽거나, 곧 불구덩이에 빠질 거라는 생각이 들었다. 하지만 수로는 일직선임이 분명했고, 생각보다 물살도 거세지 않았다. 결국 수로 양면에 부딪치는 일은 없었다. 마침내 그는 메아리치는 어둠을 뚫고 떠밀려 내려갔다.

죽을지 모른다는 생각이 들고, 기진맥진한 데다가 엄청난 소음 때문에 랜섬이 정신이 없었으리라는 것은 독자들도 이해될 것이다. 나중의 모험을 되돌아보면, 어둠 속에서 둥둥 떠가다가 잿빛 공간으로 들어갔고, 그 후에는 반투명 파랑, 초록, 흰색의 설명할 길 없는 혼돈으로 접어들었던 것 같다. 머리 위로 아치와 희미하게 빛나는 기둥이 있는 듯했지만, 모든 게 애매하고 순식간에 눈앞에서 사라져 버렸다. 얼음 동굴처럼 보였지만, 그렇다고 하기에는 너무 따뜻했다. 머리 위의 천장은 물처럼 일렁이는 것 같았지만, 틀림없이 그림자일 터였다. 잠시 후 그는 넓은 곳으로 튕겨지듯 빠져나왔다. 대낮의 공기와 따스함이 느껴지는 순간 곤두박질쳐서 방향 감각을 잃었다. 현기증이 나면서 숨이 막혔다. 수심이 얕은 큰 웅덩이였다.

랜섬은 너무나 기운이 빠져서 꼼짝도 할 수 없었다. 공기에서 느껴지는 뭔가와 고적한 새 울음 뒤의 적막감은 여기가 높은 산꼭대기임을 말해 주었다. 그는 기었다기보다 구르다시피 해서 웅덩이에서 빠져나와 촉감이 좋은 파란 잔디 위로 올라갔다. 빠져나온 곳을 보니, 동굴 입구에서 물줄기가 쏟아져 내렸고, 동굴은 진짜 얼음으로 된 것 같았다. 그 아래 물빛은 으스스한 푸른색이었지만 그가 누운 곳 부근은 따스한 노란 빛이었다. 그의 주변에 온통 물안개가 피어나고 이슬이 맺혀 있어 싱그러웠다. 옆쪽으로는 잡초로 뒤덮인 절벽이 솟아 있는데 틈새로 유리처럼 빛나는 표면이 보였다. 하지만 그가 신경이 쓰이는 것은 그게 아니었다. 작고 뾰족한 잎사귀들 밑으로 포도처럼 생긴 열매가 풍성하게 빛났다. 일어나지 않아도 손이 닿았다. 열매를 먹고 나자 나중에 그가 기억해 낼 수 없던 변화가 일어나며 잠에 빠져들었다.

이후 랜섬의 경험은 순서대로 정리하기가 점점 어려워진다. 동굴 입구의 강가에서 얼마나 오래 누워 있다가 먹고 자고 깨고 다시 먹고 잠들었는지 그는 가늠하지 못한다. 랜섬은 하루나 이틀이었을 거라고 생각하지만, 이 회복 기간이 지났을 때의 몸 상태로 볼 때 나는 2주나 3주 이상이 지났을 거라고 생각한다. 우리가 젖먹이 시절을 기억할 때는 꿈속 기억일 때가 있다. 사실 이것은 제2의 젖먹이 시기였다. 그는 금성이라는 행성이 주는 젖을 먹었고, 그곳에서 나올 때까지 젖을 떼지 않았다. 이 긴 안식기에 대해 세 가지 인상이 남아 있다. 끝없이 즐거운 물소리, 뻗은 손 안으로 고개를 숙이고 들어오는 듯했던 과일 송이의 달콤한 생명력 그리고 노래. 저 아래 계곡과 협곡에서 머리 위 높이까지 차오른 것처럼 노래가 잠 속을 떠다녔고, 깰 때마다 처음 듣는 것도 그 노래였다. 새의 노래처럼 틀이 없었지만 그렇다고 새 소리는 아니었다. 새 소리가 플루트 소리라면, 이 소리는 첼로 소리였다. 낮고 원숙하고 부드러웠다. 배 속이 울리고 풍요롭고 금빛이 도는 갈색에, 열정적이었지만 인간들의 열정과는 달랐다.

랜섬이 이 휴식 상태에서 워낙 조금씩 벗어났기에 그가 이곳에 적응하면서 받은 인상은 딱히 말할 수가 없다. 하지만 회복이 되고 다시 정신이 또렷해졌을 때 그의 눈에 들어온 풍경은 다음과 같았다. 그를 동굴 밖으로 데려온 강줄기가 떨어진 절벽은 얼음이 아니라 투명한 바위 같은 것이었다. 거기서 깨진 작은 돌조각은 유리처럼 투명했지만, 가까이서 살펴보니 절벽들 자체는 표면에서 약 15센티미터 높이까지 불투명해지고 있는 것 같았다. 상류로 올라가 동굴에 들어가서 몸을 돌려 빛 쪽을 보면, 동굴 어귀를 이루는 아치의 테두리가 눈에 띄게 투명했다. 그리고 동굴 안쪽은 모든 게 파랗게 보였다. 이 절벽들의 꼭대기에서 무슨 일이 벌어졌는지 그는 알지 못했다.

랜섬 앞으로 푸른 풀밭이 서른 걸음쯤 평편하게 펼쳐지다가, 가파른 내리막길이 되면서 물줄기를 큰 폭포수로 이끌었다. 비탈을 뒤덮으며 핀 꽃들이 산들바람에 흔들렸다. 비탈은 긴 내리막길이 되다가 굽이돌면서 수풀이 있는 계곡으로 이어지고 계곡은 그의 오른편에 있는 엄청난 비탈길을 돌면서 시야에서 사라졌다. 그 뒤로 믿기 힘들만큼 낮은 저 아래쪽으로 산봉우리가 보였다. 그 뒤쪽으로는 더 희미하지만 훨씬 낮은 계곡이 있는 듯하더니 금빛 아지랑이 속에서 모든 것이 사라져 버렸다. 이 계곡 맞은편 땅은 히말라야 산 높이의 큰 곡선과 주름을 이루며 붉은 바위들까지 치솟아 있다. 그것은 영국 데번셔의 절벽 같은 붉은 빛이 아니라, 물감으로 칠한 듯한 장밋빛이었다. 그 화사함에 랜섬은 깜짝 놀랐고, 봉우리들이 바늘같이 뾰족뾰족한 데도 놀랐다. 문득 그가 어린 세상에 있다는 생각이 머리를 스쳤다. 지질학적으로 말하자면 이 산들은 유아기였다. 또 그것들은 보기보다 훨씬 멀리 있을 터였다.

랜섬의 왼편과 뒤쪽으로 수정 같은 절벽들이 시야를 가렸다. 오른쪽 절벽들은 금방 끝났고 그 뒤로 다른 산봉우리 쪽으로 땅이 솟아 있었다. 이 산봉우리는 계곡 건너에서 본 것들보다 훨씬 낮았다. 환상적이리만치 가파른 산비탈들이 그가 아주 어린 산에 있다는 추측을 확인해 주었다.

노래 소리 외에는 적막하기 그지없었다. 날아가는 새들은 대부분 랜섬의 발밑에 있었다. 오른쪽 산비탈과, 그보다 희미한 앞쪽의 거대한 중심 봉우리 비탈길에서 계속 잔물결이 일었지만 제대로 보이진 않았다. 물이 흘러오는 것 같긴 했지만, 더 먼 산에서 오는 강이라면 폭이 4~5킬로미터는 될 텐데 도무지 그럴 것 같지 않았다.

완전한 그림을 그리기 위해 랜섬이 오랫동안 해온 노력은 생략하겠다. 사방에 온통 안개가 자욱했다. 안개는 계속 노란색 혹은 여린 금색의 베일 속에서 사라졌다가 다시 나타났다. 마치 산 정상 위로 1~2미터밖에 안 되는 금빛 하늘 지붕이 열려서 풍부한 빛을 세상에 쏟아 붓는 것 같았다.

하루하루 지나면서 랜섬은 그곳에 더 익숙해졌고, 몸 상태도 더 잘 알게 되었다. 몸이 뻣뻣해서 거의 움직일 수 없고 마음껏 호흡하다 얼굴을 찌푸린 적이 많았다. 하지만 몸은 놀라우리만치 빨리 회복되었다. 넘어진 사람이 작은 찰과상과 찢어진 부위의 통증이 줄어들어야 진짜 상처를 발견하듯이 랜섬도 거의 회복된 후에 가장 심각한 상처를 찾아냈다. 발꿈치 상처였다. 모양으로 봐서 인간의 치아 때문에 생긴 상처였다. 자르기보다는 뭉개고 가는 기능을 하는 뭉툭한 이빨 자국이었다. 비인간과 여러 차례 몸싸움을 했지만 이상하게도 이렇게 특이하게 물린 기억이 없었다. 큰 문제는 없어 보였지만 출혈이 계속되었다. 심한 출혈은 아니었지만 아무리 해도 피가 멎지 않았다. 하지만 그는 별로 개의치 않았다. 이 시기에는 장래도, 과거도 상관이 없었다. 그는 소망과 두려움을 별로 의식하지 못하는 것 같았다.

그럼에도 움직여야 한다고 느껴지는 날이 왔지만 이제 집이 되다시피 한, 웅덩이와 절벽 사이의 쉼터를 떠날 마음의 준비가 되지 않았다. 그는 그날, 지금 생각하면 어리석어 보이지만 당시에는 넘겨 버릴 수 없었던 일을 했다. 반투명한 절벽의 표면이 그리 단단하지는 않다는 것을 알아차린 랜섬은 뾰족한 돌을 이용해, 식물이 뒤덮인 절벽에 넓은 공간을 만들었다. 그리고 넓이를 가늠한 후 조심스럽게 암벽에 난 식물들을 치웠다. 몇 시간이 지나자 다음 문구가 나타났다. 로마자로 쓰인 옛 솔라어였다.

이 동굴들 안에는
에드워드 롤스 웨스턴의

시신이 화장되었다.

거기 사는 이들은 지구라 부르지만

엘딜들은 툴칸드라라 부르는 세상의

지식인이었다.

복 되신 분 말렐딜이 툴칸드라의 흐나우로 태어나신 이후

지구가 태양 주위로 1896회 돌았을 때 그는 태어났다.

축복하자 그는 태어났다.

인체에 대해 연구했고

깊은 천상을 여행해서 말라칸드라와 페렐란드라에 온

최초의 지구인이었다.

복되신 분 말렐딜의 탄생 이후

지구가 1942회 돌았을 때

그는 페렐란드라에서 지성적인 의지와 이성을 타락한 엘딜에게

내주었다.

흡족해진 랜섬은 다시 드러누우면서 중얼댔다.

"바보 같은 짓을 했구만. 아무도 읽을 일 없을 텐데. 하지만 기록
은 남아야 할 테지. 대단한 물리학자이긴 했잖아. 어쨌든 나한테 운
동은 됐군 그래."

그는 크게 하품을 하고, 다시 열두 시간 동안 잠에 빠졌다.

다음 날 몸이 더 나아져서 가볍게 걷기 시작했지만, 동굴 양쪽의
비탈을 구르다시피 내려가야 했다. 다음 날은 몸이 한결 더 나아졌고

사흘째 되는 날에는 모험을 떠날 준비가 되었다.

랜섬은 꼭두새벽에 출발해서, 언덕을 흘러내리는 물줄기를 따라 걸었다. 가파른 경사면이지만, 튀어나온 바위는 없었고 풀은 보드랍고 탄력이 있었다. 비탈길을 내려가는데도 무릎이 후들거리지 않아서 그는 놀랐다. 반 시간쯤 계속 걸어갔다. 이제 맞은편 산봉우리들이 너무 높아서 보이지 않고 등 뒤쪽의 수정 같은 절벽들이 멀리 번들거리기만 할 즈음, 그는 새로운 식물을 만났다. 나무 수풀로 다가가고 있었는데 줄기의 높이는 70센티미터 정도에 불과했고 줄기 끝에 가지들이 길게 자라고 있었다. 가지들은 공중으로 뻗지 않고, 바람에 실려 내리막길 쪽으로 지면과 평행을 이루며 출렁댔다. 덕분에 숲에 들어서자 무릎 높이의 나무 바다를 거닐게 되었다.

눈이 닿는 곳곳에, 사방에서 끝도 없이 나무들이 물결처럼 출렁거렸다. 파란색이지만 풀밭보다는 푸른 기가 훨씬 덜했다. 가지 중심부는 담청색이었지만, 수술 같으면서 깃털 같은 가장자리로 갈수록 청회색으로 변했다. 지구에서라면 아주 섬세한 연기와 구름 같은 효과 정도랄까. 가느다란 잎사귀가 보드랍게, 거의 닿지 않는 것처럼 그의 살을 스쳤다. 낮게 노래하는, 버스럭대며 속삭이는 음악 소리가 들리고 주변의 활기찬 움직임이 느껴지자 가슴이 두근거리기 시작했다. 페렐란드라에서 이전에 느꼈던 커다란 기쁨이 밀려들었다. 랜섬은 멀리 비탈길에서 물결 같은 움직임을 본 것은, 그가 '물결치는 나무들'이라고 이름 붙인 이 키 작은 수풀들 때문이었음을 알았다.

고단해서 주저앉자마자 그는 새로운 세계에 있다는 것을 알았다.

나뭇가지들은 머리 위에서 출렁댔다. 그는 난장이들에게 어울리는 숲에 와 있었다. 투명하고 파란 천장이 계속 움직이면서 이끼 낀 바닥에 빛과 그림자의 춤을 끝없이 쏟아 냈다. 곧 랜섬은 이곳이 정말로 난장이들을 위해 만들어졌다는 것을 알았다. 유난히 보드라운 이끼 사이 곳곳에 곤충들이 있는데 찬찬히 살펴 보니 작은 포유류였다. '금지된 섬'에서 본 쥐들을 벌 크기로 축소한 산쥐들도 많았다. 원시 시대의 하마와 닮은, 그가 이 세계에서 본 어떤 것보다 말처럼 생긴 기막히게 우아한 것들도 있었다.

"이 엄청난 떼를 안 밟을 방법이 있을까?"

걱정이 되었다. 하지만 사실 수가 엄청나게 많지는 않았고, 주로 그의 왼쪽으로 기어가는 것 같았다. 랜섬이 일어났을 때는 이미 거의 시야에서 사라져 버렸다.

그는 출렁대는 나뭇가지 사이를—마치 야채 파도타기를 하듯—한 시간 넘게 헤치고 계속 나아갔다. 그는 숲 속으로 들어가 곧 강에 이르렀다. 오른쪽 오솔길을 가로질러 흐르는, 돌이 많은 강이었다. 사실 랜섬이 다다른 곳은 수풀이 우거진 계곡이었다. 강 건너편 나무들 사이로 경사진 땅에서 가파른 오르막길이 시작되었다. 누런 빛이 감돌았고 숲 꼭대기는 제법 높았다. 바위들은 물살에 젖어 축축했고, 사방에서 굵은 목소리의 노랫가락이 들렸다. 대단한 저음에다 멜로디가 풍부해서, 랜섬은 소리가 나는 곳을 찾으려고 가던 길을 벗어나 강 하류로 내려갔다. 얼마 가지 않아 위풍당당한 나무 사이로 통로들이 나오고 다른 숲으로 이어지는 빈터들이 나타났다. 그는 가시 없는 덤불 사이를 빠져나가고 있었다. 키 작은 나무마다 꽃을 피워서, 머리에 꽃잎이 떨어지는가 하면 옆구리는 꽃가루투성이가 되었다. 손가락이 닿는 곳마다 고무 같은 게 묻어났고, 걸음을 옮길 때마다 흙과 관목들이 새로운 냄새를 일으키는 것 같았다. 그 냄새가 생생하고 엄청난 쾌감을 일으켰다. 음악 소리가 너무 요란하고 덤불이 워낙 빽빽해서, 이제 1미터 앞도 내다볼 수 없었다. 그때 갑자기 음악이 멈추었다. 바스락대는 소리와 잔가지 부러지는 소리가 나자 랜섬은 황급히 그쪽으로 다가갔지만 아무것도 발견하지 못했다. 포기하려는 순간, 조금 더 떨어진 곳에서 다시 노래가 시작되었다. 랜섬은 다시 한 번 소리를 쫓아갔고, 그 생명체는 다시 노래를 멈추고 사라졌다. 랜섬은 그것과 족히 한 시간은 숨바꼭질을 한 후에야 정체를 파악했다.

음악 소리가 가장 크게 터져 나오는 사이, 그는 가만가만 발을 옮기다 마침내 꽃핀 나뭇가지들 사이에서 검은 물체를 발견했다. 노랫소리가 멎으면 가만히 서 있다가, 다시 소리가 나기 시작하면 극도로 조심스럽게 나아가는 식으로 10분쯤 다가갔다. 마침내 그것의 형체가 한눈에 들어왔다. 그것은 랜섬이 지켜보는 줄 모르고 노래했다. 개처럼 똑바로 앉은 자세에, 몸통이 늘씬하고 광채가 흘렀다. 어깨는 랜섬의 머리 위로 훌쩍 솟아 있었다. 어깨를 떠받치는 앞다리는 어린나무 같았고, 발바닥 살은 낙타 발바닥처럼 큼직하고 부드러웠다. 크고 둥그스름한 배는 흰색이었고, 어깨 위로 말처럼 목이 쭉 뻗어 있었다. 랜섬이 선 곳에서는 머리의 옆면이 보였다. 그것은 입을 벌려 떨리는 저음으로 활기차게 노래했다. 윤기 나는 목덜미에서 음악이 출렁이는 것 같았다. 랜섬은 촉촉한 눈망울과 파르르 떨리는 민감한 콧구멍을 경이롭게 바라보았다. 그때 생명체가 멈추어 서서 랜섬을 쳐다보았다. 재빨리 몸을 피한 그것은 몇 걸음 떨어진 곳에서 멈추고는 덥수룩한 긴 꼬리를 흔들었다. 페렐란드라에서 사람을 겁내는 존재는 그게 처음이었다. 하지만 그것은 공포가 아니었다. 랜섬이 부르자 그것은 더 가까이 다가왔다. 보드라운 코를 랜섬의 손에 댄 채 랜섬이 만져 보는데도 얌전히 있다가 곧 뒤로 물러서서 긴 목을 제 앞발에 파묻었다. 랜섬은 앞으로 나아갈 수 없었고, 결국 그것이 시야에서 사라졌을 때도 뒤쫓지 않았다. 쫓아가는 것은 새끼 사슴처럼 수줍어하는 그것에게 상처가 될 것 같았다. 그것은 가만히 드러냈다. 영원히 바라는 것은 소리, 발길이 닿지 않은 빽빽한 숲 가운데서 소리를 내는 것뿐임을. 랜섬은 다시 길을 떠났고, 잠시 후 뒤에서 나는 노랫소리를 들었다. 다시 혼자가 된 것이 기뻐 찬가라도 부르는 듯, 소리가 더 크고 아름다웠다.

랜섬은 이제 거대한 산비탈에 접어들었고, 몇 분 후 숲을 지나 더 낮은 비탈길로 접어들었다. 여전히 어찌나 가파른지 30분쯤 네 발로 기다시피 나아가야 했지만, 지치지 않아서 놀랐다. 출렁이는 나무들이 모인 곳으로 다시 접어들었다. 바람이 불자 나뭇가지들이 산 아래쪽이 아니라 위쪽으로 움직여서, 놀랍게도 그가 갈 길이 폭이 넓은 푸른 폭포수를 지나는 것처럼 보였다. 폭포수의 방향이 엉뚱하게도 위쪽으로 굽이지면서 포말을 일으키는 것 같았다. 바람이 잠깐씩 찾아

들 때마다 나뭇가지의 맨 끝 부분이 중력의 영향으로 뒤로 휘기 시작
했다. 마치 높은 바람에 파도 꼭지들이 뒤로 떠밀리는 것처럼 보였다.
그는 오랫동안 이런 상황에서 비탈길을 올라갔고, 쉬어야 될 필요를
느끼지 못하면서도 이따금 휴식을 취했다. 높이 올라온 후 계곡 너머
를 돌아보니 처음 출발했던 수정 절벽들이 같은 높이로 보였다. 뒤쪽
으로 솟구쳐서 뿌연 황무지가 된 땅이 보였다. 황무지는 유리 같은 고
원으로 끝났다. 지구의 강렬한 태양 아래였다면, 여기는 너무 환해서
쳐다볼 수 없었을 것이다. 하지만 이곳은 페렐란드라의 하늘이 바다
에서 받아들이는 파동의 영향으로 매순간 엄청난 변화가 일어났다.
이 고지대의 왼쪽으로 푸르스름한 바위 봉우리들이 있었다.

랜섬은 계속 걸었다. 봉우리들과 고지대가 주저앉으면서 점점 작
아지더니, 곧 그 뒤쪽에서 자수정과 에메랄드와 황금이 수증기가 된
듯한 안개가 피어올랐다. 점점 높이 올라갈수록 이 안개의 가장자리
도 솟구쳤고 마침내 언덕들 뒤로 높이 떠올라 바다의 수평선처럼 되
었다. 안개 바다는 점점 커지고 산은 점점 작아지더니, 바다의 수평
선이 치솟아 랜섬의 등 뒤에 있는 더 얕은 산들이 커다란 바다 그릇
의 밑바닥에 깔린 것처럼 보였다. 하지만 앞쪽에서는 끝없는 비탈길
이 파란색이 되었다가 보라색으로 변했고, 물결치는 나무들이 연기
처럼 치솟는 듯 움직이며 나풀거렸다. 나무들은 하늘까지 위로 위로
솟구쳤다. 이제 그가 노래하는 동물을 만났던, 나무가 우거진 계곡은
보이지 않았고, 출발했던 산은 웅장한 산기슭의 작은 언덕 정도로 보
였다. 공중에는 새 한 마리 없었고, 나뭇가지 밑에는 아무 생물도 없

었다. 그는 지치지 않은 채로 계속 걸었다. 발꿈치에서 피가 조금씩 계속 났다. 외롭지도, 겁나지도 않았다. 아무런 욕망이 없었고, 정상에 오르는 것에 대해서도, 거기 도달해야 되는 이유도 생각하지 않았다. 지금 기분으로는 이 산을 계속 오르는 것은 과정이 아닌 하나의 상태였고, 이 삶의 상태가 랜섬은 만족스러웠다. 죽어서 육신이 없기에 지친 기미가 없는 것이 아닐까 하는 생각이 머리를 스쳤다. 하지만 발꿈치 상처가 그렇지 않다는 확신을 주었다. 만약 진짜 죽었다 해도, 이것들이 죽음을 넘어가는 산들이라 해도 여정이 이보다 대단하고 묘할 수는 없었다.

그날 밤 랜섬은 물결치는 나무들 사이, 비탈길에 누웠다. 머리 위로는 향긋하고 바람을 타지 않으면서 가만히 속삭이는 나무 지붕이 있었다. 아침이 오자 그는 다시 길을 떠났고 자욱한 안개 속에서 산을 올랐다. 안개가 사라지자 아주 높이 올라왔음을 알았는데 한 곳을 제외한 사방이 오목한 바다 같았다. 그 한 곳에, 이제는 멀지 않은 곳에 장밋빛 봉우리들이 보였다. 가장 가까운 두 개의 봉우리 사이에 길이 있고, 봉우리들 사이로 불그스름한 부드러운 것이 힐끗 보였다. 랜섬은 묘하게 뒤섞인 느낌을 맛보기 시작했다. 봉우리들이 에워싼 은밀한 곳에 들어가야 된다는 의무감과 그것은 침범이라는 느낌이 한꺼번에 밀려들었다. 감히 오를 엄두가 나지 않았다. 하지만 오르지 않을 수도 없었다. 눈을 드니 번뜩이는 칼을 든 천사가 보였다. 그는 말렐딜이 계속 가라고 명령한다는 것을 알았다. '내가 지금껏 한 일 중 가장 신성하고도 가장 신성하지 않은 일이야'라고 생각하면서 그는 계속 걸음을 옮겼고 드디어 그 길에 들어섰다. 양쪽의 봉우리들은 붉은 바위가 아니었다. 중심부는 바위이겠지만, 그가 본 것은 꽃으로 뒤덮인 산이었다. 모양은 나리꽃과 비슷한데 색깔은 장밋빛인 꽃이 피어 있었다. 곧 발을 딛는 땅에도 같은 꽃들이 피어 있었다. 꽃들을 밟으며 걸을 수밖에 없었다. 그리고 마침내 여기서 그의 핏자국 흔적은 사라졌다.

두 봉우리 사이의 좁은 곳에서 약간 아래를 보았다. 산꼭대기가 깊지 않은 컵 모양이었다. 계곡이 보였다. 수천 평 크기였는데 구름 꼭대기에 있는 계곡만큼이나 숨겨져 있었다. 순수한 장밋빛 계곡, 십여 가지 색조로 빛나는 봉우리들. 잔물결조차 일지 않는 맑은 웅덩이에 금빛 하늘이 비쳤다. 계곡 가장자리와 튀어나오고 들어간 곳에 나리꽃이 피어 있었다. 밀려오는 경외감에 사로잡혀, 그는 고개를 숙이고 천천히 앞으로 나아갔다. 물가 근처에 뭔가 흰 물체가 있었다. 제단일까? 붉은 꽃들 사이에 흰색 꽃밭이 있는 건가? 묘지인가? 하지만 누구의 묘란 말인가? 아니, 그것은 묘가 아니라 관이었다. 열려 있는 빈 관 옆으로 관 뚜껑이 놓여 있었다.

물론 그때 랜섬은 알아차렸다. 이것은 천사들의 힘으로 그를 지구에서 금성으로 데려온 관 모양의 수레와 한 쌍인 셈이었다. 그의 귀환을 위해 준비된 것이었다. '내가 묻힐 관이군'이라고 말했다면 감정은 사뭇 달랐을 것이다. 이런 생각을 하던 중 바로 근처의 두 장소에 핀 꽃들이 차츰 이상하게 느껴졌다. 이어서 그는 그 이상함이 빛에서 비롯된다는 사실을 알아차렸다. 마지막으로, 땅뿐만 아니라 공기도 이상했다. 그때 피가 혈관을 찌르면서, 익숙하면서도 이상하게 몸이 줄어드는 느낌에 휩싸였다. 랜섬은 두 엘딜이 앞에 있다는 것을 알았다. 그는 가만히 서 있었다. 먼저 말을 꺼낼 사람은 자신이 아니었다.

16

멀리서 울리는 종소리처럼 청아한 목소리. 핏기 따위 없는 목소리
가 공기를 타고 전해져 랜섬의 몸을 따끔거리게 했다.

"그들은 이미 모래밭에 발을 디디고 올라오기 시작한다."

목소리가 말했다.

"툴칸드라에서 온 인간은 이미 여기 있지."

두 번째 목소리가 말했다.

첫 번째 목소리가 말했다.

"사랑하는 이여, 그를 지켜보고 사랑하라. 그는 숨 쉬는 티끌에 불
과하여 조심해서 건드리지 않으면 부서지고 말 것이다. 그가 할 수
있는 최고의 생각도 우리의 빛이 소멸하면서 뒤섞일 뿐이다. 그러나
그는 말렐딜의 몸을 입었고 그의 죄는 용서받는다. 그의 모국어로 그
의 이름은 '엘윈', 엘딜들의 친구이다."

"그대는 정말 많이 아는구려!"

두 번째 목소리가 말했다.

첫 번째 목소리가 대답했다.

"나는 툴칸드라의 대기 속에 있었소. 그곳을 인간들은 '텔루스'라고 부르오. 깊은 하늘이 '가벼운 것들'로 꽉 찼다면, 텁텁한 공기는 어두운 것들로 꽉 찼소. 나는 그곳의 죄인들이 각각의 언어로 말하는 소리를 들었고, 엘윈이 내게 언어들을 가르쳐 주었소."

이 대화에서 랜섬은 화자가 화성의 지배자, 말라칸드라의 오야르사라는 것을 알았다. 엘딜들의 목소리는 서로 다르지 않아서, 당연히 랜섬은 그 목소리를 분간하지 못했다. 엘딜들의 소리가 인간의 귀청에 영향을 줄 뿐 그들의 말이 폐나 입술의 움직임과 무관한 것은 자연적인 것이 아니라 숙련된 것이었다.

랜섬이 말했다.

"오야르사, 괜찮으시다면 이 다른 분은 누구신지 말해 주십시오."

오야르사가 대답했다.

"그는 오야르사이다. 여기서 그것은 내 이름이 아니다. 내가 사는 곳에서는 내가 오야르사이다. 여기서 나는 말라칸드라에 불과하다."

"나는 페렐란드라이다."

다른 목소리가 말했다.

랜섬이 대꾸했다.

"이해가 되지 않습니다. 여인의 말로는 이 세계에는 엘딜들이 없다고 했습니다."

두 번째 목소리가 말했다.

"물속과 하늘 지붕, 섬, 동굴, 나무에서 내 얼굴을 본 것 외에 그들은 오늘까지도 내 얼굴을 보지 못했다. 나는 그들을 다스리게 되어 있지 않다. 다만 그들이 어렸을 때 나는 다른 모든 것을 다스렸다. 공이 처음 아르볼에서 솟구쳤을 때 나는 이 공을 굴렸다. 나는 그 주위의 공기를 짜서 지붕을 엮었다. 나는 말렐딜이 가르쳐 준 대로 '고정된 섬'과 이 성스러운 산을 만들었다. 노래하는 동물들, 날아다니는 동물들, 내 가슴에서 헤엄치는 모든 것, 내 안에서 기어 다니고 가운데까지 굴을 뚫는 것들은 모두 내 것이다. 그리고 오늘 이 모든 것들이 내게서 떨어져 나간다. 그에게 복이 있기를."

말라칸드라의 주인이 말했다.

"인간은 그대 말을 이해하지 못할 것이오. 그는 당신이 통탄하는 눈으로 본다고 생각할 것이오."

"그는 그렇게 말하지 않소, 말라칸드라."

"그렇소. 그것도 아담의 자손들의 이상한 점이라오."

잠시 침묵이 흐르다가 말라칸드라가 랜섬에게 말했다.

"그대가 그대의 세상에서 어떤 유사한 것들을 생각하듯이 이것을 생각해 보면 이것을 이해하는 데 가장 바람직한 일일 것이다."

랜섬이 대답했다.

"이해가 되는 것 같습니다. 말렐딜의 전령이 우리에게 말해 주었으니까요. 으리으리한 집의 아이들이 성년이 될 때와 비슷하겠지요. 그때가 되면 재산을 관리해 왔던 낯선 사람들이 와서 손에 모든 재산을 쥐여 줍니다. 열쇠도 다 내어 주지요."

"그대는 이해를 잘하는군. 혹은 노래하는 동물이 젖을 먹여 준 벙어리 암컷을 떠날 때와 비슷하다 하겠지."

페렐란드라가 말했다.

"노래하는 동물이라고요? 그 이야기를 자세히 들으면 좋겠습니다."

랜섬이 질문했다.

"그런 동물들은 젖이 나오지 않아서 늘 새끼에게 다른 동물의 암컷의 젖을 빨게 하지. 젖을 주는 암컷은 위대하고 아름다운 벙어리이고, 노래하는 어린 동물은 젖을 뗄 때까지 그 암컷의 새끼들 틈에 끼어서 암컷의 보살핌을 받지. 하지만 그것이 다 크면 모든 동물 중에서 가장 섬세하고 멋진 동물이 되어 젖어미를 떠나지. 또 젖을 준 암컷은 그것의 노래에 놀라고."

"말렐딜은 왜 그런 것을 만들었습니까?"

랜섬이 물었다.

페렐란드라가 대답했다.

"그것은 말렐딜이 왜 나를 만들었느냐고 묻는 것과 다름없지. 하지만 이제 이 두 동물들의 습관에서 많은 지혜가 나의 왕과 왕비와 자녀들의 마음으로 들어갈 거라고 말하면 충분하겠지. 하지만 시간이 흐르니 이것은 이만하면 충분하다."

"무슨 시간 말입니까?"

랜섬이 물었다.

"오늘이 그 아침의 날이다."

어느 한 명, 혹은 두 목소리가 한꺼번에 말했다. 랜섬의 주변에 소리 이상의 뭔가가 있어서 가슴이 마구 뛰기 시작했다.

그가 물었다.

"그 아침이라니…… 무슨 뜻인지……? 모두 괜찮습니까? 왕비가 왕을 찾았습니까?"

말라칸드라가 대답했다.

"오늘 세상이 태어난다. 오늘 처음으로 낮은 세계의 두 피조물, 동물들처럼 숨 쉬며 기르는 말렐딜의 두 형상이, 그대의 부모가 떨어졌던 단계를 올라가서 그들이 있어야 될 곳의 왕좌에 앉는다. 아무도 본 적 없는 일이다. 그대의 세계에서 그 일이 일어나지 않았기에 더 큰 일이 벌어졌지만 이 일은 없었다. 툴칸드라에서 더 큰 일이 벌어졌기에, 더 큰 일이 아닌 이 일이 여기서 일어나는 것이다."

다른 목소리가 말했다.

"엘윈은 땅으로 떨어질 것이다."

말라칸드라가 말했다.

"마음 놓으라. 그대가 할 일이 아니다. 깊은 천국이 놀라서 관찰할 만큼 큰일을 그대는 막을 수도 있었지. 하지만 그대는 대단한 인물은 아니다. 작은 이여, 그 작음 안에서 마음 편히 하라. 그분은 그대에게 큰 가치를 두지 않는다. 받고 기뻐하라. 어깨에 이 세상을 짊어지지 말고 두려워 말라. 보라! 그것이 그대의 머리 밑에 있어 그대를 데려간다."

잠시 후 랜섬이 물었다.

"그들이 여기 옵니까?"

페렐란드라가 대답했다.

"이미 산비탈을 오르고 있다. 이제 우리의 때가 왔소. 우리 모습을 준비합시다. 우리가 본래 모습으로 남아 있는 동안은 그분들이 우리를 보기 힘드니."

말라칸드라가 대답했다.

"옳은 말이오. 그런데 그분들에게 경의를 표하려면 어떤 모습을 보여야 될까요?"

페렐란드라가 말했다.

"여기 작은 이에게 나타납시다. 그는 인간이니 어떤 모습이 인간의 구미에 맞을지 우리에게 말해 줄 수 있을 게요."

랜섬이 말했다.

"볼 수 있습니다……. 지금도 뭔가 보입니다."

페렐란드라의 지배자가 말했다.

"그대는 경의를 표하러 온 이들을 왕이 눈을 크게 뜨고 보면 좋겠나? 하지만 이것을 보고, 이것이 그대에게 어떤지 우리에게 말하라."

아주 희미해서 거의 변화가 감지되지 않는 빛. 엘딜이 갑자기 사라졌다는 뜻이었다. 장밋빛 봉우리들과 잔잔한 웅덩이도 사라졌다. 랜섬은 기괴한 느낌의 돌풍에 휩싸이는 것 같았다. 눈앞에 기둥들이 날아들고, 불꽃이 번쩍이고, 새의 발톱과 부리, 소용돌이치는 눈뭉치가 정육면체와 7각형 사이로 몰려들어 무한한 검은 허공으로 들어갔다.

"그만해요……. 그만!"

그가 소리치자 눈앞의 장면이 사라졌다. 랜섬은 눈을 깜빡이며 나리꽃이 핀 들판을 바라보다가, 이런 종류의 모습은 인간의 구미에 맞지 않는다고 엘딜들에게 말했다.

다시 목소리들이 말했다.

"그럼 이걸 보라."

그는 썩 내켜 하지 않으며 눈을 들었다. 멀리 작은 계곡 너머의 봉우리들 사이로 바퀴들이 굴러오고 있었다. 그것뿐이었다. 중심이 같은 바퀴들이 지겹도록 느릿느릿 이쪽저쪽으로 움직였다. 질릴 만한 크기에 익숙해질 수 있다면 끔찍할 것도 없었지만, 그렇다고 눈에 띄는 뭔가도 없었다. 그는 엘딜들에게 다시 시도해 보라고 일렀다. 그러자 갑자기 맞은편 물가에서 인간 둘이 그 앞에 서 있었다.

그들은 화성에서 만난 거인들인 소른족보다 키가 컸다. 9미터는 될 듯했다. 하얗게 달궈진 쇠같이 타는 흰 색이었다. 랜섬은 붉은 색 배경에 있는 그들의 윤곽선을 찬찬히 살폈다. 폭포수나 불꽃처럼 영원한 형태가 안에 든 물질의 급격한 움직임과 공존하기라도 하듯 두 몸이 어렴풋이 잽싸게 요동치는 듯했다. 윤곽선에서 살짝 안쪽으로 열린 틈이 있어서 거기를 통해 풍경이 보였다. 그 뒤로는 뿌옇게만 보였다.

랜섬이 정면으로 쳐다볼 때마다 그들이 엄청난 속력으로 달려오는 것 같았지만 그들의 주위를 보면 그들이 정지해 있다는 것을 알 수 있었다. 그들의 길고 반짝이는 머리칼이 강풍을 맞은 듯 뒤로 곧추서서 그랬을지도 모른다. 하지만 바람이 분다 해도, 꽃잎이 흔들리지 않는 것으로 볼 때 공기로 된 바람이 아니었다. 계곡의 바닥을 기준으로 보면 그들은 수직으로 서 있지 않았다. 하지만 랜섬이 보기에 (내가 지구에서 엘딜을 봤을 때처럼) 엘딜들은 수직으로 서 있었다. 비스듬한 것은 바로 계곡이었다. 페렐란드라 세계 전체가 그랬다. 랜섬은 오래 전 화성에서 오야르사가 한 말을 떠올렸다.

"내가 여기 있는 것은 그대가 여기 있는 방식과는 다르다."

생명체들이 그를 기준으로 볼 때는 움직이지 않지만 실은 계속 움직이고 있다는 생각이 들었다. 지금 그가 있는 이 움직이지 않는 세상 같은 행성—실제로 세상—이 그들이 볼 때는 움직이며 천상들을 지나고 있었다. 그들의 기준으로 보면 계곡과 나란히 앞으로 내달리고 있었다. 그들이 가만히 서 있었다 해도, 그들은 랜섬이 보지 못하게 그 앞을 휙 지났을 것이다. 행성의 자전과 태양 주변의 공전으로 인해 두 배로 뚝 떨어졌을 것이다.

랜섬은 그들의 몸이 희었다고 말했다. 하지만 어깨부터 다양한 색깔이 번쩍이며 목을 타고 올라 얼굴과 머리 위에서 깜빡거리더니, 깃털이나 후광처럼 머리 위에서 멈추었다. 그는 내게 이런 색깔들을 기억할 수 있다고, 다시 보면 알아볼 수 있다고 했다. 하지만 아무리 해도 그 시각적인 이미지를 떠올리거나 어떤 이름을 붙일 수 없다고 했다. 우리와 이런 문제들을 이야기할 수 있는 소수의 사람들도 똑같은 설명을 한다. 신체를 초월한 존재들이 우리에게 '나타나기'로 하면, 사실 그들은 우리의 망막에 영향을 주지 않고 뇌의 관련 부분을 직접

조작한다는 생각이 든다. 그렇다면 실은 가시권 밖에 있는 스펙트럼의 색깔들을 눈이 받아들일 때 느끼는 감각들을 그들이 만들어 낸다고 할 수 있다. 엘딜마다 '깃털'이나 후광이 전혀 달랐다. 화성의 오야르사는 금속성의 차가운 아침 색깔들로 빛났다. 순수하고 딱딱하고 긴장감을 주는 느낌이었다. 금성의 오야르사는 따스한 광채로 빛나며, 풍성한 식물의 생명력 같은 느낌으로 가득 차 있었다.

랜섬은 그들의 얼굴을 보고 깜짝 놀랐다. 명화에서 묘사한 '천사'는 꽤 상상을 잘한 것이었다. 얼굴의 다채로운 변화가 인간 얼굴을 연상시킬 가능성은 전혀 없었다. 각각의 얼굴에, 너무나 또렷해서 가슴 아리고 눈부셨던, 변화 없는 한 가지 표정이 박혀 있었다. 그 밖의 다른 것은 전혀 없었다. 그런 면에서 엘딜들의 얼굴은 아이기나 섬(아테네 남쪽에 위치한 섬—옮긴이)에 있는 조각상들처럼 '원시적'이고 부자연스러웠다. 이 한 가지가 어떤 표정이었는지 랜섬은 단언할 수 없었다. 결국 자비로움이라고 결론지었다. 하지만 인간의 자비로운 표정과는 뜨악할 만큼 달랐다. 우리는 늘 인간의 자비심이 자연스러운 애정에서 꽃피거나 애정 어린 상태로 치닫는 것을 본다. 그런데 여기에 애정 따위는 전혀 없었다. 천만 년 거리에서도 애정에 대한 희미한 기억 따위는 없었다. 아무리 먼 미래에도 애정이 피어날 수 있는 뿌리가 없었다. 그들의 얼굴에서는 날카로운 번개처럼 순수하고 영적이고 지성적인 사랑이 나왔다. 우리가 경험하는 사랑과는 너무도 달라서, 그 표정은 자칫 사납다고 오해받을 수 있을 것 같았다.

둘 다 알몸이었고, 1·2차 성징도 보이지 않았다. 그러리라 짐작했을 것이다. 하지만 둘 사이의 이 묘한 차이는 어디서 생긴 걸까? 랜섬은 차이를 나타내는 특징을 한 가지도 짚어 낼 수 없었지만, 그렇다고 무시해 버릴 수도 없었다. 차이를 말로 옮기려고 해볼 수는 있겠다. 랜섬은 백 번쯤 시도해 보았다. 그는 말라칸드라가 리듬과 비슷하고, 페렐란드라는 선율과 비슷하다고 말한 적이 있다. 말라칸드라는 그에게 음량으로, 페렐란드라는 악센트랄까 운율로 영향을 주었다고 말한다. 전자는 손에 창 같은 것을 쥐고 있었고, 후자는 손바닥을 보이며 양손을 펴고 있었다고 랜섬은 생각한다.

하지만 그런 식의 설명이 내게 큰 도움이 됐는지 모르겠다. 결국 랜섬이 그 순간 본 것은 성의 진정한 의미였다. 왜 거의 모든 언어에서 어떤 명사는 남성형이고, 어떤 명사는 여성형으로 쓰이는 걸까? 산이 어떻기에 남성형으로, 어떤 나무들은 어떻기에 여성형으로 쓰일까? 랜섬 덕분에 나는 이것이 순전히 형태학적인 현상이라고, 어휘의 형태에 관련된 것이라고 믿게 되었다. 어휘의 성은 성별에 대한 상상력이 확장된 것이 아니다. 우리 조상들은 산에 남성적인 특징을 투사해서 남성형으로 쓴 것이 아니다. 진짜 과정은 그 반대다. 성은 리얼리티고, 성별보다 더 기초적인 리얼리티다. 사실 성별은 모든 피조물을 나누는 기초적인 양극성을 생명체에 적용한 것에 불과하다. 여성은 여성적인 성을 가진 것들 중 하나일 뿐이며, 다른 것들도 많이 있다. 또 남성성과 여성성은 남성과 여성 모두 무의미한 리얼리티라는 평원에서 우리와 만난다. 남성성은 남성이 축소된 것이 아니고, 여성성은 여성이 축소된 것이 아니다. 반대로 유기체의 성별은 남성성과 여성성을 얼핏, 뿌옇게 반영한 것이다. 그들의 재생산 기능, 힘과 크기의 차이가 일부 나타나지만, 그 때문에 참된 양극성이 혼란스러워지고 오해되기도 한다. 말하자면 랜섬은 눈으로 직접 모든 것을 보았다.

두 흰 생명체는 무성이었다. 하지만 말라칸드라는 남성적이었고 (남성이 아니라), 페렐란드라는 여성적이었다(여성이 아니라). 그에게 말라칸드라는 무장하고 서 있는 존재 같았다. 멀고 먼 옛 세계의 요새에 서서, 오래 전 위험한 일이 벌어졌던 지평선을 부단히 주시하는 것 같았다. 랜섬은 내게 그것을 "선원의 시선이지요……. 거리감이 스며든 시선 말입니다"라고 말했다. 하지만 페렐란드라의 눈은 말하자면 안으로 향해 있었다. 마치 파도와 중얼거림과 떠도는 공기로 된 세상으로 가는 커튼을 드리운 입구라도 되는 것처럼 눈을 번쩍 뜨고 있었다. 바람 속에서 흔들리고, 이끼 낀 돌 위에서 철썩이고, 이슬처럼 내려앉고, 얇은 실같이 고운 안개 속에서 태양을 향해 솟구치는 생명 세상의 입구라도 되는 것처럼. 화성에서 숲은 돌로 되어 있고, 금성에서는 땅이 헤엄친다.

이제 랜섬은 둘을 말라칸드라와 페렐란드라로 생각하지 않았다. 그리고 지구에서 부르는 이름으로 불렀다. 그는 깊은 경이로움을 느끼며 속으로 중얼댔다. '내 눈은 화성과 금성을 보았어. 아레스(전쟁의 신. 로마 신화에서는 화성을 뜻하는 '마르스' ―옮긴이)와 아프로디테(에로스와 미의 여신. 로마 신화에서는 금성을 뜻하는 '비너스' ―옮긴이)를 본 거야.' 랜섬은 그들에게 어떻게 지구의 옛 시인들이 그들을 알게 되었는지 물었다. 아담의 자식들이 아레스가 전쟁의 인물이며, 아프로디테가 바다의 물거품에서 솟았다는 것을 언제, 누구에게서 들었느냐고? 지구는 역사가 시작되기 전부터 포위된, 적들의 점령지였다. 신들은 그곳에서 아무런 볼일이 없다. 그런데 우리는 어떻게 신들에 대해 알까? 먼 길을 돌아, 여러 단계를 거쳐서 그렇게 되었다고 엘딜들은 랜섬에게 말해 주었다.

공간의 환경처럼 마음의 환경이 있다. 우주가 바로 그렇다. 거미집 같은 그 안에서 각각의 줄을 따라 각각의 마음이 산다. 그곳은 (말렐딜의 직접적인 행동을 제외하면) 어떤 소식이나 변형되어 퍼지고, 어떤 비밀도 굳게 지켜질 수 없는 소곤대는 드넓은 회랑이다. 우리 행성을 신음하게 하는 타락한 지배자의 마음속에는 깊은 천상과 그가 한때 어울렸던 신들에 대한 기억이 여전히 남아 있다. 아니, 우리 세계의 핵심에는 천상의 흔적들이 완전히 지워지지 않았다. 뮤즈는 실제로 있다. 베르길리우스(로마의 시인―옮긴이)가 말하듯 희미한 숨결은 저 뒤의 세대들에까지 닿는다. 우리 신화는 상상보다 굳건한 현실에 바탕을 둔다. 하지만 한편 그 바탕에서 무한에 가까운 거리에 있기도 하다. 그들이 이 말을 하자 랜섬은 마침내 신화가 왜 그런 것인지 알았다. 천상의 힘과 아름다움의 빛이 불결함과 어리석음의 밀림에 떨어졌다. 진정한 화성과 금성을 보자, 인류를 대신해 그의 뺨이 후끈 달아올랐고, 지구에 떠도는 그들에 대한 엉뚱한 이야기(아프로디테가 대장장이 헤파이토스와 결혼한 후 아레스와 외도했다는 이야기를 뜻함―옮긴이)가 기억났다. 그 순간 랜섬은 의문에 휩싸였다.

"하지만 제가 보는 것이 두 분의 진정한 모습입니까?"

"말렐딜만이 어떤 사물의 진정한 모습을 보시지."

화성이 대답했다.

"두 분은 서로를 어떻게 보십니까?"

랜섬이 물었다.

"그대의 마음에는 그 대답이 들어갈 자리가 없다."

"그럼 저는 겉모습만 보고 있는 겁니까? 이것은 진짜가 아닙니까?"

"그대는 겉모습만 보고 있다, 작은 이여. 그대는 사물의 겉모습 이상은 본 적이 없다. 아르볼도, 돌멩이도, 그대의 몸도 마찬가지지. 이 겉모습은 그대가 본 것들의 겉모습과 다름없이 진실하다."

"하지만…… 다른 겉모습들도 있었습니다."

"아니. 허상만 있었지."

"이해가 안 됩니다. 다른 모든 것들이―바퀴들과 눈들이―이보다 더 실제에 가깝습니까, 그렇지 않습니까?"

화성이 대답했다.

"그대의 질문은 무의미하다. 돌이 그대와 적당한 거리에 있으면 그대는 돌을 볼 수 있고, 그대와 돌이 같이 움직여도 역시 돌을 볼 수 있다. 하지만 누군가 그 돌을 그대의 눈에 던진다면 어떤 겉모습일까?"

"아픔을 느끼고 아마 빛이 번쩍하는 것을 보겠지요. 하지만 그것을 돌의 겉모습이라고 해야 할지는 모르겠습니다."

"하지만 그것이 돌의 참된 작용일 것이다. 그리고 그대의 질문에 답이 되었군. 이제 우리는 그대와 적당한 거리에 있다."

"그러면 제가 처음 본 모습에 당신은 더 가까웠나요?"

"그런 종류의 거리를 말하는 게 아니다."

랜섬은 여전히 생각에 잠겨 대꾸했다.

"그러면 제가 생각했던 것은 평소의 모습이었습니다. 당신의 세상에서 제가 보았던 아주 희미한 빛 말입니다. 그건 무엇입니까?"

"우리가 그대에게 말을 건넬 겉모습은 그 정도로 충분하다. 우리끼리는 더 이상 필요하지 않았고 지금도 그 이상 필요치 않다. 지금 우리가 더 많이 보이는 것은 왕을 기리기 위해서다. 그 빛은 그대가 인식하는 수단들의 세계로 흘러들어 가거나 메아리친다. 그 수단들은 서로서로 그리고 더 위대한 엘딜들에게 보이기 위해 만들어졌지."

이 순간 랜섬은 문득 등 뒤에서 조화롭지 않은 소리들이 점점 커지는 것을 알아차렸다. 쉰 소리와 재잘대는 소리가 산의 적막을 깨고, 따스한 동물 같은, 듣기 좋게 말하는 신들의 수정 같은 목소리를 방해했다. 그는 힐끗 돌아보았다. 갖가지 모양과 색깔과 크기의 동물들이 쏜살같이 달리고, 뛰고, 퍼덕이고, 미끄러지고, 뒤뚱대는 움직임이 느껴졌다. 야수와 새들로 이루어진 동물원 전체가 꽃핀 계곡으로 쏟아져 들어와, 그의 뒤편에 있는 봉우리들 사이에 난 길들을 지났다. 동물들은 대부분 암수 짝을 지어서, 서로 비위를 맞추고 서로의 몸 위로 올라타고 배 아래로 곤두박질치고, 상대의 등에 올라탔다. 타오르는 깃털, 금빛 부리, 번들거리는 옆구리, 촉촉한 눈망울, 나지막이 울거나 음매 소리를 내는 붉은 동굴 같은 입, 꿈틀대는 꼬리가 사방에서 랜섬을 에워쌌다. 그는 '노아의 방주가 따로 없네'라고 생각하다가 문득 깨달았다.

'하지만 이 세계에는 방주 따위는 필요 없을 거야.'

웅성대는 소리 위로 노래하는 동물 넷의 노랫소리가 귀가 멀 정도로 의기양양하게 터져 나왔다. 위대한 페렐란드라의 엘딜이 동물들을 웅덩이 한쪽으로 몰자, 맞은편 계곡은 관처럼 생긴 물체를 제외하고는 텅 비었다. 랜섬은 금성이 동물들에게 말을 했는지 안 했는지, 심지어 그들이 금성의 존재를 의식했는지 못 했는지도 확실히 몰랐다. 금성과 동물들의 관계는 훨씬 미묘했다. 그들과 초록 여인의 관계와는 아주 달랐다. 이제 두 엘딜 다 랜섬과 같은 편 웅덩이에 있었다. 그와 엘딜들과 모든 동물이 같은 방향으로 섰다. 저절로 위치가 잡히기 시작했다. 먼저 웅덩이 가장자리에 엘딜들이 서 있었다. 그들 사이에 있는 작은 둥이 랜섬인데 그는 여전히 나리꽃 사이에 앉아 있었다. 그 뒤로 노래하는 네 동물이 난로 속의 장작 받침대처럼 웅크리고 앉아서, 모두 들도록 신나게 노래했다. 이들 뒤에 다시 다른 동물들이 있었다. 축제 분위기가 깊어졌다. 기대감이 한층 고조되었다. 미련한 인간들이 흔히 그러듯 랜섬은 분위기를 깨는 질문을 던졌다.

"저들이 어떻게 여기 올라왔다 다시 내려가고, 밤이 되기 전에 이 섬을 떠날 수 있죠?"

아무도 대답하지 않았다. 대답을 들을 필요가 없었다. 어찌어찌해서 그는 이 섬은 동물들에게 금지된 적이 없다는 것을 잘 알았다. 또 다른 섬을 금지 구역으로 삼은 것은 동물들을 이 운명의 권좌로 이끌기 위함이었다는 것도 알 수 있었다. 신들은 대답 대신 말했다.

"잠잠히 있으라."

랜섬은 특히 어두운 산 깊이 들어온 후로는 페렐란드라의 색조 띤 부드러움이 눈에 익어서, 지구의 대낮과의 차이를 모르게 되었다. 그래서 갑자기 계곡 끝에 솟은 봉우리들을 보고는 두 배로 충격을 받았다. 지구의 새벽 같은 빛 속에서 계곡은 몹시 어두워 보였다. 잠시 후 모든 동물이 이른 새벽의 그림자처럼 또렷한 그림자를 드리웠다. 울퉁불퉁한 땅과 나리꽃 한 송이까지도 밝은 부분과 어두운 부분을 드러냈다. 산등성이에서 빛이 위로 위로 올라왔다. 그것이 계곡 전체를 가득 채웠다. 다시 그림자들이 사라졌다. 딱히 어디서 나온 것 같지 않은 순수한 빛 속에 모두 있었다. 빛이 성스러운 것에 '머물' 거나 '그늘을 드리우' 지만 그것에서는 빛이 나오지 않는다는 게 무슨 뜻인지 랜섬은 나중에야 알았다. 말하자면 빛이 완벽에 도달해서, 주인이 권좌에 앉거나 와인이 그릇에 담기듯 제자리를 찾아 산꼭대기의 꽃핀 움푹한 곳을 채운 것이다. 모든 갈라진 틈을 그 순수로 채우자, 성스러운 것, 즉 두 사람 안의 파라다이스가, 손을 잡고 걷는 파라다이스가 두 봉우리 사이의 틈에서 보였다. 두 몸은 빛을 받아 에메랄드처럼 빛났지만, 그들 자신이 너무 환해서 바라볼 수 없는 것은 아니었다. 그들은 잠시 서 있었다. 남자는 오른손을 당당하게 들고 도도하게 축복을 내리더니, 내려와서 웅덩이의 건너편 물가에 섰다. 그

러자 커다란 신들이 젊은 왕과 왕비의 작은 형체 앞에 무릎을 꿇더니
몸을 숙였다.

17

산 정상에는 적막감이 흘렀다. 랜섬도 한 쌍의 인간 앞에 무릎을 꿇었다. 복이 넘치는 그들의 발을 바라보다가 마침내 눈을 들었다. 목소리가 갈라지고 눈이 침침한데도 자기도 모르게 입을 열고 말았다.

"가지 마십시오, 저를 일으키지 마십시오. 저는 이전에 여자나 남자를 본 적이 없습니다. 평생 그림자와 깨진 이미지 틈에서 살아왔습니다. 아, 나의 아버지와 어머니, 나의 주인과 여주인이시여. 가지 마십시오, 아직은 제게 응답하지 마십시오. 저는 아버지와 어머니를 본 적이 없습니다. 저를 당신들의 아들로 삼으십시오. 저희는 오랫동안 저희 세상에 홀로 있었나이다."

왕비가 사랑과 인정이 담긴 눈으로 그를 바라보았지만, 그가 주로 생각한 대상은 왕비가 아니었다. 왕 말고는 생각하기가 힘들었다. 왕을 본 적이 없는 내가 그가 어떻게 생겼는지 어찌 말하겠는가? 랜섬도 내게 왕의 얼굴을 설명하기 힘들어했다. 하지만 감히 진실을 우리만 붙들고 있지는 않겠다. 그 얼굴은 그 누구도 모른다고 말하지 못할 얼굴이었다. 그 얼굴을 보고 어떻게 우상처럼 숭배하지 않을 수 있느냐고, 어떻게 누군가로 잘못 보지 않을 수 있느냐고 물을 만도 했다. 예수의 얼굴과 너무도 똑같은 나머지 그의 눈가에 슬픔이 없고 손발에 상처가 없는 것을 보고 의아해할 만했다. 하지만 오해의 위험도, 한순간의 혼동도 없었다. 금지된 숭배를 향해 나아갈 의지도 전혀 없었다. 비슷함이 가장 클 때는 오해의 가능성이 없었다. 언제나 그럴 것이다. 밀랍으로 사람 형상을 잘 만들면 우리는 잠깐 속는다. 훨씬 더 비슷한 훌륭한 초상화에는 속지 않는다. 거룩하신 분을 표방한 석고상들은 실제를 의식하도록 의도한 경배를 이끌어 냈을지 모른다. 하지만 그가 맨손으로 신성한 솜씨로 만든, 안팎이 모두 그인 그의 살아 있는 이미지, 온 세상을 기쁘게 하기 위해 그의 작업실에서 가져온 걸작 자화상이 여기, 랜섬의 눈앞에서 걸어가며 말했다. 그러니 이것을 이미지 이상으로 받아들일 수가 없었다. 아니, 이것이 모사본이라는 확신에 그 아름다움이 깃들어 있었다. 그것은 비슷할 뿐 똑같지 않았고, 메아리이자 운율이며, 만들어지는 과정에 있을 뿐 만들어진 것이 아닌 음악의 반향이었다.

랜섬은 한동안 이런 것들에 대한 의구심에 빠져서 헤맸다. 그러다 정신을 차리니 페렐란드라가 말을 하고 있었고, 그가 들은 것은 긴 연설의 마지막 대목인 듯했다.

"떠 있는 섬들과 굳건한 땅, 공기와 깊은 천상의 문에 드리워진 장막들, 바다와 성스러운 산, 위쪽의 강들과 지하의 강들, 불, 물고기, 새, 야수, 아직 모르는 다른 파도들—말렐딜은 오늘부터 당신이 시간 저편까지 사는 동안 모든 것을 당신 손에 맡기셨습니다. 앞으로 제 말은 아무것도 아닙니다. 당신의 말은 변치 않는 법과 같고, 그 목소리의 딸과 같습니다. 이 세상이 아르볼 주위를 달리며 만드는 모든 원에서 당신은 오야르사입니다. 이것을 만끽하십시오. 모든 피조물에 이름을 주고, 모든 자연을 완전으로 이끄십시오. 더 약한 것을 강하게 하고, 더 어두운 것을 밝게 하고 모두를 사랑하십시오. 기뻐하십시오, 남자와 여자여. 말렐딜의 사랑받는 오야르사-페렐렌드리, 아담, 왕관, 토르와 티니드릴(톨킨의 작품에 나오는 첫 번째 남자와 여자의 이름—옮긴이), 바루와 바루아(고대 아시리아 바빌로니아 종교의 예언자요 중개자 이름인 바루에서 유추하여 여성형 바루아를 만들어 낸 듯함—옮긴이), 아스크와 엠블라(고대 북구 창조 신화에 나오는 첫 남성과 여성—옮긴이), 야추르와 야추라(히브리어로 '옳은 형태로 짜다, 틀을 만들다'라는 어휘. '야추라'는 여성형. 최초의 남성과 여성이라는 의미로 루이스가 만든 조어—옮긴이)여. 복이 있으라!"

왕이 답례로 말하자 랜섬은 다시 고개를 들어 그를 보았다. 이제 한 쌍의 인간은 웅덩이 옆쪽 둔치에 앉아 있었다. 빛이 워낙 강렬해서, 지구에서처럼 그들의 모습이 물에 또렷이 비쳤다.

왕이 말했다.

"감사드립니다, 좋으신 양어머니시여. 특히 저희가 깨어나면 모든 게 준비될 수 있게, 말렐딜의 손이 되어 이 세상에서 오래도록 수고해 주신 데 감사드립니다. 저희는 오늘까지 당신을 몰랐습니다. 긴 파도와 밝은 섬들에서 보는 것이 누구의 손인지, 아침의 바람에서 우리를 기쁘게 해주는 숨결이 누구의 숨결인지 이따금 궁금했습니다. 그때 저희는 어리긴 했지만, '이것은 말렐딜이다'란 말이 진실이되 완전한 진실은 아니라는 것을 어렴풋이 알았습니다. 저희는 이 세계를 받았습니다. 그분뿐 아니라 당신의 선물로 받기에 저희의 기쁨이 더욱 큽니다. 하지만 그분은 당신의 마음에 앞으로 무엇을 하게 하셨습니까?"

페렐란드라가 대답했다.

"제가 깊은 천상에서만 이야기할지, 당신에게는 '세상'인 깊은 천상의 일부분에서 이야기할지는 당신의 명령에 달려 있답니다, 토르-오야르사여."

왕이 말했다.

"당신들이 우리와 같이 있어 주면 좋겠습니다. 우리는 당신들에게 사랑을 느끼며, 또 당신들은 우리에게 조언을 해주고 능력을 발휘해서 우리를 강하게 해줄 수 있으니까요. 우리는 아르볼을 여러 차례 돈 후에야 말렐딜이 우리 손에 쥐여 준 영토를 완전히 관리할 수 있게 성장할 겁니다. 그때까지는 우리가 세상이 천상을 지나도록 조종할 만큼 성숙하지 못하고, 우리에게 비를 내리거나 좋은 날씨를 주지도 못할 겁니다. 당신들에게 좋다면 남아 주십시오."

"그러겠습니다."

페렐란드라가 대답했다.

이 대화가 진행되는 동안, 아담과 엘딜의 대조가 부조화스럽지 않은 게 놀라웠다. 한쪽은 수정 같은, 핏기 없는 목소리와 눈처럼 흰 얼굴에 변함없는 표정이었다. 다른 한쪽은 혈관에 피가 흘렀고, 감정 때문에 입술이 파르르 떨렸으며 눈이 반짝였다. 남자의 강한 어깨와 여자의 경이로운 가슴, 지구에서는 모르는 남자다운 당당함과 여성스러운 풍요로움, 완벽한 동물성의 살아 있는 격렬함이 느껴졌다. 하지만 이들이 만났을 때는 한쪽이 왕성해 보이지도, 다른 쪽이 유령처럼 보이지도 않았다. 동물이지만 이성적인 영혼인 '이성적 동물'. 랜섬은 고대 철학자들이 인간에 대해 그렇게 정의한 것을 기억했다. 하지만 그는 이제껏 그런 현실을 본 적이 없었다. 이제 그는 살아 있는 파라다이스, 주인과 여주인을 부조화의 해결책으로 보았다. 창조에서 생겼을 틈을 잇는 다리로, 전체 아치의 꼭대기돌로 보았다. 그 산의 계곡에 들어서는 것으로 그들은 그의 뒤에 있는 따뜻한 여러 동물들을 그의 옆에 있는 이들의 지성과 순식간에 하나가 되게 했다. 그들은 원을 만들었다. 그들이 오자, 흩어져 있던 힘, 아름다움의 선율은 하나의 음악이 되었다. 이제 왕이 다시 말을 하고 있었다.

"그것은 단순히 말렐딜의 선물이 아니라, 그대를 통한 말렐딜의 선물이기도 합니다. 그래서 더 풍요롭고, 그대를 통해서만이 아니라 또 다른 이를 통해서 더욱 풍요로워집니다. 이 말은 '토르-오야르사-페렐렌드리' 로서 처음 하는 말입니다. 우리 세계가 하나의 세계인 한은, 아침이 오지도 저녁이 오지도 않을 것이며, 우리와 자녀들은 말렐딜에게 툴칸드라 사람인 랜섬에 대해 말하고, 서로에게 그를 칭송할 것입니다. 그리고 그대 랜섬에게 말하노니, 그대는 우리를 주인과 아버지, 여주인과 어머니로 불렀소. 이것이 우리의 이름이기에 합당한 일이오. 하지만 다른 면으로 우리는 그대를 주인과 아버지로 부르오. 우리의 어린 시절이 끝난 날 말렐딜이 당신을 우리 세계에 보냈다고 보기 때문이오. 그로 인해 이제 우리는 타락이나 완벽 속으로 내려가거나 올라가는 거요. 말렐딜은 우리가 있어야 될 곳으로 우리를 데려가셨소. 하지만 이 일에서 말렐딜의 도구로는 그대가 으뜸이었소."

왕과 왕비는 랜섬에게 웅덩이를 건너 그들에게 가게 했다. 수심이 무릎 정도여서 그는 걸어서 건너갔다. 랜섬은 그들의 발치에 몸을 던지고 싶었지만 그들은 그렇게 두지 않았다. 그들이 랜섬을 만나러 왔고, 두 사람 다 그에게 입을 맞추었다. 동등한 사람끼리 포옹하듯 입과 입이, 가슴과 가슴이 만났다. 그들은 랜섬을 가운데 앉히려 했지만, 그가 불편해하는 기색을 알고 내버려 두었다. 그는 그들 아래, 약간 왼쪽으로 평편한 바닥에 앉아서 덩치가 큰 신들과 동물 무리를 마주보았다. 그때 왕비가 말했다.

"당신이 악마를 없애자마자 나는 잠에서 깨어났고 정신이 맑아졌어요. 파이볼드, 그 나날 동안 당신과 내가 그렇게 어릴 수 있었다는 것이 놀라워요. 이제 고정된 땅에서 살지 않는 이유는 정말 간단해요. 그 땅이 고정되어 있지 않다면 내가 왜 거기 살고 싶어 하겠어요? 또 어느 날인가 내가 다음에 있어야 될 곳과 내게 일어날 일을 감당할 수 있는지 확인하려는 게 아니라면 왜 고정된 땅을 바라겠어요? 그것은 파도를 거부하는 짓이었어요. 말렐딜의 손에서 손을 빼고, 그에게 '그렇게 말고 이렇게'라고 말하며 시간이 우리에게 굴려 올 것을 우리 수중에 쥐여 달라는 것이었어요……. 마치 있는 것을 취하지 않고 내일 먹을 과일을 오늘 따는 것처럼 말이지요. 그것은 냉담한 사랑과 미약한 신뢰였을 거예요. 거기서 어떻게 다시 사랑과 신뢰로 돌아갈 수 있었겠어요?"

랜섬이 말했다.

"잘 알겠습니다. 제 세상에서는 그것을 어리석다고 보겠지만요. 저희는 너무 오랫동안 사악하게 살았거든요."

그가 불쑥 말을 멈추었다. 그녀가 그의 말을 알아듣는지 궁금했고, '사악하다'는 어휘를 썼다는 게 스스로 놀라웠다. 랜섬은 지금껏 그런 말을 안다는 것을 몰랐고, 그것은 화성이나 금성에서 들어 본 적이 없는 단어였다.

그가 주저하는 것을 보고 왕이 말했다.

"이제 우리는 그런 것들을 압니다. 이 모든 것, 그대의 세계에서 일어난 모든 일은 말렐딜이 우리 마음에 심어 주셨지요. 우리는 악에 대해 알아요. 악마가 우리에게 원하는 대로는 아니지만…… 그보다 잘 배웠고, 더 많이 알고 있지요. 잠을 이해하는 것은 깨어남이지, 깨어남을 이해하는 것이 잠이 아니니까. 어리기 때문에 오는 악에 대한 무지가 있지요. 악을 행하는 데서 오는 더 어두운 무지도 있어요. 사람들이 잠들어서 잠에 대해 잘 알지 못하듯이 말이오. 지금 툴칸드라에서는 당신네 주인과 여주인이 악을 저지르기 전보다 악에 대해 더 무지하지요. 하지만 말렐딜은 우리를 어린 데서 오는 무지에서 끌어

내셨고, 우리는 악을 행하는 무지에 들어서지 않았어요. 그분이 우리를 어린 데서 비롯되는 무지에서 끌어내신 것은 바로 악마를 통해서였지요. 그 검은 마음은 그가 페렐란드라에 오게 된 진짜 이유를 몰랐던 게지!"

랜섬이 말했다.

"제 말이 어리석다면 용서해 주십시오, 아버지. 저는 어떻게 왕비께서 악을 알게 되었는지 알지만, 어떻게 당신께서도 알게 되었는지는 모릅니다."

그때 뜻밖에도 왕이 웃음을 터뜨렸다. 그의 체구는 매우 컸고, 웃을 때는 몸속에서 지진이라도 난 것 같았다. 크고 깊은 소리가 오랫동안 퍼졌고, 결국은 뭐가 재미있는지 모르면서 랜섬도 웃음을 터뜨렸다. 왕비도 웃었다. 새들도 날개를 퍼덕이고 동물들은 꼬리를 흔들기 시작했다. 빛은 더 밝아진 듯했고, 거기 모인 무리의 맥박이 더 빨라졌다. 우리가 아는 즐거움과는 무관한 새로운 형태의 환희가 공기 중에서 나와 모두에게 스며들었다. 혹은 깊은 천상에서 춤을 추는 것 같았다. 언제나 그렇다고 말하는 이들도 있지만.

왕이 왕비를 바라보며 말했다.

"난 그가 무슨 생각을 하는지 알아요. 그는 당신이 고초를 겪고 애썼으며 나는 그 보상으로 세계를 얻었다고 생각하고 있소."

그러더니 왕은 랜섬에게 고개를 돌리고 말을 이어 갔다.

"그대가 옳소. 당신네 세상에서 정의에 대해 어떻게 말하는지 알아요. 어쩌면 그곳에서는 늘 정의에 미치지 못하기 때문에 말은 잘하는 것이겠지요. 하지만 말렐딜은 언제나 정의를 능가하시지요. 모든 게 선물입니다. 내가 오야르사인 것은 그분의 선물 덕분만이 아니라 우리 양어머니의 선물 덕분이고, 그녀의 선물만이 아니라 당신의 선물 덕분이오. 당신의 선물만이 아니라 내 아내의 선물 덕분이오. 어찌 보면 바로 이 동물들과 새들의 선물 덕분이오. 사랑과 수고가 넘치는 많은 손들을 통해 그 선물이 내게로 옵니다. 이것이 법이지요. 자기 손이 아닌 다른 손이 딴 것이 최고의 열매지요."

왕비가 말했다.

"그게 일어난 일의 전부가 아니랍니다, 파이볼드. 왕은 당신에게 다 말하지 않았어요. 말렐딜은 왕을 멀리 초록빛 바다까지 몰고 가셨어요. 파도를 지나 바닥부터 숲들이 자라는 바다였지요……."

"그 이름은 루르입니다."

왕이 말했다.

"그 이름은 루르라……."

엘딜들이 되뇌었다. 랜섬은 왕이 아는 것을 밝혔다기보다는 발표를 한 것임을 알아차렸다.

왕비가 말했다.

"그리고 거기 루르에서(그곳은 꽤 멀다) 이상한 일들이 왕 앞에 떨어졌지요."

"어떻게 되셨는지 여쭤 봐도 괜찮겠습니까?"

랜섬이 물었다.

왕이 대답했다.

"많은 일이 있었지요. 여러 시간 동안 나는 내가 타고 간 섬의 풀밭에 선들을 그려서 형태들의 성질을 파악했어요. 여러 시간 동안 말렐딜과 그의 아버지와 또 세 번째 분에 대해 새로운 것들을 배웠지요. 우리가 어릴 때는 그런 것을 잘 몰랐거든요. 하지만 그 후 말렐딜은 왕비에게 일어나고 있는 일들을 내게 어둠 속에서 보여 주셨어요. 그래서 그녀가 무너질 수도 있다는 것을 알았지요. 그러고 나서 당신네 세계에서 어떤 일이 벌어졌는지 알았지요. 어떻게 당신네 어머니가 타락했으며, 어떻게 당신네 아버지가 그녀와 함께해서 그녀에게도 득이 되지 못했고 그들의 자녀들에게 어둠을 가져왔는지 알게 되었어요. 그런 다음 어떤 일이 내 손을 향해 다가오듯 그 일이…… 그런 경우 내가 어떻게 해야 될지가 내 앞에 놓였지요. 거기서 나는 선과 악에 대해, 기쁨과 고뇌에 대해 배웠지요."

랜섬은 왕이 그의 결정에 대해 말해 주리라 기대했지만, 왕의 목소리가 생각에 잠겨 침묵 속으로 잦아들자 물어볼 엄두가 나지 않았다.

왕이 조용히 말했다.

"그래요……. 인간은 둘로 나뉘기 마련이지만…… 절반은 땅속으로 들어가고…… 살아 있는 절반은 여전히 말렐딜을 따라야 합니다. 그것 역시 묻혀서 흙이 된다면, 전체에게 어떤 희망이 있을까요? 만약 절반이 살아 있다면, 그것을 통해 말렐딜은 나머지 절반에 생명을 다시 넣어 주실 겁니다."

여기서 그는 한참 동안 말을 멈추었다가 좀 빠르다 싶게 다시 말했다.

"그분은 내게 보장을 해주지 않으셨어요. 고정된 땅은 주지 않으셨지요. 사람은 언제나 파도 속으로 몸을 던져야 합니다."

그리고 나서 그는 양미간을 펴고 엘딜에게 몸을 돌리고는 목소리를 가다듬고 말했다.

"아, 양어머니여. 확실히 우리에게는 조언이 많이 필요합니다. 어린 지혜로는 감당할 수 없는 것들이 이미 우리 몸속에서 자라는 것을 느끼니까요. 그것들은 늘 낮은 세상들로 향하는 몸들이 아닙니다. 내가 토르−오야르사−페렐렌드리로서 하는 두 번째 말을 들으세요. 이 세상이 아르볼 주위를 1만 번 도는 동안, 우리는 이 권좌에서 우리 백성들을 심판하고 격려할 것입니다. 그 이름은 타이 하렌드리마르, '생명의 언덕'이라는 뜻입니다."

"그 이름은 타이 하렌드리마르."

엘딜들이 말했다.

왕 토르가 말했다.

"한때 금지된 곳이었던 고정된 땅에 우리는 말렐딜의 영광을 기릴 웅대한 곳을 만들 것입니다. 우리 아들들은 돌기둥들을 구부려 아치로 만들 것이며……."

"아치가 뭔가요?"

왕비 티니드릴이 물었다.

왕 토르가 대답했다.

"아치란 돌기둥들이 나무처럼 가지를 뻗고 서로 얽혀서 거대한 호를 이루는 것이지요. 나뭇잎들이 얽혀서 둥근 호를 이루지만 이 잎사귀들은 돌로 모양을 만든 거예요. 또 우리 아들들은 이미지를 만들 거예요."

"이미지가 뭔데요?"

왕비가 물었다.

"맙소사!"

왕은 소리치고 나서 큰소리로 웃었다. 그가 말을 이었다.

"공중에 너무 많은 새 단어들이 있는 것 같군요. 이런 것들이 당신의 마음에서 나와 내 마음으로 들어오는 줄 알았는데 이것 참! 그대는 그런 것들을 생각하지 못했군요. 하지만 그럼에도 말렐딜이 당신을 통해 그 단어들을 내게 보내 주신다는 생각이 듭니다. 내가 그대에게 이미지들을 보여 주겠소, 내가 그대에게 집들을 보여 주겠소. 이 문제에서 우리의 본성이 반대가 될지 모르겠소. 자식을 생기게 하는 것은 그대고, 자식을 낳는 것은 나니까. 하지만 더 간단한 문제들을 이야기해 봅시다. 이 세상을 우리 자식들로 채울 것이오. 이 세상이 중심이 되리란 것을 알게 될 거예요. 더 고매한 동물들을 현명하게 만들어서 '흐나우'가 되어 말하게 할 겁니다. 우리가 말렐딜 안에서 깨는 것처럼, 그들의 생명은 우리에게 새로운 생명력을 일깨워 줄 거예요. 때가 무르익고 마침내 1만 바퀴를 거의 다 돌고 나면 우리는 하늘의 장막을 찢을 거고, 깊은 천상은 우리 아들들의 눈에 익숙할 거예요. 나무와 파도가 우리 눈에 익숙하듯 말이지요."

"그러면 그 뒤에는요, 토르-오야르사?"

말라칸드라가 물었다.

"그러면 깊은 천상을 자유롭게 이용하는 것이 말렐딜의 목적이지요. 우리의 몸들은 변화하지만 다 변하지는 않을 겁니다. 우리는 엘딜들처럼 될 테지만, 엘딜로서만 살지는 않을 겁니다. 우리 아들들과 딸들도 그들의 때가 무르익으면 변할 테지만, 말렐딜이 시간이 흐르기 전 그 아버지의 마음에서 읽은 숫자가 되어서야 그렇게 될 거예요."

랜섬이 물었다.

"그러면 그게 끝입니까?"

왕 토르가 그를 물끄러미 보다가 입을 열었다.

"끝? 누가 끝에 대해 말했소?"

"우리 세계의 끝을 말하는 겁니다."

랜섬이 대답했다.

"맙소사! 그대의 사고방식은 우리와는 다르군요. 그때가 되어도 우리는 만물의 시초에서 멀리 가 있지 않을 거예요. 하지만 올바른 시작이 시작되기 전에 한 가지, 해결할 문제가 있을 거예요."

"그게 뭡니까?"

랜섬이 묻자 왕 토르가 대답했다.

"그대의 세상, 툴칸드라. 그대 세계에 대한 점령은 거둬지고 검은점이 말끔히 없어진 후에야 진정한 시작이 될 거예요. 그 시절 말렐딜은 전쟁에 임하실 겁니다. 우리 안에서, 한때 당신네 세상에서 흘러나오였던 많은 이들 안에서, 먼 곳에서 온 많은 이들 안에서, 많은 엘딜들 안에서, 마지막으로 베일을 벗은 자신 안에서 말렐딜은 툴칸드라로 내려가실 거예요. 우리 중 일부는 그전에 갈 겁니다. 우리는 그대의 달에 떨어질 거예요. 달 안에는 비밀스런 악이 있고, 툴칸드라의 검은 주인의 방패로 그것이 쓰이지요. 달은 많이 얻어맞은 상처가 있지요. 우리가 달을 깨부술 거예요. 달빛은 죽어 버릴 거예요. 그 파편이 당신네 세상으로 떨어지고, 바다와 연기가 피어올라 툴칸드라의 주민들은 더 이상 아르볼의 빛을 못 보게 될 거예요. 말렐딜이 가까이 다가가면, 당신네 세상의 악한 것들은 가식을 벗어 던진 모습을 보일 테고, 그러면 질병과 공포가 땅과 바다를 뒤덮을 겁니다. 하지만 결국 모든 것은 깨끗해질 것이고, 그대의 '검은 오야르사'에 대한 기억마저 없어집니다. 당신네 세상은 아름답고 달콤하며, 아르볼의 세계로 재편입되어, 다시 진짜 이름으로 불릴 거예요. 하지만 친구여, 이런 소문을 툴칸드라에서 들을 수가 없나요? 당신네 사람들은 그들의 '검은 주인'이 제물을 영원히 차지할 거라고 생각하나요?"

랜섬이 대답했다.

"대부분은 이제 그런 생각을 하지 않습니다. 일부는 여전히 그런 것을 알고 있지만, 저는 당신이 무슨 말을 하시는지 금방 파악하지 못했습니다. 당신이 '처음'이라고 부르는 것을 저희는 '종말'이라고 부르는 데 익숙하기 때문입니다."

왕 토르가 말했다.

"나는 그것을 '시작'이라고 부르지 않아요. 다만 세상이 다시 시작될 수 있도록 거짓 시작을 쓸어 내는 것뿐이지요. 사람이 자려고 누울 때, 어깨 밑에서 뒤틀린 뿌리를 발견한다면, 그는 잠자리를 바꿀 것이고 그 후에는 진짜 잠이 시작되지요. 혹은 어느 섬에 발을 디디는 사람은 허위의 발걸음을 떼는 것이겠지요. 그가 중심을 잡은 후에야 여행은 시작되지요. 당신들은 그 중심을 잡는 것을 종말이라 부르지 않겠습니까?"

"인간들에 대한 이야기는 이 이상 없습니까?"

랜섬이 물었다.

"나는 낮은 세상들의 역사에 대해 시작 이상은 모릅니다. 그리고 당신네 세상에서는 시작이 실패가 되지요. 당신은 날이 밝기 전의 저녁들에 대해 말합니다. 나는 지금도 시작하기 위해 1만 년간의 준비의 발을 떼지요. 나는 내 인류의 최초이고, 내 인류는 모든 인류들의 최초인 거죠. 분명히 말하건대, 내 마지막 자녀들이 무르익고, 무르익음이 그들에게서 모든 낮은 세상들로 번지면, 아침이 가까웠다는 말이 퍼질 거예요."

"저는 의심과 무지로 가득 차 있습니다. 저희 세계에서 말렐딜을 아는 자들은 그가 우리에게 오셔서 인간이 되신 것이 모든 일어난 일 중의 핵심 사건이라고 믿습니다. 아버지, 당신께서 제게서 그 믿음을 앗아 가신다면 저를 어디로 인도하실 겁니까? 분명히 적의 말대로 제 세상과 인간들이 먼 구석으로 내몰리고 제게 중심이 없는 우주가 주어지는 것은 아니겠지요. 적은 수백만 개의 세상이 아무 데로도 이어지지 않거나 (더 나쁜 것은) 영원토록 더 많은 세상들과 이어진다고 말합니다. 그리고 숫자들과 텅 빈 공간들과 반복되는 것들을 갖고 제게 큰 것 앞에 고개를 숙이라고 합니다. 그게 사실이 아니라면, 당신은 당신의 세계를 중심으로 삼으십니까? 하지만 저는 고민됩니다.

말라칸드라 사람들은 어떻습니까? 그들도 그들의 세상이 중심이었 다고 생각할까요? 당신의 세상이 어떻게 당신의 것이라고 할 수 있 는지 모르겠습니다. 당신은 어제 만들어졌고, 세상은 예전부터 있었 습니다. 세상의 대부분은 사람이 살 수 없는 물입니다. 그러면 세상 의 껍질 밑에 있는 것들은 어떻습니까? 또 세상이 없는 거대한 공간 들은 어떻습니까? 모든 일이 계획이나 의미 없이 이루어진다고 말하 는 적에게 쉽게 대답할 수 있습니까? 우리가 뭔가 안다고 생각하면 그 즉시 녹아서 아무것도 아닌 것이 되거나, 우리가 꿈도 꾸지 못한 다른 계획 속으로 접어듭니다. 또 중심에 있던 것은 가장자리가 되고 결국 우리는 어떤 모양이나 계획이나 패턴이 우리 눈의 속임수에 불 과한 것인지 의심합니다. 희망 때문에 속거나 너무 많이 쳐다봐서 피 곤해서 잘못 본 것인지 말입니다. 모든 것은 어디로 몰려갑니까? 당 신이 말하는 아침이란 무엇입니까? 무엇의 시작입니까?"

왕이 대답했다.

"위대한 게임, 위대한 춤의 시작이지요. 아직은 나도 그것에 대해 잘 몰라요. 엘딜들이 말하게 합시다."

다음으로 말한 것은 목소리로 봐서 화성 같았지만 랜섬은 확신하 지 못했다. 그 다음으로 누가 말했는지도 그는 확실히 모른다. 이어 진 대화에서—그것을 대화라 할 수 있다면—그는 때로 자기가 말했다 고 믿지만, 어떤 말을 그가 하고 어떤 말을 남들이 했는지 몰랐다. 심 지어 말하고 있는 이가 사람인지 엘딜인지도 몰랐다. 차례로 연설이 이어졌고—동시에 말한 게 아니라면—마치 음악의 일부처럼 다섯이 악기가 되어 음악을 엮어 냈다. 혹은 언덕 꼭대기에 나란히 선 다섯 그루의 나무를 바람이 지나는 것 같았다.

첫 번째 목소리가 말했다.

"우리는 그것을 그렇게 말하지 않겠습니다. 위대한 춤은 낮은 세상들의 사람들이 그 안으로 모일 때까지 기다렸다 완벽해지는 게 아닙니다. 그것이 시작될 때를 두고 말하는 게 아닙니다. 그것은 언제나 이전부터 시작되었지요. 지금처럼 그분의 얼굴 앞에서 우리가 기뻐했던 적은 없습니다. 우리가 추는 춤은 중심에 있으며, 그 춤을 위해 모든 것이 만들어진 거예요. 그분은 복되시도다!"

다른 이가 말했다.

"그분은 두 가지를 똑같이 만드신 적이 없으며, 같은 말을 두 번 하신 적도 없습니다. 흙 다음에 더 나은 흙이 아닌 동물들을, 동물들 다음에 더 나은 동물들이 아닌 영혼을 만드셨지요. 타락 이후 회복이 아니라 새로운 창조를 이루셨습니다. 새로운 창조에서 세 번째 창조가 아닌, 변화의 방식은 영원히 변화됩니다. 복되시도다!"

또 다른 목소리가 말했다.

"열매 달린 나무가 고개 숙이듯, 거기에는 정의가 달려 있지요. 모든 것이 올바르고 견줄 게 없습니다. 돌이 나란히 놓였을 때가 아니라, 그분이 명하신 대로 돌들이 서로 기대어 아치 모양을 이룰 때와 같습니다. 지배와 복종, 아기를 배고 낳는 것, 더위가 내리고 생명이 자라고…… 복되시도다!"

누군가 말했다.

"세월에 세월이나 거리에 거리, 은하계에 은하계를 켜켜이 쌓은 자들도 그분의 위대함 근처에도 가지 못할 것입니다. 태양계의 나날은 흐려지고, 깊은 천상의 나날 자체는 헤아려질 것입니다. 그분의 위대함은 그 정도가 아닙니다. 그분은(그분의 모든 것은) 아주 작은 꽃의 씨앗에도 깃들어 있고 밟히지 않습니다. 깊은 천상은 씨앗 안에 깃든 그분 안에 있으며 그분을 확장시키지 않습니다. 복되시도다!"

"각 세계는 그늘도 없고 같은 모양도 없는 곳까지 미칩니다. 많은 점들이 하나의 선이 되고, 여러 개의 선들이 하나의 형태를 이루고, 여러 형태가 굳건한 하나의 몸이 되고, 여러 감각들과 생각들이 한 사람이 됩니다. 세 사람으로 그 자신이 되지요. 원과 구체球體의 관계는, 구원이 필요치 않던 옛 세계와 그분이 태어나고 죽으신 세계와의 관계입니다. 점과 선의 관계는 그 세계와 그것이 되찾는 멀리 있는 열매의 관계입니다. 복되시도다!"

"하지만 원은 구체보다 덜 둥근 것이 아니고, 구체는 원들의 집이며 고향이지요. 무한히 많은 원들은 모든 구체 안에 갇혀 있고, 그들이 말한다면 '우리를 위해 구체들이 만들어졌다'라고 말할 것입니다. 그것을 부인하는 말을 못하게 하십시오. 복되시도다!"

"그분은 죄를 지은 적이 없는 옛 세계 사람들을 위해 내려오지 않았습니다. 그들을 위해서 낮은 세계들이 만들어졌지요. 다친 것을 치유하고 굽은 것을 바로 펴는 일이 새로운 영광의 일면이지만, 바른 것은 굽어지도록 만들어지지 않았고, 건강한 것은 다치라고 만들어지지 않았습니다. 옛 세계 사람들은 중심에 있습니다. 복되시도다!"

"그 자체가 위대한 춤이 아닌 모든 것은 그분이 그 안에 내려오도록 만들어졌지요. 타락한 세상에서 그분은 자신을 위해 몸을 준비하셨고, 티끌과 하나가 되어 그것을 영원히 영광스럽게 만드셨지요. 이것이 모든 창조의 마지막 명분이며, 그것을 일으킨 죄는 '은총을 입었다' 할 것이며, 그 일이 벌어진 세상은 세상들의 중심입니다. 복되시도다!"

"그 세상에 나무가 심겼지만 열매는 여기서 익었지요. 어두운 세상에서 뒤섞인 피와 생명이 솟구치는 분수가 이곳에서 생명만으로 넘칩니다. 우리는 첫 번째 급류를 지나왔고, 이곳부터는 물줄기가 깊이 흘러 바다로 향합니다. 이것은 그분이 정복한 이들에게 약속하신 새벽별이며, 이곳이 세상들의 중심입니다. 지금까지 모든 것이 기다려 왔습니다. 하지만 이제 나팔 소리가 울렸고 군대는 행군 중입니다. 복되시도다!"

"인간들이나 천사들이 다스리지만 세상들은 자기 힘으로 존재합니다. 그 위로 떠다녀 보지 않은 물, 따지 않은 과실, 들어가지 않은 동굴, 몸이 통과할 수 없는 불은 당신들이 와서 완벽하게 해주기를 기다리지 않습니다. 비록 당신들이 오면 복종할 테지만요. 당신들이 살아 있지 않은 동안 아르볼 주위를 무수히 돈 때는 무의미한 시간들이 아니었습니다. 그 시간들 안에는 그 자신의 목소리가 있었지요. 당신들이 깨어나는 날에 대한 꿈만 있었던 것은 아닙니다. 그때 역시 중심에 있었습니다. 마음 놓으세요, 영생하는 작은 이들이여. 당신들만이 모든 읊조리는 목소리들이 아니며, 당신들이 갈 수 없는 곳들에 영원한 침묵이 있는 것도 아니지요. 목성을 밟은 이가 없고, 토성의 환 아래서 위를 쳐다본 이도 없으며, 천왕성의 얼음은 순결하며 텅 비어 있습니다. 하지만 신들이 태양계 주위를 부단히 걸은 것은 헛된 일이 아닙니다. 복되시도다!"

"티끌은 천상에서 거의 흩어지지 않았고, 모든 세상들과 세상이 아닌 몸들이 그것으로 만들어졌지요. 바로 그 티끌이 중심에 있습니다. 그것은 그 자체로 말렐딜의 힘과 광영이 되기 위해 창조된 눈들이 그것을 보거나 만질 때까지 기다리지 않습니다. 그것은 동물이든 인간이든 신이든 최소한으로만 섬겼거나 앞으로 그럴 것입니다. 하지만 언제나 또 거리를 초월해서, 그들이 오기 전과 사라진 후에도, 그들이 오지 않은 곳에서도 티끌은 그 모습 그대로입니다. 그리고 자기 목소리로 거룩하신 분의 마음을 말합니다. 그것은 모든 것들 중에서 그분에게서 가장 멀리 있습니다. 생명도 없고, 감각도 이성도 없기 때문입니다. 그것은 모든 것들 중에서 그분에게 가장 가까이 있습니다. 영혼을 방해하지 않고, 불길에서 불꽃이 튀듯이 그분은 티끌 하나에서도 순수한 기운의 이미지를 말씀하시기 때문입니다. 각각의 티끌이 말을 한다면 '나는 중심에 있다, 나를 위해 만물이 만들어졌다'라고 말할 것입니다. 누구도 그 말에 반대하지 못할 것입니다. 복되시도다!"

"각각의 티끌 하나는 중심에 있습니다. 티끌이 중심이지요. 세상들은 중심에 있습니다. 동물들은 중심에 있습니다. 옛 세계 사람들도, 죄를 지은 부족도, 토르와 티니드릴도, 신들 역시 중심에 있습니다. 복되시도다!"

"말렐딜이 계신 곳에 중심이 있습니다. 그분은 어디에나 계십니다. 그분의 일부가 한 곳에 있고 다른 일부가 다른 곳에 있는 게 아니라, 곳곳마다 말렐딜이 온전하게 계십니다. 상상 외로 작은 곳도 마찬가지지요. 허무로 빠져드는 '그릇된 의지'로 들어가지만 않는다면 중심에서 벗어날 길은 없습니다. 복되시도다!"

"각각의 사물은 그분을 위해 만들어졌지요. 그분은 중심이십니다. 우리가 그분과 함께하기에 우리 각자는 중심에 있습니다. 각자가 모두를 위해 살아야 한다고 말하는 '어두워진 세상'의 도시에서와는 다릅니다. 그분의 도시에서는 모든 것이 각각을 위해 만들어집니다. 그분이 '상처받은 세상'에서 죽었을 때 그분은 나를 위해서가 아니라 각각의 인간을 위해 죽었습니다. 각자가 유일하게 만들어진 인간이었다 해도 그분은 똑같이 그랬을 것입니다. 티끌 하나부터 가장 강한 엘딜에 이르기까지 각각은 모든 창조의 마지막 궁극적인 목적이고, 그 안에서 그분의 밝은 빛이 쉬고 그래서 그분에게 돌아옵니다. 복되시도다!"

"위대한 춤의 계획에서 계획들은 무수히 서로 얽히고, 각각의 움직임은 때가 되면 모든 것이 향했던 모든 계획의 꽃으로 부서지지요. 그리하여 각각은 평등하게 중심에 있으며, 평등함으로 인해 아무것도 거기 없습니다. 하지만 어떤 이는 장소를 주는 것으로, 또 어떤 이는 그것을 받는 것으로, 작은 것으로 인해 작은 것들이 그리고 큰 것으로 인해 큰 것들이, 또 사랑으로 무릎 꿇은 유대감으로 인해 모든 것들이 연결되고 고리를 만듭니다. 복되시도다!"

"그분은 만들어진 각각의 것에 헤아릴 수 없이 유용하며, 그분의 사랑과 광영은 힘찬 강처럼 흘러나갈 것입니다. 강줄기는 거대한 물줄기를 필요로 하며 깊은 웅덩이들이나 작은 갈라진 틈이나 똑같이 채웁니다. 동등하게 메우고 동등하지 않게 남지요. 그리고 가장자리까지 넘치도록 차면 흘러내려 새로운 수로들을 만듭니다. 우리 역시 그분이 만드신 모든 것을 헤아릴 수 없을 만큼 필요로 합니다. 나의 형제들이여, 나를 사랑하십시오. 나는 그대들의 무한한 필요를 채우기 위해, 그대들의 기쁨이 되도록 만들어졌습니다. 복되시도다!"

"그분은 만들어진 어떤 것도 필요치 않지요. 엘딜이나 티끌 하나나 똑같이 그분에게는 필요치 않아요. 사람들이 사는 세상이나 텅 빈 세상이나 필요치 않지요. 모두 똑같이 필요 없고, 그분에게 더해지는 것은 아무것도 없습니다. 우리 또한 만들어진 어떤 것도 필요로 하지 않아요. 형제들이여, 나를 사랑하십시오. 나는 무한히 넘쳐나며, 그대들의 사랑은 그의 사랑과 같을 것입니다. 그 사랑은 그대들의 필요에서 나온 것도, 내 자격에서 나온 것도 아닌 단순한 풍요에서 비롯될 뿐입니다. 복되시도다!"

"모든 것이 그분에 의해서 그리고 그분을 위해 있습니다. 그분은 자신의 기쁨을 위해서 말씀하시고 그분이 선하다는 것을 아십니다. 그분은 그분 자신에 의해서 비롯한 것이며 그분에 의해 생겨나는 것은 그분 자신입니다. 복되시도다!"

"만들어진 모든 것은 어두워진 마음에는 무계획한 것으로 보입니

다. 그것이 찾는 것보다 많은 계획이 있기 때문이지요. 이 바다들에
는 섬들이 있습니다. 그곳에는 풀잎이 워낙 곱고 촘촘히 나 있어서
오랫동안 살피지 않으면 풀잎들이 짜인 것을 알아차리지 못하고 다
똑같다고 보겠지요. 위대한 춤도 마찬가지입니다. 눈을 동작에 맞추
면, 모든 반복되는 동작에 시선이 끌릴 테고 중요한 동작으로 보일
겁니다. 하지만 그렇게 보이는 것 또한 진실일 테지요. 누구도 그 말
에 반대하지 못할 것입니다. 모든 것이 계획이기에 계획이 없는 것처
럼 보이는 것입니다. 모든 것이 중심이기에 중심이 아닌 것처럼 보이
는 것입니다. 복되시도다!"

"하지만 이처럼 겉으로 보이는 것 역시 그분이 시간을 그렇게 오
래 또 천상을 그렇게 깊이 퍼뜨리시는 궁극적인 최종 목적입니다. 만
일 우리가 어둠과 어디로도 이어지지 않는 길과 아무 답도 상상 못할
질문을 만나지 못하여, 마음속에 아버지의 심연과 같은 것을 가지면
안 되니까요. 그 심연 속에서 피조물이 영원히 자기 생각에 빠지면
메아리가 돌아오는 소리를 못 듣지요. 복되고 복되고 복되시도다!"

랜섬은 변화를 알아차리지 못했지만, 말로 시작된 듯했던 것이 이
제 시각으로 바뀌었다. 혹은 보고 있는 것처럼만 기억되는 것으로 변
했다. 그는 위대한 춤을 봤다고 생각했다. 빛으로 된 많은 줄이나 띠
들이 서로 얽혀 요동치며, 서로 위아래로 뛰어 오르내리고, 덩굴무늬
와 꽃처럼 섬세하게 끌어안는 것 같았다. 그가 쳐다볼 때 각각의 형
태는 주인공이 되거나 장면 전체의 초점이 되었고, 그로 인해 그의
눈은 그 외의 모든 것을 풀어내 하나로 만들었다. 그저 여백 장식으

로 보인 것들을 쳐다보고 똑같은 주도권 다툼이 벌어지는 것을 알자 스스로 얽혀 하나가 된 것이다. 그 다툼이 효과를 발휘했지만 이전의 문양은 없어지지 않고 새로이 종속적인 위치가 되면서 이전에 버렸 던 것보다도 큰 의미를 찾아냈다. 그는 리본이랄까 뱀 같은 빛이 얽 히는 곳마다 순간적으로 빛을 내는 미립자들을 볼 수 있었다(하지만 '본다'는 표현만으로는 충분하지 않다). 그는 이런 미립자들이, 역사가 말해 주듯, 짧은 노래를 뽑고 사라지는 덧없는 광휘라고 부르는 것들임을 알았다. 사람, 단체, 여론, 그리고 동향, 문명, 예술, 과학이 대부분 그랬다. 하지만 수백만 개의 미립자가 살다가 죽는 그 리본이나 줄들 은 달랐다. 처음에는 랜섬도 그렇게 말하지 못했다. 하지만 결국에는 그것들이 대개 독특한 존재라는 것을 알았다. 그렇다면 위대한 춤이 펼쳐지는 시간은 우리가 아는 시간과 아주 다르다. 일부 더 가늘고 섬세한 줄들은 우리가 '단명한다'고 부르는 것들이다. 꽃과 벌레, 과 일이나 폭우가 그렇고 한때—그의 생각에는—바다의 파도가 그랬다. 나머지 것들은 우리가 오래 존재한다고 생각하는 수정, 강, 산, 혹은 심지어 별 같은 것들이다. 우리의 인식 범위를 벗어나서 색색으로 빛 나고, 번뜩이는 것들보다 훨씬 높은 곳에 인격적 존재들이 있다. 하 지만 그것들은 이전에 다른 부류였던 것만큼이나 광채에서도 서로 달랐다. 하지만 모든 줄들이 독특한 것은 아니어서, 일부는 일반적인 진실이나 특징이 있었다. 이것들과 사람들 양쪽 모두 줄이며, 둘 다 쏟아지는 물살 속에서 살다가 죽는 일반성에 같이 맞선다는 것을 알 고도 랜섬은 놀라지 않았다. 하지만 지구로 돌아온 뒤에는 의구심이 생겼다. 이즈음 그것은 우리의 이해 범위를 벗어났음이 분명했다. 그는 말한다. 매혹적으로 회전하는 견고한 물체가 갑자기 4차원적인 훨씬 더 큰 문양의 표면에 나타났다. 그 물체는 다른 세상들에서 다른 것들의 경계였다. 그러다 갑자기 움직임이 더 빨라졌고, 얽힘은 훨씬 황홀해지면서 모든 것이 더 힘을 얻었다. 한 차원에 한 차원이 더해졌고, 납득하고 기억할 수 있는 그의 일면은, 이 순간까지도 극단적인 복잡성을 파악하는 다른 일면 너머로 멀리 저 멀리 떨어졌다. 옅고 흰 구름이 짙푸르게 타는 듯한 하늘로 사라지듯, 그 복잡함은 자취를 감추었고, 이해할 수 없는, 봄처럼 옛스러우면서도 젊고 광대하고 투명한 단순함이 무한한 욕망의 줄들로 그를 나름의 고요로 끌어냈다. 랜섬은 그런 적막 속으로 들어갔다. 평범한 존재 방식과 가장 멀리 떨어진 곳에 선 순간 은밀함과 싱그러움에 빠져들었고, 방해물을 벗어던지고 환상에서 깨어나 자신으로 돌아오는 느낌을 맛보았다. 그는 안도하는 몸짓을 하며 주위를 둘러보았다.

동물들이 보이지 않았다. 흰색의 두 형체도 사라져 버렸다. 그와 토르와 티니드릴, 이렇게 셋만 페렐란드라의 평범한 빛 속에 있었다. 이른 아침이었다.

랜섬이 말했다.

"동물들은 어디 있습니까?"

티니드릴이 대답했다.

"각자 일을 보러 갔어요. 새끼를 키우고 알을 낳고, 둥지를 짓고 거미집을 만들고, 굴을 파고 노래하고 놀고 먹고 마시러 갔어요."

"오래 기다리지 않았군요. 아직도 이른 아침이니 말입니다."

랜섬이 말했다.

"하지만 같은 날 아침이 아니지요."

토르가 말했다.

"그럼 우리가 여기 오래 있었습니까?"

랜섬의 물음에 토르가 대답했다.

"그래요. 지금까지는 나도 몰랐습니다. 하지만 이 산꼭대기에서 만난 후 우린 아르볼 주위를 한 바퀴 다 돌았지요."

"1년이요? 완전히 1년이 지났다는 건가요? 맙소사, 지금쯤 제가 사는 어두운 세계에서 무슨 일이 벌어졌을까요! 아버지, 그렇게 긴 시간이 흐르는 것을 아셨습니까?"

토르가 대답했다.

"난 시간이 흐르는 것을 느끼지 못했어요. 앞으로 우리에게 시간의 파도는 자주 바뀔 거라 믿습니다. 그 위에 있으면서 많은 파도들을 한꺼번에 볼지 지금처럼 파도 하나하나를 접할지는 우리 스스로 선택하게 되겠지요."

티니드릴이 말했다.

"이제 1년이 지나 우리가 천상의 같은 자리에 있게 된 오늘, 파이볼드를 그의 세계로 데려가려고 엘딜들이 오리라는 생각이 드는군요."

"그대 말이 옳소, 티니드릴."

토르가 말했다.

그는 랜섬을 바라보며 말을 이었다.

"그대의 발에서 붉은 이슬이 작은 샘처럼 흐르고 있소."

랜섬이 아래를 보니 발꿈치에서 여전히 피가 나고 있었다. 그가 말했다.

"그렇습니다, 악마가 여기를 물었습니다. 붉은 것은 '흐루'(피)입니다."

토르가 말했다.

"앉아요, 친구여. 내가 이 연못에 그대의 발을 씻어 주리다."

랜섬은 망설였지만 왕이 억지로 권했다. 곧 그는 작은 둔치에 앉았고, 왕은 얕은 물에 들어가 그 앞에 무릎을 꿇고 앉아 다친 발을 손으로 감쌌다. 그는 말없이 가만히 발을 바라보았다.

마침내 왕 토르가 입을 열었다.

"그러니까 이게 흐루군요. 이런 액체는 본 적이 없어요. 말렐딜은 바로 이 물질로 다른 어느 세상이 만들어지기 전에 세상들을 다시 만들었지요."

그는 오랫동안 발을 씻었지만 피가 멎지 않았다.

마침내 티니드릴이 말했다.

"파이볼드가 죽는다는 뜻일까요?"

토르가 대답했다.

"나는 그렇게 생각하지 않아요. 그 성스러운 산에 온 뒤로 그가 호흡한 공기를 호흡하고 그가 마신 물을 마신 그의 종족은 죽는 게 쉽지 않다는 것을 알게 될 거예요. 친구여, 말해 봐요. 낙원을 잃은 후 당신네 인간들은 빨리 죽는 것을 못 배우지 않았나요?"

"첫 세대들은 장수했다고 들었습니다만, 대부분 이야기나 시에 불과하다고 하지요. 저도 그 이유를 생각해 본 적이 없습니다."

티니드릴이 불쑥 말했다.

"어머나! 엘딜들이 그를 데려가려고 오네요."

랜섬은 주위를 둘러보았다. 마지막으로 화성과 금성을 보았을 때의 흰 인간 형태가 아닌, 거의 보이지 않는 빛들이 거기 있었다. 왕과 왕비도 모습을 바꾼 영들을 알아보았다. 지상의 왕이 예복을 벗은 신하를 알아보는 것처럼 그들도 쉽게 엘딜들을 알아본다고 랜섬은 생각했다.

왕이 랜섬의 발을 내려놓자, 셋은 하얀 관 쪽으로 갔다. 관 옆의 바닥에 뚜껑이 놓여 있었다. 모두 시간을 끌고 싶어졌다.

티니드릴이 말했다.

"우리가 느끼는 이 기분은 뭐지요, 토르?"

왕이 대답했다.

"나도 모르겠어요. 어느 날 그걸 이름 지어야겠군요. 지금은 이름이나 지을 때가 아니니."

티니드릴이 말했다.

"껍질이 아주 두꺼운 과일 같아요. 우리가 위대한 춤에서 다시 만날 때 재회의 기쁨은 달콤하지요. 하지만 껍질이 두꺼워요. 내가 헤아릴 수 있는 것보다 많은 세월의 두께지요."

토르가 말했다.

"악마가 우리에게 어떤 짓을 저질렀을지 그대는 이제 아는군요. 그의 말에 솔깃했다면, 지금 우리는 껍질을 깨물지 않고 달콤함을 얻으려고 애쓰고 있겠지요."

"그리고 그것은 '그렇게 달콤하지' 않을 테고요."

티니드릴이 말했다.

"이제 그가 떠날 때입니다."

엘딜의 목소리가 조그맣게 들렸다.

랜섬은 관에 들어가 누웠다. 딱히 할 말이 없었다. 양쪽 벽면이 담장처럼 솟았고, 그 뒤로 관 모양의 창문 안에 있기라도 한 듯이 금빛 하늘과 왕과 왕비의 얼굴이 보였다.

"제 눈을 가려 주셔야 됩니다."

그가 말하자 곧 두 사람이 시야에서 사라졌다가 되돌아왔다. 그들은 장미 빛깔의 나리꽃을 한 아름 안고 있었다. 둘은 몸을 굽혀 그에게 입 맞추었다. 랜섬은 왕이 손을 들어 축복하는 것을 보았고, 그후 그 세계에서는 아무것도 보지 못했다. 그들이 서늘한 꽃잎으로 얼굴을 덮어 주자, 랜섬은 향기로운 붉은 구름 속에 싸였다. 앞이 보이지 않았다.

왕의 목소리가 들렸다.

"준비되었나요?"

그러자 두 목소리가 같이 말했다.

"안녕히, 친구이자 구원자여. 잘 가요. 우리 셋이 시간 저편으로 갈 때까지 안녕히. 우리가 말렐딜에게 그대에 대해 말하듯, 그대도 그분에게 늘 우리 이야기를 해줘요. 그대에게 광영, 사랑, 힘이 깃들기를."

위에서 뚜껑을 닫는 시끄러운 소리가 나더니 그가 영원히 떠날 세상이 몇 초간 정적에 잠겼다. 그리고 그는 의식을 잃었다.

옮긴이 공경희
서울대학교 영문과를 졸업하고 성균관대학교 번역대학원 겸임교수를 역
임했다. 번역 작가로 작업하면서 《침묵의 행성 밖에서》, 《페렐란드라》,
《그 가공할 힘》, 《시간의 모래밭》, 《메디슨 카운티의 다리》, 《모리와 함께
한 화요일》, 《파이 이야기》, 《우리는 사랑일까》, 《행복한 사람, 타샤 튜더》
등을 번역했고, 에세이 《아직도 거기, 머물다》를 썼다.

페렐란드라
Perelandra

<u>지은이</u> C. S. 루이스
<u>옮긴이</u> 공경희
<u>펴낸곳</u> 주식회사 홍성사
<u>펴낸이</u> 정애주
국효숙 김의연 김준표 박혜란 송민규
오민택 오형탁 임영주 주예경 차길환 허은

2011. 7. 22. 양장 1쇄 발행   2018. 5. 18. 양장 2쇄 발행
2021. 6. 4. 무선 1쇄 인쇄   2021. 6. 15. 무선 1쇄 발행

<u>등록번호</u> 제1-499호 1977. 8. 1.
<u>주소</u> (04084) 서울시 마포구 양화진4길 3 <u>전화</u> 02) 333-5161 <u>팩스</u> 02) 333-5165
<u>홈페이지</u> hongsungsa.com <u>이메일</u> hsbooks@hongsungsa.com
<u>페이스북</u> facebook.com/hongsungsa <u>양화진책방</u> 02) 333-5161

Perelandra by C. S. Lewis
ⓒ Copyright C. S. Lewis Pte Ltd., 1943.
All rights reserved.
This Korean edition was published by Hong Sung Sa Ltd. in 2011
under license from the C. S. Lewis Company Ltd.
through KCC(Korea Copyright Center Inc.).

ⓒ 홍성사, 2011

ISBN 978-89-365-1482-2 (04230)